専修大学社会科学研究所 社会科学研究叢書 15

東アジアにおける市民社会の形成

―人権・平和・共生―

内藤 光博 編

専修大学出版局

はじめに

1990 年代の地域統合と東アジア

　東西冷戦終結後の 1990 年代以降，政治・経済分野におけるグローバル化による地域統合への動きが強まり，ヨーロッパでは，EU 統合が実現した。アジア地域においても「東アジア共同体（East Asian Community）」，あるいはより広く「アジア共同体（Asian Community）」形成の必要性が現実的な課題として登場し，学際的な研究が進められつつある。

　アジア地域，とくに東アジア地域（本書では，「東北アジア地域」に含まれる中国［香港を含む］・台湾・韓国・日本［沖縄をとくに分ける］および「東南アジア地域」を含むものとする）における共同体構想は，現在のところ，ASEAN（タイ，ベトナム，ラオス，カンボジア，ミャンマー，マレーシア，シンガポール，インドネシア，ブルネイ，フィリピンの 10 カ国により構成される東南アジア諸国連合）が中心となり，2007 年 1 月の ASEAN 首脳会合では，2015 年までに「ASEAN 共同体」設立の加速を宣言する「セブ宣言」が署名された。また，同年 11 月に開催された ASEAN 首脳会合においては，ASEAN の法的根拠となる「ASEAN 憲章」が署名され，2009 年には，「ASEAN 政治・安全保障共同体」，「ASEAN 経済共同体」，「ASEAN 社会・文化共同体」のそれぞれの共同体設立に向けた中長期的な取り組みを示す「ASEAN 共同体ロードマップ（2009～2015）」が発表され，「ASEAN 共同体」形成に向けた取り組みが加速されている。さらには，「ASEAN 共同体」を基礎として，ASEAN＋3（日本，中国，韓国）による「東アジア共同体」の構想も検討されている。

　このように，東アジアにおいては，東南アジア国家群を中心とする地域統合への流れが急速に進みつつある現状の中で，ASEAN および日本，中国，韓国など東北アジア国家群を支える経済社会を観察するとき，まず産業化の

機軸として産業構造の高度化の流れがあり，並行してあらわれる東アジアのエスニック基盤におけるネットワーク取引の拡大，産業発展に伴う問題への対抗としてのソーシャル・プロダクツの出現という現象が認められ，その総過程に特徴的な各国に共通する財政金融政策が認められる。つまり，実態として，東アジア地域の経済的共同体が構築されつつあるということである。

「新しい市民社会」形成と東アジア諸国の社会

　また東アジア各国の社会をみると，環境・人権保護の諸団体，協同組合，労働組合，学術・文化活動団体，宗教団体，社会事業団体，消費者団体，スポーツ団体，レクリエーション団体など，国家とも市場ともかかわりのない「市民」による自発的団体（企業など経済団体ではない「中間団体」）が出現してきている。これらの団体は，生活領域に関する諸問題の提起と解決策の提案を，あるいは産業構造高度化が生み出す経済余剰とそれに関わる諸問題を分析し，実践的な問題解決の政策を求めるアクターとして，広範にかつ重層的に存在している。

　これらの諸団体は，とくにNPO・NGOなどの国内法的整備に基づく制度化による市民参加の拡充を通じて，それらがカバーする領域を拡大させ，数的にも増加してきている。この新しい現象は，ドイツの社会哲学者であるユルゲン・ハーバーマスが，1990年の彼の著作『公共性の構造転換・第2版』（邦訳：細谷・山田共訳，未來社，1994年）において，「市民的公共圏」という概念を用い，公的問題について，市民が自由なコミュニケーションによって議論し，公共的意見を形成していく場として「市民社会」を理解したように，従来論じられてきた階級格差を基礎とする「経済社会としての市民社会」とは異なる「新しい市民社会」を生み出したと見ることもでき，現にこうした視点からの議論が活発化している。

　この点に関し，日本の状況をみると，1995年の阪神淡路大震災の被災者救出や復旧における一般市民のボランティア活動を契機として，政治的・経済的・社会的問題について政府や企業に対抗するNPOをはじめとする市民

団体の非営利的活動と実践の重要性が注目されてきた。さらには，2011年3月11日に発生した東日本大震災は，主として津波により夥しい犠牲者をだすとともに，福島第一原発の事故を引き起こし，いまだに終息を見ない戦後最大の大惨事となった（3・11）。ここでも，被災者の救済に多くのボランティア団体や市民が自発的に関わり，被災者の救済や復旧作業に献身的な努力を惜しまなかった。また，その後の放射能汚染問題では，全国規模で政治的主張や社会的・経済的立場の違いを超えた市民による反原発・脱原発を求める集会や運動が展開されている。ここに，政府とも市場とも無関係な「市民」の存在が認められ，新たな市民社会の形成をみてとることができる。

しかし，国内外にみられる「新しい市民社会」の概念については，その意味・内容や役割，そして評価については，論者により，いまだに大きな隔たりがみられることも確かである。

人権・平和・共生を基軸とする市民社会形成に向けて

また他方で，急速な経済発展と相互関係の緊密性が進む東アジア地域（とくに中国・台湾・韓国・日本）の政治状況をみると，日本の過去の植民地支配・侵略戦争の責任問題と歴史認識問題，各国が抱える人権問題が，「東アジア共同体」構築にとって大きな壁として立ちはだかっている現実がある。

経済的共同体への動きが先行し，その一方で，未解決の課題を抱える東アジア地域の平和的な共生社会を構築するためには，国境を超えるネットワークとしての「東アジア市民社会」の形成がキーポイントになるものと思われる。そのためには「人権・平和・共生」を共通理念とする各国の「市民社会」形成から「東アジア共同体」の構築への道筋が模索される必要がある。

本書では，以上のような問題関心から，「人権・平和・共生」を共通理念とする「東アジア市民社会」の形成とその延長線にある「東アジア共同体」の構築を見据えたうえで，経済学・法律学・商学・経営学など社会諸科学の研究者による学際的研究と実際に活動を行っている運動家の視点を通して，東アジア各国の市民社会形成の現状と問題点を分析しようとすることに目的

をおいている。

本書の基本的視座と構成

　以上のような視点から，本書では，次のような研究の視座を基本に据えた。第一に「新しい市民社会」論の評価と理論的探究，第二に，東アジア市民社会形成と産業改革・公共政策との関連について，東アジア地域の経済発展の過程で東アジア市民社会を形成する要因を分析すること，第三に，東アジア地域における経済民主主義の推進を念頭におきながら，企業と取引の実態を分析し，東アジア市民社会形成を企業・取引面から展望すること，第四に，市民社会形成への前提として，各国の人権問題・民主化問題を探究し，共生社会の実現への道筋を探ること，である。

　このような基本的視座を基軸として，本書では，テーマ別に4部構成をとった。

　第Ⅰ部では，「東アジアにおける市民社会形成」と題して，多義的に論じられている「市民社会論」の理論的検討を行う（内田論文）とともに，とりわけ日韓の市民社会形成について考察を行う（内藤・丸山論文）。

　第Ⅱ部では，「東アジアにおける衛生・医療の発展と市民社会形成」と題して，近代の香港における公衆衛生の発展と市民社会の関係を歴史的に検証（永島論文）するとともに，現代日本の先端医療の発展と問題点を軸に市民社会形成を論じる（高橋論文）。

　第Ⅲ部では，「東アジアにおける経済民主主義の進展と市民社会形成」と題して，市民社会形成に中小企業の発達が果たす役割を実証的に分析した論稿（黒瀬論文），中国の産業発展を「和諧社会」という視点から検証する論稿（大西論文），市民社会形成におけるソーシャル・ビジネスの役割を検証する論稿（神原論文），そして東南アジアの政治変動と企業の変化を分析した論稿（小林論文）を収録する。

　第Ⅳ部では，「東アジアの共生社会実現の課題と展望」と題して，日本の沖縄問題について「琉球の脱植民地化」の視点から論じた論稿（松島論文），

またアイヌの先住民族権問題を論じた論稿（津田論文），そして韓国の民主化運動の象徴とされている光州事件の意義を論じた論稿（内藤・古川論文）を収録している。

　既述のように，1990年代以降に出現する「新しい市民社会」形成については，その内容・評価に関して，論者により百家争鳴の感がある。今後，人文社会科学分野をはじめとする各学問領域で，そしてまさに市民社会で活躍する市民たち自身により，活発な議論がなされることであろう。その議論のための一助として，本書が参照されることになれば，幸甚である。

　最後に，本書の刊行にあたり，専修大学出版局の笹岡五郎氏に多大のご尽力をいただいた。記して感謝の意を表したい。

2013年1月

内藤　光博

目 次

はじめに

第 I 部
東アジアにおける市民社会形成

第 1 章　東アジアにおける市民社会の形成—経済学的視点から—
……………………………………………………………… 内田　弘　3

　はじめに　3
　1. 「自由・平等・友愛」の起源　3
　2. 市民革命の3段階発展「市民社会の参加者の再定義＝拡張」　6
　　(1) 第一次市民革命＝ブルジョア革命＝資本家・地主社会　6
　　(2) 第二次市民革命＝資本家階級・地主階級・中産階級・賃労働者（男性中心社会）　7
　　(3) 第三次市民革命＝「人権・共生・平和」　8
　3. 東アジアの産業革命と市民革命　13
　　(1) 日本の産業革命と第二次・第三次市民革命　13
　　(2) アジアの産業革命と三重の市民革命　14
　4. 孫文『三民主義』に読める現代中国体制　15
　5. アウンサンスーチーの民主化闘争　19
　6. 市民社会と技術の問題　21
　7. 歴史の岐路と新しい市民社会の生成　24
　　(1) 危機と真偽　24
　　(2) 原発問題と労働運動　25
　　(3) 原子力評価の揺らぎ　26
　　(4) 原発廃炉問題　27

（5）　社会技術としての脱原発金融　27
《略年表・比較近代市民社会史》

第2章　現代市民社会論の展開
　　―日韓「市民社会」研究の意義と課題―
　　　　………………………………………………………内藤　光博　39

　はじめに　39
　1．「市民社会論」の歴史的展開　41
　　（1）　歴史的概念としての「市民社会」　41
　　（2）　「市民社会論」の2つの系譜　41
　　（3）　戦後日本の市民社会論　43
　2．90年代以降の「新しい市民社会論」　45
　　（1）　ハーバーマスの「市民的公共圏論」と「新しい市民社会論」　45
　　（2）　ハーバーマスの「新しい市民社会論」の評価　48
　3．日韓における「新しい市民社会」の形成　49
　　（1）　日本における「市民社会」の形成　49
　　（2）　韓国における「新しい市民社会形成」　50
　おわりに　52

第3章　韓国における市民社会と市民政治論争
　　　　………………………………………………………丸山　茂樹　57

　1．なぜ，＜市民政治＞を論じるのか？　57
　　（1）　90年代の＜市民社会論争＞　57
　　（2）　21世紀の＜市民政治論争＞　60
　2．朴元淳ソウル市長の登場の意味　64
　　（1）　朴元淳ソウル市長の登場――何が勝利をもたらしたか？　64
　　（2）　保守党（セヌリ党）の総選挙における勝利　67

3．＜安哲秀現象＞と＜市民政治運動＞　68
　　　（1）　安哲秀氏の略歴と出馬宣言　68
　　4．韓国の社会運動の新しい胎動　74
　　　（1）　市民政治運動とSNS　74
　　　（2）　社会的経済と市民セクター　75

第Ⅱ部
東アジアにおける衛生・医療の発展と市民社会形成

第4章　香港における公的医療の史的背景
……………………………………………… 永島　剛　81

　　1．はじめに　81
　　2．現代香港の医療システム　84
　　3．香港における公的医療の形成　88
　　　（1）　不介入主義時代における公的医療の萌芽：1841-1894年　88
　　　（2）　介入主義としての公的医療：1894-1941年　90
　　　（3）　香港版NHSへの模索：1945-1997年　95
　　4．展望：香港市民社会と公的医療　98

第5章　神戸医療産業都市と市民社会
……………………………………………… 高橋　誠　107

　　はじめに　107
　　1．グローバル資本主義とバイオメディカルクラスター　109
　　　（1）　災害復興市場の開発と安全保障　109
　　　（2）　グローバル資本主義におけるバイオメディカルクラスターの進展
　　　　　　110
　　2．神戸先端医療産業都市の沿革と構成　113
　　　（1）　経済特別区の概念と概要　113

(2) 沿革　114
   (3) 医療クラスターの構成　114
   (4) 新設予定ゾーンの施設群　117
   (5) 外資系企業の参入状況とクラスターの将来構想　118
 3．神戸医療産業都市のプロブレマティーク　120
   (1) クラスターの経済・税収効果と推移予測　120
   (2) 神戸先端医療産業都市の公共性　123
 結論　126

第Ⅲ部

東アジアにおける産業構造の変化と市民社会形成

第6章　市民社会における中小企業の役割―日本の場合―
.... 黒瀬　直宏　135

 1．はじめに　135
 2．「経済的市民社会」を人間化する中小企業：市場経済内側からの変革　139
   (1) 人々の相互無関心性と相互手段化　139
   (2) 中小企業による「経済的市民社会」の人間化　140
 3．市場経済を民主化する中小企業：市場経済外側からの変革　152
   (1) 巨大企業支配の問題　152
   (2) 市民的公共圏からの経済民主化：中小企業家同友会の運動　153

第7章　21世紀における中国の産業政策の展開
　　　　―産業発展と和諧社会の形成―
.... 大西　勝明　159

 1．はじめに　159
 2．産業政策の役割と展開　161

(1)　市場経済化指向　161
　　(2)　改革開放以降の産業政策　162
　3．21世紀における中国の産業政策　166
　　(1)　国際協調と和諧社会の建設　166
　　(2)　情報産業の戦略産業化　168
　4．企業改革の進展　170
　　(1)　国有企業改革　170
　　(2)　対外政策の変化　172
　5．中国における格差拡大と民主化問題　176
　　(1)　深刻な所得格差　176
　　(2)　民主化の進展　177
　6．今後の課題　180

第8章　市民社会におけるソーシャル・ビジネスの役割
　―フェアトレードによる商取引の民主化―
　……………………………………………………… 神原　理　183

　1．はじめに　183
　2．市民社会の定義と概念　185
　　(1)　市民社会とは　185
　　(2)　日本型市民社会の特徴　188
　3．市民社会と市場との関係変化　190
　　(1)　企業（市場）による社会的価値の実現　191
　　(2)　市民社会と市場との協同　195
　4．東アジアにおけるフェアトレードの取り組み　198
　　(1)　ミトラ・バリによる商取引の民主化　198
　　(2)　東アジアにおけるフェアトレードのインパクト　200
　5．まとめ―市民社会におけるソーシャル・ビジネスの役割―　203

第 9 章　東南アジアのグローバリズムとビジネス社会の変化
　　―フィリピンを事例として―
　　　　　　　　　　　　　　　　　　　　　　　　　　　　　　　小林　守　211

1．はじめに　211
2．地場中小企業の変化　213
3．大企業の変化――スペイン人系財閥と華人系財閥　216
4．政府系企業の変化　221
5．結語に代えて　225

第Ⅳ部

東アジアの民主化運動と共生社会形成の課題と展望

第 10 章　琉球の脱植民地化論
　　　　　　　　　　　　　　　　　　　　　　　　　　　　　　松島　泰勝　231

1．琉球人にとって「復帰」とは何か　232
2．琉球が日米の植民地である理由　233
3．振興開発による植民地経済の形成　236
　（1）琉球を支配する振興開発体制　236
　（2）振興開発で経済自立は実現したか　238
　（3）振興開発の軍事化　241
4．植民地主義に抗う琉球ナショナリズム　244
　（1）先住民族としての琉球人　244
　（2）琉球ナショナリズムとは何か　246
5．琉球の脱植民地化　248
　（1）国連脱植民地化特別委員会と琉球　248
　（2）琉球独立反対論への反論　250
　（3）世界のウチナーンチュとして脱植民地化を進めていく　252
　（4）沖縄学の課題としての脱植民地化　253

第11章　先住民族アイヌの権利と政策の諸問題
　　　　　………………………………………………… 津田 仙好　257

1. はじめに　257
2. 有識者懇談会報告書の限界と意義　258
　（1）侵略・植民地化と謝罪・補償・先住権に触れず　258
　（2）政府責任の認定と先住民族再確認にもとづく政策提起　261
3. アイヌ政策推進会議の展開と問題点　264
　（1）象徴空間と実態調査の作業部会　264
　（2）各省庁による政策と新しい作業部会　267
4. まとめとして　268
　（1）理論的な側面　268
　（2）政治的・運動的な側面　270

第12章　韓国の民主化運動と「過去の清算」
―1980年「光州事件」が切り開いた韓国民主化への道―
　　　　　………………………………………………… 内藤 光博　279

1. はじめに　279
2. 「維新体制」打破への民主化運動の高揚　281
3. 「光州事件」で何が起きたのか　281
4. 「民衆暴動」光州事件　284
5. 光州事件の再評価　285
6. 国家的プロジェクトとしての光州の聖地化　286
7. 民主化運動「光州事件」の歴史的意義　287
8. 韓国における民主化・光州の「聖地」化と「過去の清算」　289
9. おわりに　290

【付論】

「光州民衆抗争」30周年特別シンポジウム「抵抗と平和」に参加して―日本平和学会・韓国全南大学共催，2010.4.30～5.2―
……………………………………………………… 古川　純　292

はじめに　292
1. 基調講演「光州30年から見た東アジアの平和人権」（徐勝(ソ スン)氏，立命館大学）から　292
2. ハム・セウン神父〈民主化記念事業会理事長〉の記念講演から　293
3. 「犠牲と追悼―終わりなき喪のために」（高橋哲哉氏，東京大学）から　294

資料：光州事件関連年表　297

あとがき

第Ⅰ部

東アジアにおける市民社会形成

第1章
東アジアにおける市民社会の形成
―経済学的視点から―

内田　弘

はじめに

　本章では本書の主題である「東アジアにおける市民社会の形成―人権・平和・共生―」を以下の順序で，総論風に可能なかぎり具体的に論じる。
1. 「市民社会」と共に引かれるスローガン「自由・平等・友愛」について広範に浸透している誤解を正す。
2. 「市民社会」の展開を歴史的経験に即して3段階に再定義する。
3. 東アジアにおける市民社会の形成を2.との比較史の視座から考察する。
4. 孫文が『三民主義』で現代中国経済に類似した構想をいだいていたことをあとづける。
5. アウンサンスーチーの民主化闘争が何と闘っているのかを解明する。
6. 市民社会の展開にとって技術問題が核心をなすことを三木清の技術哲学でみる。
7. 2011年3月11日以後に対応する行為が新しい市民社会を形成することを展望する。

1. 「自由・平等・友愛」の起源[1]――1789年人権宣言「自由・平等・所有」と1848年フランス憲法「自由・平等・友愛」

　「市民社会」といえば，「自由・平等・友愛」という理念が，《機械的に》

といっていいほど，引き合いにだされる。しかし「自由・平等・友愛」の起源は，しばしば誤って指摘されるように，1789 年のフランス革命の「人権宣言」ではなく，1848 年 11 月 4 日に成立したフランス第二共和国憲法にある。このような基本的知識に誤りがあるのは，現行フランス憲法の記述の曖昧さのためである。その「自由 (liberté)・平等 (égalité)・友愛 (fraternité)」という理念が現行フランス憲法（1958 年）の「前文」冒頭の第二パラグラフに出てくる。

> 「フランス人民は，1789 年宣言により規定され，1946 年憲法前文により確認かつ補完された人の諸権利と国民主権の諸原理に対する忠誠，および，2004 年環境憲章により規定された権利と義務に対する忠誠を厳粛に宣言する。/ これらの原理および諸人民の自由な決定の原理の名において，共和国は，加盟意思を表明する海外諸領に対し，**自由・平等・友愛**の共通理念に依拠し，諸領の民主的発展をめざして構想された新制度を提供する」[2]。

この「前文」には，「自由・平等・友愛」を最初に掲げた 1848 年第二共和国憲法の名はまったく書かれていない。そのために，「自由・平等・友愛」という原理があたかも 1789 年のフランス革命以来のものであるかのように誤解をされてきたのである。1789 年の「人権宣言」で主張された原理は「自由・平等・所有（propriété）」である[3]。

「人権宣言」のいう「所有」とは「ブルジョア的所有」である。1789 年の「人権宣言」でいう「人権」とは，財産所有者だけの人権である。この「第一次市民革命」で生まれた市民社会は，資本主義的生産様式を構築する使命をもつ市民社会＝ブルジョア社会である。ブルジョアが目指す政治は，ブルジョア的所有を守り増大させる政治，資本主義を体制として構築する本源的蓄積（原蓄）のための政策を実行する政治である。その社会の主要成員は，財産を所有しそれによって納税し，納税をもって政治に参加できる権利＝参政権を相互に承認する。財産のない人間「受動的市民」には参政権はない。彼らは市民社会＝ブルジョア社会の埒外におかれる。大人でも女性と無産者

男性は除外される。参政権があるのは金持ちの男だけである。金の無い男や財産権の無い女性には参政権はない。

現行フランス憲法の「自由・平等・友愛」という原理は，1848年の二月革命の原理を引き継いだものである[4]。市民社会はその後，変化を遂げて今日に至っている。市民社会は原理的に固定し閉鎖した静態ではない。市民社会は歴史的に変化を遂げて今日に至る動態である。この経緯を知らない者は，《市民革命は遠い過去の一回性の出来事である》とみるか，《「市民社会＝ブルジョア社会＝資本主義社会」であり本質不変である，打倒すべき非合理的な制度である》と信じるか，のいずれかである。市民社会史の最初の決定的な分水嶺は1848年のフランス第二共和国憲法である。そこで初めて，「自由・平等・所有（propriété）」にかわって「自由・平等・友愛（fraternité）」が原理となる。「友愛」にとってかわられた「所有権」はどうなったか。「所有権・労働」は「家族・公序」と共にフランス社会の「根底」として位置づけられる。所有（者）と労働（者）とは憲法上は同格になった。そのため，直接生産者と資本家・地主などの財産所有者との両方（共に男性）を，少なくとも法形式上では，対等の社会的主体として承認する。その変化を促したのは，ブルジョアの方が妥協をせざるをえないくらい労働者（直接的生産者）が生産力の担い手として力量を高めてきたという事実である。その力量が原理を「所有権」から「友愛」に切り替えさせたのである。

現行フランス憲法前文制定の時代背景　現行のフランス憲法は，「友愛の原理」の出典を明示しないで密かに，1848年共和国憲法から継承している。現行（1958年）憲法の前文は，細かな点を除けば基本的に，第二次世界大戦直後の1946年に制定された第四共和国憲法の前文を継承している。それは第二次世界大戦直後，冷戦時代の開始のときである。その当時，第二次世界大戦の終結直後の「ソヴィエト軍占領下東欧社会主義革命」で拡大する勢いをみせている社会主義圏も「フランス二月革命」をその思想的源流にしていると認識していた。すなわち，

　　《フランス大革命のジャコバン主義→二月革命→パリ・コミューン→ロ

シア革命→東欧占領下社会主義革命（→中国革命)》
という「赤い共和国」の系譜である。「友愛原理」は「二月革命」に由来すると明記すると，西のフランス第四共和国憲法（1946年）が東の「赤い共和国」系譜の社会主義諸国と共鳴する。第二次世界大戦後の冷戦の兆しが見え始めたころ，その危険を遮断し，かつ労働者の社会権を初めて保証した「フランス二月革命」のスローガン「自由・平等・友愛」をフランス第四共和国憲法は隠したのであろう。これは，労働者の権利を認めつつ，労働者を資本主義体制にとどめるという社会民主主義的な政治路線である。「前文」で「自由・平等・友愛」が「二月革命」に起源をもつにもかかわらず，それについて一切記述していないのはそのためであろう[5]。

2. 市民革命の3段階発展「市民社会の参加者の再定義＝拡張」

(1) 第一次市民革命＝ブルジョア革命＝資本家・地主社会

　第一次市民革命，ブルジョア革命，資本家と地主が中心の社会である。その市民革命は，封建的旧体制・旧支配者を打倒するという点で一致する，財産所有者と小生産者・賃金労働者との「階級同盟」で戦われた。しかし，一旦市民革命が成功するや，ブルジョアジーは，新しい支配者になるために，直接生産者やその利害を代表する人たちを排除する。達成物を独占する。第一次市民革命はブルジョア革命であり，原蓄国家を構築して富を蓄積することを目指す金持ち中心の革命である。それ以外の人間を革命過程の途中までは協力させながら，切り捨てる。このことが第一次市民革命の最終局面で露呈する。革命過程で約束したことや一旦決めた憲法などは武断する例外状態が生まれる。ブルジョア独裁を立てる。そのために権謀術数が採られ，事態は次第に軍事的になり，共和主義の精神は軍隊に依拠することで確実に実現する。政治的＝軍事的な性格が剥き出しになってくる。この点に，日本でも自由民権運動がつぶされ転向を強制されていく経緯が対応する。第一次市民革命の歴史的使命は，その市民革命の個々の担い手が意識しようとしまいと，

資本主義を成立させるための国家装置＝本源的蓄積（原蓄）国家をつくることにある。資本主義的生産様式の基本要素は「資金・労働力・技術・土地」である。途上国の「工業化」もこの四要素接合で始まる「原蓄」である[6]。

(2) 第二次市民革命＝資本家階級・地主階級・中産階級・賃労働者（男性中心社会）

　第二次市民革命はフランスの二月革命によって基本的に成立する。英仏をはさむドーバー海峡の向こう側のイギリスは，この時期，産業革命期にあたる。それに関連して，イギリスの歴史家エリック・ホブズボームが『市民革命と産業革命』という本を書いている。彼はイギリスとフランスでは「二重革命」が進行したという。「二重革命」とは，「イギリスは産業革命が起こり」，「フランスは市民革命が起こった」という意味である。しかしむしろ，「二重の意味（フランスでもイギリスでも）で二重革命（産業革命→第二次市民革命）が起きた」というのが歴史の実態である[7]。

　フランス第一次市民革命によって，資本主義を確立する原蓄国家ができた。それでもって産業革命を加速させる（1810年代から1870年代まで）。産業革命の担い手たちは，賃金労働者や小生産者たちである。産業革命＝生産力の発展の実質的な担い手である，彼ら直接生産者の発言力がしだいに高まってくる。ブルジョアジーは勤労者と第一次市民革命で「階級同盟」を結ぶが，第一次市民革命に成功するや，一方的に切り捨てる。その勤労者たちが産業革命のなかで復活してくる。新しく支配者になったブルジョアは迫りくる彼らに恐れをなし弾圧策を講じるが，やがて，彼らの主張を無視しては，資本主義の発展は不可能である，ここで一歩譲歩した方が長期的戦略的にかえって有利だという判断をするように変化する。そこで市民社会への参加者は財産所有者だけでなく直接生産者も加えることに変更する（ただし「男だけ」である）。「所有」にかわって，財産所有者と直接生産者を遮る垣根を超えてという意味で「友愛」が「自由・平等」に加わる。産業革命が直接生産者（労働者）という主体を登場させる「第二次市民革命」を生み出す。ホブ

ズボームはこの「産業革命→第二次市民革命」という英仏に共通する普遍的関連を見逃している。フランスでも産業革命の中から第二次市民革命を実現させる主体を生み出す。それを表現する様々な改革が起こる。例えば，児童労働取締法・普通選挙法・10時間労働法などである（本章末尾の「略年表・比較近代市民社会史」を参照）。

　こうした動向はフランスに限らない。ほぼ同時にイギリスでもみられる。イギリスでも産業革命が第二次市民革命を生み出す。最高賃金法撤廃（1812-13年）・国内奴隷制撤廃・団結禁止法撤廃（1824年）・普通選挙法制定（1832年）・イギリス帝国内奴隷制撤廃（1833年）・10時間労働法（1847年）など一連の「社会法」の制定と一括できる改革が進む。イギリスの産業革命がこのような事実上の第二次市民革命を推進する。フランスでは「市民革命」だけが起こり，イギリスでは「産業革命」だけが起こったという意味で《二重革命》ではなく，イギリスでもフランスでも，産業革命が第二次市民革命を生み出す《二重革命》を経験したのである。ホブズボームの見解は，19世紀中期の英仏両国に実現した事態を極端に一面化した見方である[8]。

(3)　第三次市民革命＝「人権・共生・平和」

　1848年憲法で初めて入ってきた「友愛の原理」，これは市民社会を再定義し市民権をもつ人々を拡充していく原理として，きわめて重要な原理になってゆく。「自由・平等・所有」が何時・誰たちによって「自由・平等・友愛」に転換したのかを問うことは，これまでの「市民社会の発展史」を省みる視点として，これから「市民社会を拡充してゆく原理」として，重要なクリティカルな論点である。現行フランス憲法の前文には地球環境の保護規定が2004年に追加された。その自然環境（ecology）思想は男女共生（gender），健常者障害者共生（handicapped），多数者少数者共生（minority）の思想と共に「第三次市民革命」の標識となる。市民社会の構成と課題にドラスティックな変化がもたらされる。「二月革命からロシア革命への系譜」に「他者」と「共生」の概念は生きていたであろうか。

女性参政権・植民地・東北　「女性参政権」が実現してきた歴史には意外な順序がある。最初はニュージーランドである（1893年）。ついでオーストラリア（1902年）。ドイツが1919年，アメリカは1920年（アメリカにはその後「女性参政権放棄運動」が起った），イギリスは1928年，フランスは1944年である。アジアではタイが最初で1932年である。ビルマ（ミャンマー）は1935年，日本はアジア太平洋戦争に敗戦した1945年である。中国は1949年（台湾は1947年）である。男女の差異を超えて人間として生きるという存在として同格であることを承認する観点に人類は20世紀前半になってやっとたどりついた。

　第三次市民革命のまなざしは具体的である。宮城県南三陸町の農家育ちで宮城大学の近代史研究者・山内明美によれば[9]，1918年の米騒動に戦慄した明治憲法国家は，アジア太平洋戦争（1931-45年）以前と最中に国策として朝鮮半島・台湾・東北地方を米作地に転換する。朝鮮半島と台湾を失った戦後では東北を集中的に米作地に加速的に転換しつつ，世界から米を大量に買って食べた。日本に米の自給体制ができるのは，戦後の1960年代になってからである。1893-1902年では岩手・秋田・青森は米生産高で全国最下位グループにあったが，約100年後の1990年では，福島・宮城・山形の三県とともに岩手・秋田・青森の3県が，つまり東北6県がトップ10位に入っている。山内明美は証言する。「（2011年3月11日の）津波の引いた翌朝，高齢のしゅうとめをおぶってがれきを歩くお嫁さんは，実は中国人です。この町にはアジアから来たお嫁さんがたくさんいます。…東北は震災以前から国際化・多国籍化が進んでいました」[10]。

　辛淑玉（シンスゴ）は野中広務との対談『差別と日本人』で指摘する。

> 「その時［阪神淡路大震災のとき］，戦後の復興における差別が人を殺したって思ったんですよ。震災の時の在日の死亡率は日本人の1.35倍以上。つまり，戦後の復興の際の差別によってあそこ［神戸市長田区（在日の密集居住地）］に取り残された人，それから被差別部落の指定を拒んだところの人たちから，たくさんの死者がでたんです」[11]。

水俣病被害者救済のために奮闘した川本輝夫の長男・川本愛一郎は父の活動を回顧してつぎのように語る。
　　「家に火をつけられたこともあったですね。マスコミに（水俣病が）取り上げられたときは無言電話が夜中にかかって，嫌がらせの葉書も来ました。（賠償金請求を非難して）『カネ亡者』とか，『水俣を暗くするのは患者が騒ぐからや』とか，そういうビラが『水俣を明るくする会』みたいな所から出たのです」[12]。
　水俣病発覚後の住民とチッソとの折衝で会社側から「この交渉は心情を介さない交渉ごとです」という事務処理的な発言に『苦海浄土』の著者・石牟礼道子が抗議すると，会社側は「これは文学的問題ではない」と切り捨てた[13]。
　反原発運動の参加者はほとんど自立的自発的な参加者である。ようやく日本に市民社会を担う普通の人々が登場してきた[14]。もう指導者型権威主義は失効している。2011年3月11日の東日本大震災の被災者救援活動には，宗教的政治的思惑が出せなくなり，出なくなっている。彼らが立ち向かう課題のひとつが，様々な差別を利用し固定し拡大する「経済のレントナー化」である。

経済のレントナー化の機構と形態　レントナー（Rentner, rentier）とは，労働せずに私有する資産（資金・固定資産など）を根拠に経済的剰余を取得する者・組織をいう。マルクスは資本主義経済がレントナー化することを指摘した。『資本論』第3部で，資本家は現実には「所有資本家」と「機能資本家」に分離する。①所有資本家（レントナー：出資者・株主）は，②機能資本家（経営者）を介して，③賃労働者を使用する過程で発生する紛争は②機能資本家の職分として回避し，その過程から発生するレント（利子・配当金）を取得する。労働した者がその成果を所有するという意味の「労働と所有の同一性」は「労働と所有の分離」（『資本論』第1部・第2部）に転化するだけでなく「労働・所有・使用の三者」へ分離する（『資本論』第3部）。近代的私的所有は「自己労働にもとづく所有」から出発すると仮定しても，結

局は、「自己労働」無しに私有する資産を根拠に「他人剰余労働（レント）」を合法的に取得する権利に転化する。そこに一貫するのは、資金・資産所有者の実物経済からの自立化とレントナー化である。これが『資本論』の結論である。

「労働・所有・使用の三者分離＝レントナー化」は、現代資本主義でさらに拡大・転態・浸透している。レントナー化こそ、現代世界資本主義をも牽引する形態であり動因である。ここに『資本論』の現代性がある。①出資者・②使用者・③労働者の三者への分離は、典型的には、産業資本・商業資本・銀行・証券会社などの株式会社にみられる。産業資本の営業部は半製品・部品の外注加工で、財務部は資産運用で、レント獲得に関与する。商業資本は資産運用だけでなく外部に事業を立ち上げて、レントを獲得する。銀行資本・証券資本はレント獲得そのものを事業にし、出資者・預金者にレントを再配分する。

「労働・所有・使用の三者分離」は、さらに、派遣労働制度における①労働者派遣企業、②労働者使用企業、③派遣労働者の三者関係に貫徹する。①労働者派遣企業は、③派遣労働者と派遣契約し労働者使用権を②労働者使用企業に販売し、あの①所有資本家と同じように、直接に労働現場に関与せずに、その販売価格と派遣労働者に支払う賃金との差額をレントとして取得する。②労働者使用企業と③派遣労働者が担う「事業そのもの」が《商品》として別企業に転売される。①転売する企業は事業の請負価格と転売価格の差額（レント）を取得する。いわゆる「下請け」である。こうして派遣は下請けと結合する。下請けはレント獲得の手段であるだけでなく、現場のリスク（労使紛争・事故・災害）から逃れる手段でもある。転売＝下請けは数回繰り返され、レントが細分化され配分される。

派遣企業のなかには原発現場のような危険な仕事場に労働者を派遣する企業もある。原発会社（①）から派遣企業に名目上は、命がけの被曝不可避の原発現場労働に対する高額な賃金として、支払われるが、幾重にも関与する派遣＝下請会社（①′・②）がその賃金の大部分をレントとして削り取り、

残る一部分が原発現場労働者（③）に支払われる。電力会社は，原発現場労働者の雇用というリスクを負わず回避し，彼らの労働から発生するレントは取得し原子力権力を維持する資金に転化する。

この三者関係は国際政治経済の統治様式にも貫徹する。『資本論』第３部が示すように，イギリスの植民地間接統治様式①宗主国イギリス→②植民地現地出身エリート→③植民地民衆の三者関係に貫徹する。このシステムを基礎にイギリス政府が発行する高利子保証インド開発国債をイギリス金融資本家（大抵は地主貴族）（①）は購入し，ヴィクトリア女王をインド女帝として戴く植民地インド（②③）から膨大なレントを取得していた。

この紛争回避三者システムは，米国の沖縄間接支配①米国政府（軍隊）→②日本政府→③沖縄県民の三者関係にも貫徹する。米国は沖縄返還で沖縄問題の直接交渉相手を沖縄の人々から日本政府に切り替えたのである。佐藤栄作元首相のノーベル「平和賞」受賞は，米国の沖縄での現場トラブル回避要求に応えた報償であろう。軍事基地とその周辺に膨大な予算が浪費されているのは，原発の場合と同じである。しかも，現今の動向には，原子力利権と結合した核武装への傾斜の徴候がないだろうか[15]。

この巧妙なシステムは多様な形態で広範にグローバルに浸透している。新自由主義の能力主義・自己責任の主張と市民社会論者の「労働と所有の同一性」の主張は，その実質的帰結において，いかなる違いがあったのであろうか。「労働と所有の同一性」の原理はレント吸着システムを廃絶する過程で実現する[16]。「同一労働同一賃金制」は，賃金の男女差・学歴差・民族差の撤廃にまで拡張されて実現する。系列＝派遣に吸着するレント吸着システムは日本の産業の９割を担う中小企業の手枷足枷である。中小企業が担う「経済民主主義」はそのレント吸着システムの撤廃を不可避の課題とする。現実に同一労働ならば必ず同一賃金は支払われているのか。上で若干指摘したように，負の歴史的経験に根ざす様々な差別が実在する。ベーシック・インカム制が「人権・共生・平和」を担保するだろう[17]。このような課題が「第三次市民革命」を根拠づけることになるだろう。第三次市民革命の一群の問

題「男＝女」・「健常者＝障害者」・「自他民族」・「人間＝自然」は《生命の根源に向かう方向性》を共有している。この痛切な実感が「第三次市民革命」を生み出している。

3. 東アジアの産業革命と市民革命

(1) 日本の産業革命と第二次・第三次市民革命

「産業革命」は「第一次市民革命」の帰結であると同時に、「第二次市民革命」を引き起こし、「第三次市民革命」を孕む。産業革命は単なる技術革新ではない。技術革新は生産様式と社会諸関係を変革する。今日も世界中で進んでいるのは利潤動機の資本主義的技術革新＝産業革命である。では、日本の産業革命はいつから始まったのであろうか。明治国家は当然、ナポレオンの独裁やクロムウェルの独裁と同じように、原蓄国家である。原蓄推進が明治維新の政治経済的な使命である。明治国家建設の狙いは資本主義の確立にある。通説では、日本の産業革命は1880年代から1910年代までである。通説には「第二次市民革命」という重要な変革が視野に入っていない。産業革命が技術主義史観で研究されている。産業革命は社会関係を変革する。その変革が「第二次市民革命」(1880年代から1920年代まで。末尾の「比較近代市民社会史」を参照)である。「産業革命」の基盤を構築することを歴史的使命とする日本の「第一次市民革命」が明治維新である。「第二次市民革命」は「大正デモクラシー」と表現されてきた。明治末期の産業革命が勤労者を政治の表舞台に登場させる。しかしデモクラシーを「民主主義」といわずに「民本主義」と言い換える。

幸徳事件(1910-11年)などの記憶がなお生々しい大正期では、日本の民衆は政治の目的は民衆の安寧を基本とするという意味での「民本」である。日本の民主主義は、民衆が「民主」という政治主体になるところまで踏み込めない。「民本」は恵与の対象として民衆を据え置く観点である。それは、産業革命から主体として登場してきている民衆の「民主主義」を制限しつつ、

その主体的な出番をうかがう戦略ともみえる。その時期に，普通選挙法制定や工場法改正が行われる。それに併せて治安維持法が制定される（1924年-25年）。しかし女性は政治参加から排除する。経済的剰余に対する労働者の再配分要求は治安維持法で厳しく制限する。その後，政友会と民政党の議会政治が満州事変の次の年（1932年）まで続く。大正末期は平和路線と帝国主義侵略路線との日本の分岐点であった[18]。平和路線が軍人のクーデタと右翼テロによって潰されてゆく。その結果が「アジア・太平洋戦争」（1931-45年）である。「大正デモクラシー」で実現しかかった「第二次市民革命」が「アジア・太平洋戦争」でいったん挫折し，「戦後改革」によって再建したと思われる。ほぼ同時に女性の参政権も承認された。したがって「第三次市民革命」も始まる。

（2） アジアの産業革命と三重の市民革命

いまアジアで進行しているのは，現代的水準の生産諸力にキャッチ・アップする「産業革命」である。「第一次市民革命」・「第二次市民革命」・「第三次市民革命」が同時に展開している。中国では，物権法（2007年10月1日），労働契約法（2008年1月1日）が出来ている（本章末「略年表・比較近代市民社会史」参照）。物権法は市民法に含まれるから「第一次市民革命」の一環である。労働契約法は社会法である。社会法は「第二次市民革命」から生まれる。中国の女性の参政権は1949年に承認された。したがって，いま中国では，「第三次市民革命」のあとに，「第一次市民革命」と「第二次市民革命」が同時に並行して展開していることになる。つまり，「女性参政権→物権法→労働法」という順序である。欧米日では順序はほぼ逆で，「物権法→労働法→女性参政権」の順序である。ただし，ロシア革命や中国革命では，党＝国家の指導の下に，男女同権と土地国有化が同時に制定された歴史的背景も留意しなければならない。

現代アジアの経済発展は現代的水準における「産業革命」であり「第二次市民革命」が露呈し，さらにほぼ同時に「第一次市民革命」・「第三次市民革

命」が随伴している。現代のアジアの経済発展を「産業革命（industrial revolution）」ではなく「単なる工業化（industrialization）」とみる観点がある。その観点は産業革命から発生する「第二次市民革命」，「賃金労働者の主体的登場」を抑制しようとする国際政治経済学的意図に立脚している。産業革命から発生する社会問題やその社会問題の解決を要求する民主主義運動・社会主義運動を抑制する狙いがある。「工業化説」は，先に指摘した，①所有資本家は②機能資本家に③賃労働者との労働現場での紛争処理をまかせ，レントを取得するという「レント・シーキング・システム」を開発途上国に構築する理論である。中国の指導層は原蓄から発生する労働問題・格差問題・三農問題などは「二の次」であり「先富論」で原蓄を指導してきたから，彼らにとっても「産業革命説」よりは「工業化説」の方が都合良かったのではなかろうか。ここに国際開発経済戦略と「階級同盟」を結ぶ中国指導層の根拠がある。21世紀初頭の中国の問題は，産業革命は社会関係を変革するという普遍史的なダイナミズムを露呈している。東アジアにおける市民社会形成の現実的根拠はここにある。

　そこでつぎに，中国の第一次市民革命と第二次市民革命を定礎した孫文の中国革命像（第4節）と，アジアの第三次市民革命としての女性解放運動史の一端（第5節）をみる。

4．孫文『三民主義』に読める現代中国体制

　東アジアにおける市民社会の形成の基本的な方向と形態は，本章末尾の略年表を参照すればつぎのようになる。第一次市民革命＝資本主義的生産様式の基礎を構築するための革命は，いわゆる「開発独裁（developmental dictatorship）」である[19]。イギリスのピューリタン革命のクロムウェル，フランスの第一帝政のナポレオン，日本の明治維新の天皇，中国の「改革開放」の鄧小平。彼らはなによりも軍事独裁者である。暴力的強制で上からの近代化を強行する。そのさい，時と所は異なっていても，資本主義的生産様

式の最終確立過程は産業革命である。その産業革命からつぎの第二次市民革命の主体・勤労者が登場する。イギリスの産業革命（18世紀後半から19世紀前半），フランスの産業革命（19世紀の10年代から70年代），日本の産業革命（19世紀80年代から20世紀20年代），そして中国の20世紀の70年代（1978年以後の改革開放），そのいずれの場合でも，勤労者の労働条件・生活諸条件の改善をもとめる運動が始まる。しかもそれに女性の権利の主張が随伴する。旧来の家父長的イデオロギーに男性勤労者も囚われていて，女性の解放はつぎの第三次市民革命に実現する[20]。

　福沢諭吉（1835-1901年）が江戸幕府の視察員としてイギリスに行ったのが幕末1864年である。留学費を節約して文献を買って日本に持ち帰り『西洋事情』（1866-70年）を書く。それが明治維新の一つのバックボーンになる。諭吉が見てきたイギリスは1864年のイギリスであるから，第二次市民革命が終わった時期に当たる。ちょうどマルクスがロンドンで3回目の『資本論草稿』（1863-65年）を執筆していた時である。それからほぼ35年のあと，清朝末期の亡命中の孫文（1866-1925年）が，社会改革がすすむ1896-97年ごろのイギリスを観察する。その観察から孫文は「三民主義」のうちの「民生主義」を着想した。同じ国に留学しても，その国の何時かによって，学ぶことがちがう。イギリスでは1847年に制定された10時間労働法が1851年適用される。その年，1851年にロンドン万博が開かれる。労働者に時間的余裕（自由時間）をあたえ，その時間で万博を見ようとすすめる。福沢が訪れたイギリスは産業革命が終って約15年後のイギリスであり，まだ社会改革は本格化していない。福沢と孫文のイギリス訪問間にはイギリスの社会改革上の進展のちがいがある。

　そこで，第二次市民革命を促す可能性を秘めている現代中国の経済発展のパターンが，すでに中国革命の父といわれる孫文の『三民主義』に基本的に提示されていることをみる[21]。孫文は『三民主義』を死去する前年の1924年に刊行した。三民主義の基本構想は彼が指導する「中国同盟会」の機関誌『民報』創刊1周年記念の講演の記録「三民主義と中国の前途」（1907年）

で示されている。孫文『三民主義』の基本構想はつぎのようである[22]。

① 中国近代革命の目的・順序・指導主体

　孫文は「フランス革命のとき、彼らがさけんだ革命のスローガンは、自由・平等・友愛という三つの言葉であった」が、自分たちの中国革命の目的は「発財（ファイ・ツァイ）」をめざすという（上167頁）。すなわち「金銭を蓄え生活を安定させること」を主眼とするという。のちに三民主義の「民族・民主・民生」の「民生」＝「民衆の生活の安定」と言い換えられる。ヨーロッパの人々が専制政治からの解放を意味する「自由」という言葉で表現していることは、中国人にとっては「生活の安定」である。ヨーロッパの人民の直接統治とはちがって、中国では皇帝権力の人民支配は納税に限られた間接統治であった。皇帝は民衆の生活の安定には関心がなかった（上176-7頁）。孫文は、西洋の労働者の自由は彼ら自身の獲得物であるというよりは、正義の士による指導と啓蒙で獲得したものであり、中国の労働者の場合も同じであるという（上213頁）。形式主義的平等はかえって弊害がある（上213頁）。中国同盟会の宣言によれば、三民主義政府は「軍法の治→約法の治→憲法の治」という段階を経る（「解説」下247）。中国近代化には知識人・テクノクラートが不可欠である。一般国民はまず「服務（奉仕）の道徳」を身につけなければならない。孫文は中国は強力な権力になろうと提唱する。その権力は開発独裁＝原蓄国家である。これが軍人・官僚・知識人による上からの近代化を推進する孫文の構想である。

② 国家資本主義・産業政策・外国資金技術導入

　孫文は、国家資本の発展が重要である（下138-9頁）といい、国家が大産業を管理するという（下142頁）。三民主義政府の戦略産業は①交通事業、②鉱山事業、③工業、④農業振興である［下155頁以下］。孫文は広大な大陸国家中国を念頭に鉄道の重要性を説き、運輸交通は公有化するという（下53頁）。鉄道の先行技術（狭軌道）は日本が導入したが、後発国である中国

は広軌道を導入する。最新から学べ,「後からきたものは先になる」という。

孫文は,「外国の資金・技術」と「中国国内の安価な労働力と土地」を結合して,中国を巨大産業国家にするという（下143頁）。孫文は中国同盟会の政治活動資金を海外の華僑資本家などから調達するネットワークをもっていた。孫文の「外国から調達する資金・技術と中国の安価な労働力・土地を結合し全国に産業拠点を構築する」構想は,1978年以後の鄧小平が指導する「改革開放」の「経済特区」で実施された政策と基本的に同じである[23]。

③ 「フォード・モデル」・財源問題・土地公有化

孫文は中国の将来像として,ヘンリ・フォードの自動車会社に注目する（下108頁）。①フォード車1500元。他の車5000元である。1/3以下の価格である。しかも耐久性がある。世界市場があり,「高利潤」を獲得している。フォード社には「娯楽室・医務室・学校があり生命保険制度」がある。これこそが中国の将来像の具体例であるという。この企業像は解放（1949年）以後の中国国有企業と似ている。

経済開発が進行するにつれて地価が上昇する。土地開発のメリットを不労所得（レント）に転化させてはならない（下126頁）。地価上昇は国民の協力の成果の現れであるから,地価上昇のメリットは公共的な所有,つまり公有地の拡大に帰すべきものである（下135頁）。公有地は耕地者に占有地として配分される。孫文はそれを「耕者有其田」という。「耕者有其田」の「有」は私的所有ではなく占有である。その占有は所有権に転化しない。土地の所有主体は名目上公的権力であるが,事実上は権力執行者の所有になる。家産制国家の特性である。物権法なしの現存してきた社会主義＝国有の実態がこれである。 孫文は,三民主義政府の財源は主として地租である,と展望する（下137頁）。中国国家の財源は私有地からの地租,公有地からの土地使用税でまかなわれる。この近代化の主要税源を土地に求めるという点でも,中国の「改革開放」の当初の財源がほとんど農業税（土地使用税）であった

第 1 章　東アジアにおける市民社会の形成　　19

ことと符合する。

　以上，孫文の『三民主義』に現代中国の基本的特徴の先駆的形態をあとづけてきた。そこには，近現代史の歴史の基本構造＝経路の普遍性があらわれている。《ジャコバン主義→二月革命→パリ・コミューン→ロシア革命→東欧占領下社会主義革命・中国革命→ソ連東欧体制崩壊・中国改革開放》という近現代史の大きな迂回を経て，中国も欧米日本の市民社会三段階史の経路に還帰している。まもなくミャンマー（ビルマ）や朝鮮民主主義人民共和国（北朝鮮）も基本的に「改革開放」以後の中国や「ドイモイ」以後のベトナムと同じ経路に合流するだろう[24]。その際，第一次市民革命と第三次市民革命を媒介する第二次市民革命である産業革命＝民主主義こそ，二つの革命を媒介する問題軸である。後発国になればなるほど，市民革命の第一次・第二次・第三次の時期が狭まり，ほぼ同時に発生する[25]。

5. アウンサンスーチーの民主化闘争

　21 世紀初めのアジアの波頭にたつアウンサンスーチー（Aung San Suu Kyi. 1945―）はどのような存在であろうか。アウンサンスーチーはビルマをイギリス・日本の植民地支配から解放するために殉死した国民的英雄を父に生まれた。彼女は父を含むビルマ近代史を綿密に研究し論文を書いている。ビルマは 1886 年にイギリス領インドの属領となり，1948 年，ビルマ連邦共和国として独立した。1962 年から 1988 年までネ・ウィン将軍と「社会主義計画党」の率いる軍事政権「ビルマ連邦社会主義共和国」となる。アウンサンスーチーは 1991 年，ノーベル平和賞を受賞したが，開発独裁国「ミャンマー連邦」軍事政府の弾圧で自宅拘禁されていて授賞式に出席できなかった。2012 年，出国しても帰国できるようになったので，受賞演説をオスロで行なった。アウンサンスーチーは 1988 年 6 月から 2010 年 11 月まで言論・表現・行動の自由を剥奪されてきた。そのうち，15 年間は自宅拘禁されてきた。2010 年の新憲法のもと 2012 年 4 月の補欠選挙で国会議員になった。

アウンサンスーチーは自分の粘り強い長期の闘争をささえている民主主義人権思想の基礎をビルマ仏教思想に見いだしている。彼女によれば，ビルマ仏教思想の①マハーサンマタ（合意にもとづく支配者），②カッティヤ（耕作地の支配者），③ヤーザ（ダルマ［徳・正義・法］の守り手）は，民主主義と結合する。なぜなら，①②③の担い手である君主には10の守るべき義務（寛容・公徳心・自己犠牲・高潔・思いやり・厳格・怒らないこと・非暴力・忍耐・人民の意志に逆らわないこと）があるからである。アウンサンスーチーは，その仏教思想を伝統的な君主制の君主の義務だけに限定しない。むしろそれを普遍化して，民主制のもとで民衆に選ばれた者が守るべき義務に読み替える[26]。ビルマ仏教の僧侶たちは民衆と共に生きる指導者としての役割を果たしてきたという。このような観点からアウンサンスーチーも自己を律してきたと思われる。では，アウンサンスーチーたちを弾圧してきた「全体主義的な社会主義」の指導者たちはどうか。

「論理矛盾と国民無視は全体主義に共通した特徴である。自由な思想と新しい考え方，権利の主張を押さえつける全体主義政府は，国全体の知的な発展を止める。脅しとデマは二重の抑圧である。国民は，見てみない振りをして沈黙することを身につけ，恐怖と不信のかたまりになってしまう」[27]。

むろん，《民主主義人権弾圧》はビルマだけに限らない。アウンサンスーチーの闘いには歴史的系譜がある。開発独裁者は妄語宣伝（デマゴギー）・自宅拘禁・投獄・処刑で民衆の心身を支配する。これは第三世界の国々の政府に共通して存在する。顧みれば，明治日本は，当時の写真にも記録されているように[28]，天皇制権威主義開発独裁国であった。明治の中江兆民は，日本には「天賦人権，人賦国権」の思想はなく，あるのは「天賦国権，国賦人権」であると指摘した。敗戦後，昭和天皇がマッカーサーとの会見で誇った「五箇条の御誓文」（1868年）もこの枠内にある[29]。欧米の中国侵略（1900年）をきっかけに，明治国家は「治安警察法」（1900年）を制定する。「治安維持法」の前身である。「治安警察法」は，日本産業革命から労働運動が起こり日本の帝国主

義行動に反対する運動に発展することを恐れて制定された。この法律は「女性の集会」そのものを禁止した。その法律を盾に「赤旗事件」(1908年)で逮捕された管野須賀子（1881-1911年）は「幸徳事件」(1910-1911年)で処刑される。6年後の1917年にロシア革命が起こる。日本でもつぎの年1918年に米騒動が起こる。1919年に反日本帝国主義運動（三一独立運動・五四運動）が起こる。近代アジア史の転機である。ヨーロッパはどうか。《ジャコバン主義→二月革命→パリ・コミューン→ロシア革命→東欧占領下社会主義革命》の最後の出来事から約10年後に「ハンガリー事件」が起こる[30]。

1956年，ソヴィエト型経済改革を強制されたハンガリー国民はブダペストに立つスターリン像を倒し，反ソヴィエト抵抗運動に蜂起する。ソヴィエト軍はハンガリーの抵抗する人々を爆撃する。その動乱の模様は外国に報道される。これは一目瞭然の惨劇であった。ところが，当時の日本の社会主義者で公然と批判の声を上げたのはわずか数名であった。批判した少数者は抵抗するハンガリー国民に《民主主義人権の受難》を目撃し傍観できなかったのである。しかし，ほとんどの者は《党は絶対無謬である》という権威主義に呪縛され沈黙する。ハンガリー国民の明白な受難を棚に上げて《正確な事実は分らないから，ソヴィエト批判は慎む》と韜晦を装い，ハンガリーの人々の人権・主体を武断するソヴィエト路線を傍観する。批判の声を上げた者は《非政治的な善良さ》を暗に冷笑され組織から追放される[31]。この党派主義はやがて《綺麗な水爆》なる虚説を主張する。「ハンガリー事件」は「チェコの春」・「ポーランドの連帯」に引き継がれ，バルト三国独立を含む「東欧市民革命」に帰着する。

6. 市民社会と技術の問題──三木清の技術哲学の現代的意義

「市民社会の形成」は，東アジアに限らず，技術的変革（産業革命・技術革新）と不可分である。市民革命は次々とこれまで人間主体として承認してこなかった人々を主体として呼び出すように，重層的に進行する。むしろ各

段階の技術革新がそれに関連する人々を歴史の主体として登場させる（例えば，家庭電器製品の普及→家事労働時間短縮→「主婦」の自由時間増大→社会参加）[32]。技術革新の歴史的起動力は根源的である。

このような意味で，三木清（1897-1945年）の技術哲学には，通常の技術論とは異なる固有性がある。特に現代の技術の社会との関係，技術問題の社会的解決を考える際に深い示唆を与える。三木清には著書『技術哲学』（1941年10月），論文「生活文化と生活技術」（1941年1月）がある[33]。アジア太平洋戦の時期に，生活を守り育て，東アジアの人々と「技術を普遍的な基盤にして平和な共存・共生の世界を構築しようとする構想」から生まれたものである。三木清の技術哲学の現代的固有性はつぎの3点にある。

① 技術＝《目的と因果関係の統一》

三木清の技術哲学の第1の特徴はこうである。人間は問題を解決するために複合的で一貫した行動をとらなければならない。まず人間は活動する前に，《或る結果をもたらす原因となる行為を行えば，その結果が生まれる》と想定する。「因果関係（原因→結果）」の「原因」と「結果」の順序を「逆」にして，「目的」が「行為の結果」となって実現できる過程を想定する。ついで「実際」に「目的」が「結果」に実現するように「因果過程」を制御する。技術とはその制御の「行為の形」を生みだし実行することである。技術とは因果過程を手段・媒介にして目的を実現する「因果論と目的論との統一」である。

② 《社会技術》

技術はふつうの技術論が想定する「自然技術」に尽きない。技術は「人間と自然の関係」だけでなく，「人間相互の関係」にも基礎をもつ。技術には，生産現場における人間自身の状態や，組織自体を「社会的価値」で制御＝改革する「社会技術」が必要である。「社会技術」の提唱が第2の特徴である。《技術は真実に人間のためになっているか》という観点から技術の現状を点検し改善しなければならない。問題は「技術そのもの」の欠陥だけではない。失敗を犯す「人間の要因」や，技術を利用する「目的」に問題はないのか。

技術者・生産者が構成する「組織」に問題はないのか。その技術は人間が「制御可能技術」なのか，人間生存を危うくする技術ではないのか。このような一連の諸問題を直視し技術開発の是非を決定しなければならない。社会を構成するそれぞれの組織や組織間を制御する「社会技術」が必要である。

③ 《技術の民主性・公共性・批判性・世界性・協同性》

　三木清の技術哲学の第3の特徴は，それが「社会的関係概念」であることにある。三木清は論文「学問論」[34]でつぎのように近代科学技術の「民主性・公共性」を指摘する。

　　「近代科学はその本性上いわばデモクラティックである。それは公共的であるために一般人の間に普及することによって発達したのである。派閥とか秘密主義とかいう封建的なものは学問の精神に反する」。「科学・技術は西洋においても近代にいたって初めて発達したものである。その場合全く**世界観的変革**があった」。「[しかし]その自由競争のために技術が**公開**されないで改良が妨げられる」。

　近代科学は「民主性・公共性・世界観的変革性・公開性」ももつ。論文「国民文化の形成」では，科学技術を含む近代文化の「自己批判性」・「大衆性」・「世界性」・「協同性」を指摘する。技術は「物質的生産の技術・統帥の技術・政治の技術・芸術的技術・心術・論理的操作術」など諸々の「技術の建築術」をなす。三木清のいう技術者は，技術を支配し人間を組織する総合能力をもち，科学と技術に織りなされた社会の組織運営を担う「有機的な技術者」である。自然技術者も社会技術者も技術を「制作・真理・美・徳」の四つの次元で体得する。「徳（virtue）」は「能力（virtue）」に基礎づけられる。各自が自立した知性をもち経験から学び独自の見解をもつからこそ，相互批判的である。技術は大衆の中に普及するとともに世界に普及する。両面の普及過程で技術は吟味され検討され修正を要求される。

　三木清のこのような技術哲学は，原子力エネルギーの軍事利用・「平和」利用の問題を議論する基準を与える。三木清の技術哲学のこのような特徴と，戦後武谷三男などが日本学術会議で制定した「核エネルギー研究の《民主・

自主・公開》」とを比較すれば，三木清の技術哲学の先駆性・包括性はあきらかである[35]。

7．歴史の岐路と新しい市民社会の生成

(1) 危機と真偽

　危機は事態をあからさまにする。いま，何を如何に語るべきなのであろうか。2011年3月11日に発生した「東日本大震災」は，根源的な歴史的転機を促している。その震災をどのように解決するのかをめぐる様々な対応に，大震災以前からの日本の問題が露呈している。問題の隠蔽・すり替え，曖昧語の使用，問題直視の回避，問題の先送り，責任回避。このような生きる姿勢は，アジア太平洋戦争（1931-45年）の開始・終結の曖昧さ，戦時虚報連発，戦争責任回避，軍物資隠匿流用という一連の歴史的負債に根をもっている。その意味で「サンフランシスコ講和条約＝日米安保条約」は，日本人のその無責任を固定化し「保護する」という脱道徳的役割を担ってきた。日米安保問題は，軍事（基地使用）問題・経済（日米構造協議・年次報告書）問題であるだけでない。同時に道徳問題である。沖縄返還（1972年）で生まれたシステムは，沖縄の米軍基地利用の政治的責任は本土の日本政府にあり，沖縄の直接軍事支配はアメリカが行うという巧妙な沖縄利用三者システムである。

　《原子力マネー》は戦後処理放置の気風のなかで育った。虚報・虚説をつぎつぎと生み出して，平然としている。巨額な資金が《われらに同意せよ》と威嚇的にばらまかれ，《真偽の判別などどうでもよいこと》になっている。貨幣の本性の顕現である。貨幣は「経済のレントナー化」を推進する使命を遂行している。①「原子力むら」とは，危険な原発現場の②管理者と③労働者から身を引いて，原子力マネーを吸着する「原子力レントナー」である。原発の危機は肉体的生命の危機であるだけでなく，精神的生命の危機である。平田清明と親交のあった「生活クラブ生協」（1965年創設）の創設者・岩

根邦雄は指摘する。

> 「［日本の 2011 年 3 月 11 日の福島第一原発］事故のあと，ドイツはすぐさま政策を変え原発廃炉に舵を切った。社民党や緑の党だけでなく，保守党も《ルビコンを渡った》と言えるのではないか。ドイツの見識の高さと私たち［日本］の低迷する危うさを比べると・・・そこにはナチスのファシズムを自己批判してやってきた彼らの覚悟と，戦争責任を取らず，責任の所在を明らかにしないできた日本人との大きな違いがある」[36]。

（2） 原発問題と労働運動

問題は生産点にだけ存在するのではない。生産を担う者は生産が消費と地域にもたらす問題性を直視する視点をもたなかった。この視点欠落こそが，労働運動が国民的国際的問題に機敏に反応できずに，衰退してきた原因であろう。なるほど労働運動は産業革命が進行する過程で，その一翼を担うようになった。労働者が労働諸条件の改善をもとめてたちあがってきたものである。イギリス・フランス・日本・中国などほとんどの国でそうである。それは生存権を現実的に獲得するという当然の権利の自覚とその要求である。しかし，さらに岩根邦雄が指摘するように，つぎのような問題がある。

> 「原発の問題に対する労働組合の対応，あるいは［旧］西ドイツにおいて《緑》が登場した時の社民党に対する批判といったものを考えると，その批判は，労働運動が持っている体質的な大きな問題点を鋭く突いていた。つまり，産業主義・生産力主義である。労働運動が他の面では資本と対立していても，そういうことについての価値観は共有している」[37]。

岩根たちの「生活クラブ」は，かつて北海道の泊原発反対運動を大きく担い，「政治的なことは既存の《革新》政党を通じてという《コープさっぽろ》との姿勢の違いが，決定的なかたちで現れている」と指摘する[38]。「高度成長」の成果（パイ）の配分主義に収斂してきた既存の「左翼」のイノベーショ

ンに対する視点の欠如,その保守性がエネルギー転換でも露呈している。「企業家精神の欠落,イノベーションの不在は,日本の左翼の致命傷であるばかりでなく,旧ソ連・東欧の崩壊の中で明らかになった問題点でもある」[39]。「技術革新」といえば,「人減らし,雇用不安」としてのみ受け止め,イノベーションに反対するだけの反応が身について,技術そのものの質の問題,リスク問題に正面から取り組むのは,労働運動とは別の主体であった。

(3) 原子力評価の揺らぎ

実は,原子力技術そのものの評価は揺らいできたのである。武谷三男は,原子力基本法が制定される1955年の3年前,エッセイ「原子力を平和につかえば」を『婦人画報』(1952年8月号)に寄稿し,「原子力が[平和に]利用されるようになると北極や南極のような寒い地方,絶海の孤島,砂漠などが開発され,そういう地方にも大規模な産業が行われ,大都市を作ることができるようになる」と楽観した。その2年後の1954年,ビキニ水爆実験によって犠牲者が出ているにもかかわらず,日本の世論は原子力の軍事利用には反対するが,その平和利用に大きな期待を寄せていた。それを代表するように,1954年5月28日に東京都中野区議会で裁決された「原子力兵器放棄並びに実験禁止その他の要請の決議」の決議趣旨説明でも,ビキニ水爆実験に言及しつつも,「かつて人類の歴史に見なかったところの光栄を築き,精神的にもまた物質的にも偉大な繁栄が,この原子力の平和的な利用ということにかかって存在し得る」と楽天的であった。

約20年後1973年6月6日,武谷三男は衆議院科学技術振興対策特別委員会で,自分たちが提案した原子力三原則「民主・自主・公開」が原子力基本法に導入されたことや深刻化する公害を指摘しつつ,「公開の原則」は,高度成長などを超越するものであって,「人権を至上命令にする」ものであると力説する。「放射能の許容量」の重要性を指摘してきたのにまだ徹底されていない事態を憂慮し,「安全性が確立されていないものは使うな,安全性が確認されたものだけ使えという」《安全性原則》を技術利用の原則とし

て強調した。武谷は敗戦直後の楽観を国民の意識の変化に添うように大きく修正したのである[40]。

(4) 原発廃炉問題

原発問題の核心のひとつは「原発炉の廃炉技術の開発とその担い手の育成問題」である。これまでの原子力エネルギー技術の担い手は，廃炉技術に正面からどこまで取り組んできたのであろうか[41]。廃炉技術は際どい問題である。《廃炉技術は，原発撤廃の立場から必須の技術であるだけでなく，原発の継続・推進，原発を世界商品化しようとする立場からも，いまや不可欠な技術である。これからの若い世代にその廃炉技術を習得し廃炉に当たる者を確保できるのだろうか》[42]。脱原発と原発推進とは，原発の廃炉技術開発で領域を共有する。原発推進派が独占する原発の現場なしに，原発廃炉の技術を開発することは不可能である。若い世代が生涯を懸けて，いずれ必要でなくなる技術，必要でないのでなければならない技術を習得する。このような自己否定的な未来閉鎖的な技術課題は人類史始まって以来，初めてであろう。この課題をこれから千年・万年を単位とする時間幅で取り組んでいく。途轍もない課題に人類と日本は遭遇している。

(5) 社会技術としての脱原発金融

《3・11以後》，貴重な活動が始まっている。脱原発市民運動と同伴する，東京の城南信用組合の理事長・吉原毅たちの脱原発地域金融である。元理事長の小原鉄五郎の「地域を幸せにする金融活動をしよう」という励ましを生かして，節電三商品《①信ちゃんサービス［原発発電電力2～3割分を節電したら預金100万円につき1％の利子をつける］》《②節電住宅ローン［金利ゼロ］》《③エネット［東電電力を買わない特定業者送電システム］》を開発し金融活動を展開している。金融を活用して脱原発を推進する活動の一つである。オカネ中心に自我の肥大化した社会にあって，地方自治と連携して，血の通った資金運用を行っている。《単なる銀行にならない》が行動規範で

ある[43]。

　吉原たちの活動は「社会的価値」を企業活動（預金・融資）に組み込む「社会技術」（三木清）の好例である。電力企業は「原発停止＝《電力供給力低下》宣伝＝節電圧力＝原発再稼働推進」のもと，電気料金値上げを権利として宣言した。しかし，2012年8月3日の盛夏でも，関西電力圏内で需要電力2682万kw，供給電力2999万kwであり，大飯原発供給電力を差し引いても，供給電力は2768万kwである。86万kw供給力が上回る。原発なしでも電力供給は不足しないのである。電力企業の原発再稼働の根拠にした電力不足の情報はまったく根拠がなかった[44]。

　《餅は餅屋に任せておけ》は無効な時代に入っている。素人はほとんど別の職業経験での専門家である。その素人の衆知は自称専門家の虚偽を暴く。多くの場面で真偽検証が始まっている。これが第三次市民革命の今日のすがたである。第二次市民革命までの専門家中心社会像は大きく転回しはじめている。その歴史的文脈に生活様式を変革する課題に沈着に取り組んでゆく。特に日本に住む者はこの課題の最前線に生きてゆくほかない。第三次市民社会はその現実過程から生まれる。

【注】
1) 以下の本文（3－9頁）には，本章の筆者が「市民社会の三段階発展論——東アジアの歴史理論的現段階の位置づけをめざして」（2008年2月23日専修大学神田校舎「現代の理論・社会フォーラム」研究会：『FORUM OPINION』2008.7, No.7掲載）で公表した論旨の一部と重なる個所がある。
2) 高橋和之『[新版] 世界憲法集』岩波文庫，2007年，278頁を参照。**ボールド体強調は引用者。**
3) 高木八尺・末延三次・宮沢俊義編『人権宣言集』岩波文庫，1957年，131頁，第2条参照。
4) 前掲高木・他編（1957）160頁，IV参照。
5) グラムシは『獄中ノート』で「1848年でヨーロッパのブルジョアは妥協した。その後，その穏健派がヘゲモニーを握るようになった」と書いた。
6) 内田弘「世界資本主義と市民社会の歴史理論」（古川純編『グローバリゼーションと日

本』専修大学出版局，2001 年）を参照せよ。
7）本章末尾の「略年表・比較近代市民社会史」を参照。
8）かつての岩波書店の『世界歴史』の或る巻（第 18 巻, 1970 年）なども，このホブズボーム史観に似た観点で編集されている。
9）山内明美《〈飢餓〉をめぐる東京／東北》［赤坂憲雄・小熊英二編著『「辺境」からはじまる－東京／東北論』（明石書店，2012 年）所収］を参照せよ。
10）『朝日新聞』2012 年 7 月 4 日朝刊，15 頁。筆者は 3 月 11 日，北京に滞在していた。人も物も飲み込んで進む巨大な津波の映像がホテルのテレビに映る。その映像に重ねて流される字幕に《在日同胞 70 万人。各地の連絡先はつぎのとおり・・・》とあった。70 万人のうち 5 万人は留学・就業の他，結婚して東北にいる中国出身者も含んでいる。テレビはアメリカ空母《ロナルド・レーガン号》が日本の東北沖に向かっているとも報じた。
11）野中広務・辛淑玉（対談）『差別と日本人』（角川書店，2009 年，106 頁。引用文中［　］は引用者補足。差別の悲惨と背景を明示する同書は膨大な読者を獲得した。
12）『朝日新聞』2012 年 7 月 24 日朝刊，17 頁。（　）は引用者補足。
13）『朝日新聞』2012 年 7 月 2 日夕刊，7 頁。昭和天皇は 1970 年代に国際記者会見で戦争責任と米軍の原爆投下について問われて，「私はそのような言葉のアヤについては，文学方面を研究していないので，よくわからぬ，原爆投下は戦争だから仕方がなかった」と対応した（福島菊次郎『ヒロシマの嘘』現代人文社，2003 年，297 頁）。半藤一利ほか『占領下日本』（下，ちくま文庫，2012 年，90 頁）も参照。「文学的なこと」が「政治的レトリック」に利用されている。原爆製造の初期から関与したチャーチルが 1953 年に『第二次世界大戦』でノーベル「文学賞」を受賞したことは意外だろうか。
14）「政府が全国 11 カ所で開いたエネルギー政策の意見聴取会が［2012 年 8 月］4 日に終わり，2030 年までに原発ゼロを求める意見が 7 割を占めた」（『朝日新聞』2012 年 8 月 5 日 1 頁）。国民の大多数がめざすのは原発ゼロ社会である。
15）「2012 年 6 月 20 日に成立した原子力規制委員会設置法の第 1 条には〈わが国の安全保障に資する〉とする文言が盛り込まれた」・「日本の原子力の新たな使い道として〈核武装〉が登場してきたのである」（小出裕章・渡辺満久・明石昇二郎『《最悪》の核施設 六ヵ所再処理工場』集英社，2012 年，182 頁）。
16）マルクス「労働と所有の同一性」論は正確に理解されてきたであろうか。一面的理解のため，新自由主義的事態の到来を予見できなかったのであろう。この点については，拙稿「『資本論』の自然哲学的基礎」（『専修経済学論集』通巻 111 号），および『経済学批判要綱』に関する拙稿（『季報 唯物論研究』第 120 号，2012 年）を参照。
17）ベーシック・インカムについては，Clifford Hugh Douglas (1879-1952) の Social Credit（社会信用論，初版 1924 年）が基本文献である。それは①信用の社会化，②国民配当，③正当価格からなる。②が通常のベーシック・インカム論に相当する。ダグラスの社会信用論は，米国連邦銀行制度（1913 年創設）など，現行通貨制度の根本的改

革を含意する。http://www.mondopolitico.com/library/socialcredit/socialcredit.htm を参照。生産と消費の需給ギャップを販売価格カットで調整するアイディア（③正当価格）は重大な問題を含んでいないのか，検討を要する。関曠野『フクシマ以後』（青土社，2011 年，215 頁）が指摘するように，この社会信用制度には独裁体制の可能性がある。代議制民主制と通貨制度は構造的に同型である（関）。これはスピノザ代議制民主制論とマルクス価値形態論が同型であることに対応する。

18) 黒沢文貴『大戦間期の日本陸軍』みすず書房，2000 年を参照。黒沢によれば，1925 年前後日本陸軍内部にアジア大陸侵略と国内平和繁栄を主張する両派の論戦があり，その論戦は前者が 1931 年に満洲事変を起こすことによって消滅する。後者は戦後の象徴天皇制に近い将来日本像を主張していた。

19) 坂野潤治も明治国家を「開発独裁」と規定する。坂野潤治（1993）『〔改訂版〕日本政治史』放送大学教育振興会を参照せよ。唐亮『現代中国の政治』（岩波新書，2012 年）もそのサブタイトル「『開発独裁』とそのゆくえ」にあるように現代中国を「開発独裁」とみる。

20) のちの「6. アウンサンスーチーの民主化闘争」で 21 世紀初頭のビルマ（ミャンマー）の国民民主運動をみる。

21) 周佛海（犬養健訳編）『三民主義解説』（上下）岩波新書，1939 年を参照。

22) 以下の引用は，孫文『三民主義』岩波文庫，安藤彦太郎訳，上下，1954 年による。引用は「上 167 頁」のように略記する。最初の引用文にあるように，孫文も「自由・平等・友愛」が 1789 年のフランス革命のスローガンであったかのように誤解している。その誤解の根拠は現行フランス憲法とは別である。つきとめるべき問題点である。

23) 高橋誠『世界資本主義システムの歴史理論』（世界書院，1998 年）が実証した「輸出加工区」はその「経済特区」の先駆形態である。

24)『朝日新聞』（2012 年 7 月 20 日［金］朝刊 11 頁）は平壌科学技術大学で「電子コンピューター工学，国際金融・経営，農業・生命科学の 3 学部の 300 人の学部学生と 70 人の大学院生」が資本主義経済の教育を本格的に受け，外国人教員による英語での講義が行われイギリスの大学への留学も始まると報道した。これは同国の最近の軍部最高幹部の劇的な解任を促す起動力の証左であろう。朝鮮民主主義人民共和国でも開放型経済への移行が本格的に始まったのである。『朝日新聞』（同年 8 月 18 日［日］朝刊 3 頁・7 頁）は，中国国家主席・胡錦濤と朝鮮労働党行政部長・張成沢が 8 月 17 日に北京で会談し「中国式の改革開放の手法を適応すること」で合意したと報じた。北朝鮮でもやがて中国と同様に，権威主義体制からの静かな移行で三重市民革命がほぼ同時に展開するだろう。ミャンマー政府はメディアの事前検閲を 2012 年 8 月 20 日から廃止すると発表した（『朝日新聞』同年 8 月 21 日 13 頁）。

25) 呉軍華『中国－静かなる革命－』（日本経済新聞出版社，2008 年）は中国の近未来像を示唆する。中国共産党内調査では，民主主義に 67.3％，独裁に 14.7％が賛成している。中国の第五世代（1940 年代後半－ 1950 年代生れの文革世代）が 2012 年から

政治中枢に入り，中国は2022年までに現在の共産党一党支配・「官有＝開発独裁体制」から「自由・平等・人権の理念」を実現する民主主義政治体制に移行する，とみる。

26) アウンサンスーチーによる，伝統思想としてのビルマ仏教思想と民主主義人権思想との統一に，古川純のいう「ものごとを形而上学的な主張によって根拠づけずに，すべての文化に共有しうるこの価値と規範を見出す，経験的な調査に基づく《文化横断的普遍主義（cross-cultural universalism）》の立場」が確認できる（古川純編『〈市民社会〉と共生』日本経済評論社，2012年，196頁）。

27) アウンサンスーチー著（柳沢由実子訳）『自由』角川文庫，2012年，261-262頁および275頁。アンチノミーの伝記的事実は本書による。ようやく進行しはじめたミャンマー開放政策がもたらすものに，ビルマ仏教を思想的拠点とするアウンサンスーチーたちの運動がどのように対応するのか，非常に注目される。それは仏教国ブータンが今日遭遇している問題と共通するのではなかろうか（『朝日新聞』2012年8月1日11頁のブータン首相ジグミ・ティンレイへのインタビューを参照）。

28) 例えば，明治天皇の肖像写真制作の意外な事実について，猪瀬直樹『ミカドの肖像』（小学館，2002年）を参照せよ。立花隆『天皇と東大』の或る写真（文藝春秋，2005年，上，254頁）は，当時の最高学府の学生の貧しく幼い実像を記録している。

29) 御誓文第二項「上下心を一にして盛に経綸を行ふべし」，第三項「官武一途庶民に至る迄各其志を遂げ人心をして倦まざらしめんことを要す」に垂直型明治国家像が示されている。

30) 小島亮『ハンガリー事件と日本』中公新書，1987年を参照。

31) 平田清明は「ハンガリー事件」の12年後の「プラハの春」（1968年）の直後に，家産制社会主義官僚の権威主義への批判基準を提示する（『市民社会と社会主義』岩波書店，1969年，333-334頁）。石堂清倫『わが異端の昭和史』も参照。異端尋問の精神病理は政治・宗教の宿痾，人間が共同性危機で見せる悪である。

32) 花森安治から糸井重里への《生活者自身の身近な改善こそが人間の幸福を確実なものにすると考え実行する系譜》は市民社会形成の核になる。この路線は三木清「生活技術」論（次注を参照）と繋がる。

33) 三木清『技術哲学』は『三木清全集』岩波書店，1967年第7巻を，「生活文化と生活技術」は同第14巻を参照。以下の引用文は主に『技術哲学』からのものである。他からの引用はその典拠をしめす。

34) 三木清「国民文化の形成」（『三木清全集』第14巻336-343頁，1940年），「学問論」（同巻478-498頁）。

35) 日本は技術協力で東亜協同体の一翼を担うという三木清の戦時中の提唱には，以上の技術哲学がある。彼の提唱は，戦争終結直後，中国が残留日本人技術者に技術協力をもとめた「留用」につながる。敗戦直後の1945年9月3日，当時の外務大臣・重光葵が中国各地の日本公館に当てて，日本人技術者たちに中国に残留するように働きかけるように，指示していることが当時の外交文書に記録されていることが最近分かった（『朝

日新聞』2012年8月1日4頁)。「留用」は日中双方の提案であった。本章の筆者は「留用」に結びつけて三木清の技術哲学について，国際アジア共同体学会第3回国内大会（2010年11月21日嘉悦大学）で報告したことがある。
36）岩根邦雄『生活クラブという生き方－社会運動を事業にする思想－』太田出版，2012年，208頁。平田清明は岩根の「生活クラブ」を1970年代前半から支援していた。平田清明の『市民社会と社会主義』（岩波書店，1969年）が二人を結びつけたのである。この本は近く南京大学の張一兵たちによって中国語に訳され刊行される。
37）岩根邦雄『新しい社会運動の四半世紀－生活クラブ・代理人運動－』協同図書サービス，1993年，101頁。
38）同上，152-3頁。
39）同上，20頁。
40）http://tokyopastpresent.wordpress.com/2012/04/23, http://skasuga.tumblr.com/post/20581002967 を参照。
41）現行の原子力炉等規制法には廃炉を命じる規定は存在しない。行政指導で事業者に対応を求めるほか廃炉の方法はない（『毎日新聞』2012年8月19日［日］3頁）。「《絶対安全》が前提の我が国では，［原子炉圧力容器破損に関する］確立評価は真正面から論じることは許されず，また直接，安全規制には取り入れてられてもいない」（同紙13頁の東北大学名誉教授・長谷川雅幸の『発言』欄）。
42）脱原発運動に参加している音楽家・坂本龍一はTBSテレビ（2012年8月3日午後10時過ぎ）で廃炉についてこのように発言した。
43）『毎日新聞』2012年6月1日朝刊；YOUTUBE, hayashiinochi。
44）2012年8月9日（木）TBSテレビ午後9時54分からの「報道ステーション」による。
45）下記の略年表は，報告「比較市民社会史からみた中国市場経済」（2009年11月8日首都圏大学東京［秋葉原キャンパス］）に添付したものを若干補足したものである。日中比較近代史の方が現代にまでのびている。それは「第一次市民革命から万博開催まで」を基本的な時期区分としているからである。日中の万博開催年は英仏と比較して百数十年後である。

第1章　東アジアにおける市民社会の形成

《略年表・比較近代市民社会史》[45]

【イギリスとフランスの比較近代史】

記号説明：①第一次市民革命　▲帝国主義　△世界市場　❶原蓄　▼封建反動
○産業革命　②第二次市民革命　❷開発権威主義・民族主義　❸内乱

近代英仏史：△$_1$世界市場＝▲$_1$帝国主義→市民革命①→原蓄国家❶＝△$_2$世界市場＝▲$_2$帝国主義→○産業革命→②第二次市民革命→△$_3$世界市場＝▲$_3$帝国主義

《イギリス》

❸①1640-1660　短期議会・長期議会
①1649　共和国宣言（王制廃止）❶平等派逮捕
▲1650　クロムウェル，スコットランド征服
△1651　航海条例制定
▲1652　アイルランド植民法制定
❶1653　クロムウェル護民卿（＝独裁）に就任
❶1655　軍政官制度の実施
▼1660　王政復古
①1688　名誉革命。→ 1689　権利章典
❶1694　イングランド銀行設立
▲1702-13　英仏植民地戦争
▲1707年　スコットランド合邦
▲1756-63　七年戦争
○1765-88　ワット蒸気機関改良
▲1775-83　アメリカ独立戦争（＝第一次市民革命）
○1779　クロンプトン，ミュール紡績機発明
○1787　カートライト力織機完成
▲1793-97　第1回対仏同盟
▲1799-1802　第2回対仏同盟
▲1801　アイルランド議会合併
▲1805　第3回対仏同盟
①1807　奴隷貿易廃止

《フランス》

❸①1789　人権宣言（自由・平等・所有）採択（8月26日）
❶1791　ル・シャプリエ法〈団結禁止法〉
①1792　共和政宣言
①1793　封建的権利完全廃止。「1793年憲法制定」
①1794　植民地奴隷制廃止
○1795　産業博覧会
❶1796　バブーフ事件
❶1799　ナポレオンのクーデタ（独裁）。行財政・司法改革
❶1799-1812　自由抑圧。検閲。▲ナ

- ○1811-14　ラダイト一揆
- ②1812-13　最高賃金法撤廃
- ○1814　スティーヴンソン蒸気機関車発明
- ▼1814-15　ウィーン会議
- ❷1817　集会禁止法成立
- ❷1819　治安維持法制定
- ②1824　国内奴隷制撤廃・団結禁止法撤廃
- ②1825　工場法成立。労働組合承認
- ○1830　マンチェスター＝リバプール間鉄道開通
- ②1832　第1次選挙法改正
- ②1833　帝国内奴隷制撤廃
- ▲1840-42　アヘン戦争
- △1846　穀物法撤廃
- ②1847　10時間労働法成立。△産業恐慌
- △1849　航海条例撤廃
- △❷1851　ロンドン万博（世界資本主義の構築）
- ▲1851-64　太平天国の乱

ポレオン戦争
- ❶1800　フランス銀行設立
- ❶1803　1791年の団結禁止法（ル・シャプリエ法）の確認
- ❶1804-14　第一帝政。権威主義的人民投票的民主主義
- ①1804-07　ナポレオン法典制定（男性無産者，女性は「受動的市民」）
- ❸▼1814-15　王政復古（〜1830）
- ❷1830　七月王政（〜1848）。②工場法成立
- ②1833　初等教育整備法（→1881-82　フェリー法で実質化）
- ②1841　児童労働取締法
- ○1842　鉄道関連法成立
- △1847　産業恐慌
- ❸②1848　1848年憲法（自由・平等・友愛）の採択（11月4日）②普通選挙法。②10時間労働法
- ❷1850　選挙資格制限法。検閲強化
- ❷1851　ルイ・ナポレオンのクーデタ
- ❷1852　第二帝政（〜1870）。○クレディ・モビリエ設立
- ○1853　パリ都市改造
- △❷1858　パリ万博（世界資本主義への参加）

【日本・中国の比較近代史】

記号説明：①第一次市民革命　△世界市場　▲帝国主義　❶開発独裁（原蓄）　▼封建反動　○産業革命　②第二次市民革命　❷民族主義　❸内乱　③第三次市民革命

近代日本史：△₂₃世界市場＝▲₂₃帝国主義→❷尊王攘夷運動→○初期産業革命→①明治維新→❶資本主義原蓄国家＝▲₂₃帝国主義→○産業革命→②第二次市民革命→▲₃帝国主義＝敗戦→②第二次市民革命→③第三次市民革命（戦後改革）→△₄世界市場→○高度成長

近代中国史：△₂₃世界市場＝▲₂₃帝国主義→❷滅満興漢→○初期産業革命→①辛亥革命（挫折）→❷反日国共合作→❷勝戦＝❶社会主義原蓄国家・③第三次市民革命→△₄世界市場→○改革開放→①第一次市民革命・②第二次市民革命

《日本》

○1850年代〜　初期産業革命

△❷1858　安政五カ国条約（米・英・仏・蘭・露）

△❷1867　パリ万博参加

①❶❷1868　明治維新

❸1868〜69　戊辰戦争

①1869　秩禄処分

①1871　土地売買自由化。①賤称廃止令
　　　　①散髪・廃刀の自由。①婚姻の自由

①1872　職業選択の自由。○新橋－横浜間の鉄道開通

❶1873　地租改正（近代的租税制度〜81年）。❶徴兵令

▲1874　台湾出兵

①1874-84　自由民権運動

▲1875　江華島事件

○1877　第1回内国勧業博覧会

❶○1881　明治14年の政変（→富国強兵・殖産興業体制）

❶1882　日本銀行設立

《中国》

❷1840-42　アヘン戦争

❷①1851　太平天国の乱（-1864年。反清，反辮髪）

❷1856　第2次アヘン戦争（アロー戦争）

○1861　安慶内機所（軍事工場）設立

○1881　唐山胥各荘間の石炭運送鉄道開通

○1889　張謇，南通に紡績工場設立

❷1894-5　甲午（対日）戦争

❷1895　下関条約

- ▲1884　陸軍約23万人，海軍1470トン
- ○1885　英国よりリング精紡機購入
- ○1880年代〜1910年代　産業革命
- ❶1889　明治憲法（大日本帝国憲法）
- ▲1894-95　日清戦争
- ○1901　官営八幡製鉄所完成（軍艦・武器製造）
- ①1898　民法（総則・債権・物権・親族・相続）の実施
- ❶1900　治安警察法
- ○1903　第5回内国勧業博覧会
- ▲❷1904-05　日露戦争
- ▲1906　満鉄問題協議会
- ❶1908　赤旗事件。▲東洋拓殖設置
- ❶1910　幸徳事件。▲日韓併合
- ②1911　工場法成立（施行1916年）
- ▲1914-18　第1次世界大戦
- ▲1917-18　日本の西原借款，時価約2億円
- ▲1918　シベリア出兵決定
- ②1918　米騒動
- ▲1919　三一独立運動，五四運動
- ❶①1919　日本陸軍「デモクラシーの研究」
- △1920　戦後恐慌
- ②1920　最初のメーデー・日本社会主義同盟
- ②1925　普通選挙法（1928年実施）❶治安維持法
- ▲1931　満洲事変
- ❶1932　日銀納付金制度（日銀収益の国庫納入）。②救護法実施
- ❷1900　八カ国軍，北京まで侵入
- ①○1902-5　張謇，師範学校技術教育など教育改革
- ①○1903　袁世凱教育改革。張謇第5回勧業博覧会視察
- ①②❷❶1905　中国同盟会結成。①❶科挙制度廃止
- ❷①1907　安徽起義（徐錫麟），②紹興起義（秋瑾）
- ❷①1911　辛亥革命
- ❷1915　日本の対華21ヶ条要求
- ❸1917　中華民国軍政府大綱採択（中国南北分裂）
- ❷1919　❷「五・四運動」。①②❷❶中国国民党成立。❷日本紡績資本進出開始
- ②①❷❶1921　中国共産党成立
- ❷1923　第1次国共合作
- ❷○1922年以降　外国資本の紡績工場増加
- ①②❷❶1924　孫文「三民主義」（軍政・訓政・憲政）
- ①②❷❶1925　孫文死去
- ❷1931　「九・一八」（満洲事変）①②江西省中華ソヴィエト解放区で土地改革，纏足禁止など
- ❷1932　「満洲国」成立
- ②①❷❶1934-36　紅軍「長征」
- ❸❷1936　西安事件
- ❷1937　第2次国共合作
- ❷1937　南京虐殺

- ▲1937　日中戦争開始。南京虐殺
- ▲❷1941　対英米蘭戦争開始
- ▲1945　原爆被爆。アジア太平洋戦争敗戦。③女性参政権
- ①②1945　戦後改革（憲法・労働三法・財閥解体・農地改革等）
- △1951　講和条約。安保条約
- △1952　IMF加盟
- △1955　GATT加盟
- ○1955　原子力基本法
- ○1955-75　高度成長
- ①❷1960　反安保国民民主運動
- △❷1964　東京オリンピック
- △❷1970　大阪万博
- ③1985　男女雇用機会均等法
- ③1993　環境基本法
- ③1995　阪神淡路大震災
- ③1998　特定非営利活動促進法
- ③1999　男女共同参画社会基本法
- ③2011　東日本大震災

- ❶1948　中国人民銀行設立
- （12月1日　華北人民政府）
- ②①❷❶1949　中華人民共和国成立　③女性参政権
- ②❷1966-76　文化大革命
- △1971　キッシンジャー訪中
- △1972　上海コミュニケ。日中国交回復
- ○△1978　改革開放（中国産業革命の再開），①○各戸請負制。「温州モデル」始動
- ①❶1989　天安門事件
- ○△1992　鄧小平「南巡講話」
- △2001　WTO加盟
- △❷2008　北京オリンピック。①物権法
- ②2009　労働契約法
- △❷2010　上海万博
- ③2012　四川省・江蘇省で環境デモ

第2章
現代市民社会論の展開
―日韓「市民社会」研究の意義と課題―

内藤　光博

はじめに

　冷戦崩壊後の1990年代以降,「市民社会」に対する再評価と新たな意味づけについての論議が, 哲学や社会科学の分野で活発になされている。「現代の市民革命」と目されている東欧革命から始まり, アメリカのイラク戦争をめぐる世界的反戦運動, あるいはヨーロッパを中心とする反グローバリゼーションの運動などへと続く,「普通の人々」(ここでは仮に「市民」としておく) による政治変革・国家や市場に対する異議申し立て運動, あるいは, 国家でも企業でも国際機関でもなく, 平和・環境・貧困など様々な世界問題の解決を目指すNGOの組織化と活動の潮流の中に, 国境・人種・民族・性別など様々な違いを超えた人々の, グローバルなつながり（連帯）の形成と, 人々の「新たな公共空間」が作られつつあることを見ることができる。

　また, 各国の国内状況を見ても, 欧米諸国では, 早くから国家や市場と対抗関係にある労働団体・農民団体・市民団体や協同組合が, 政府や企業の政策や施策に対抗し, 市民の公共的利益の追求のために活動している。日本でも, 60年代, 学生運動や市民運動などが, 反戦・平和問題, 消費者問題や環境問題などをテーマとして活発化した。近年では, 1995年1月17日に発生した阪神淡路大震災の被災者救出や復旧における一般市民のボランティア活動を契機として, 政治的・経済的・社会的問題について政府や企業に対

抗するNPOをはじめとする市民団体の活動と実践が注目された。さらには，2011年3月11日に発生した東日本大震災（いわゆる3・11）では，被災者の救済に多くのボランティア団体や個人が加わり救援活動に従事するとともに[1]，大震災による福島第一原発の事故による放射能汚染問題では，全国規模で政治的主張や社会的・経済的立場の違いを超えた市民による反原発・脱原発を求める集会や運動が展開されている。

　他方で，韓国においても，80年代の民主化以降，市民団体の活動が国家や大企業に対する対抗勢力として政治・社会変革の担い手として重要な役割を担っている。とくに90年代以降の市民団体は，「市民社会」をキーワードとして，市民を中心とする新しい公共空間としての「市民社会」の構築を課題としている。

　まとめると，とくに90年代以降，国家あるいは政府の領域でもなく，大企業を中心とする市場の領域でもない，第3の領域，いわゆる「市民社会」の領域が，NPO・NGOなどの自発的団体（いわゆる「中間団体」）への市民参加の拡充を通じて，拡大してきていると見ることができよう[2]。この新しい現象は，国家でもなく，従来論じられてきた階級格差を基礎とする経済社会としての市民社会とも異なる「新しい市民社会」を生み出したと見ることもでき，現にこうした視点からの議論が活発化している。

　しかし，こうした「新しい市民社会」の概念については，その意味・内容や評価に関し，論者により，大きな隔たりがあるように思われる。

　そこで本稿では，第1に，現代における「市民社会」をどのように理解したらよいのかという冒頭にのべた問題関心にしたがい，これまでの「市民社会論」の系譜を概観したうえで，日韓における市民社会の成り立ちを概観し，その比較の意味と課題について検討したい[3]。

1.「市民社会論」の歴史的展開

(1) 歴史的概念としての「市民社会」

「市民社会」という言葉は，歴史的な概念である。つまり，ある時代において，「市民社会」という言葉は，その時代を生き，それを使う者の社会的・経済的立場や考え方により，別の時代にその言葉を用いた者とは，全く異なる意味づけがなされていたのである。これは，日常用語であれ，学術用語であれ，多分にありうることである。したがって，「市民社会」という言葉もまた，歴史的系譜をたどることにより，それが，歴史的に，いかなる文脈において，どのように使われてきたかを検証し，それとの関係で，現代の「新しい市民社会」の概念を明確化することが重要である。

(2)「市民社会論」の2つの系譜

「市民社会」については，これまで，哲学・社会科学では，「国家」との関係を機軸に論じられてきた。伝統的な「市民社会論」は，近代産業社会の評価を基軸に，次の2つの見解に分かれて論じられてきた[4]。

① 「産業社会」としての市民社会論

この見解は，「国家」を市民たちが社会契約によって設立した機関として理解する考え方であり，ここでは「国家」は，共同体としての市民社会に包摂されるものと位置づけられ，水平的な関係に立つ市民の「市民社会」は，国家に先行し，優位するものと考える。

ヨーロッパでは，「市民社会」という言葉は，古代ギリシャの哲学者アリストテレスの「国家共同体」の訳語として使われ始めた。17〜18世紀には，ロックやルソーなどの社会契約論では，「自然状態」対「国家社会」という図式を提示し，国家は，人々の契約により構築された市民社会と位置づけ，国家と市民社会とを結び付けて理解した。

18世紀には，産業社会の発展の中で，古典経済学のアダム・スミスは，「市民社会」を，社会契約論と同様に，国家と結びつけて理解した。しかし，スミスは，社会契約論とは異なり，市民社会を，歴史的発展段階の中に位置づけた。すなわち，「国家を形成した」社会を，「分業に基づく商品交換の発展」という歴史的文脈の中で理解した。そしてその上で，「商業社会としての市民社会」と，そこで生ずる諸問題に対応するための「国家」を区別し，国家・市民社会の二元的理解を示すに至ったが，国家や「商業社会としての市民社会」を所与のものとして肯定的に理解した。

② 「経済社会＝ブルジョワ社会」としての市民社会論
　この見解は，「市民社会」を，市民が水平的に関わり，相互の経済的利害が衝突する「経済社会」として捉える見解である。これに対し「国家」は「経済社会としての市民社会＝ブルジョワ社会」を統括する役割を持ち，市民社会とは別の原理にたって，市民社会に優位すると位置づける。
　前述の国家と市民社会の二元的理解は，ヘーゲルやマルクスに受け継がれていくが，ヘーゲルは，国家・市民社会の二元的理解に基づきつつも，「市民社会」概念に，それまでとは異なる意味づけを行った。すなわち，ヘーゲルは，「市民社会」を「国家」とは区別される「欲求の体系」と定義し，「経済社会」へと意味転換させた。マルクスは，ヘーゲルの「市民社会」概念を引き継ぎ，「市民社会」という言葉を「資本主義社会（ブルジョワ社会）」という語に置き換え，さらにはヘーゲルとともに，そこに内包する矛盾（資本家（ブルジョワジー）による労働者への経済的抑圧と搾取）の解決のために，乗り越えるべき存在と考えたのである。マルクスは，市民社会がこの矛盾を解消するならば（革命による対立の克服），最終的に国家は市民社会に吸収され，自由な社会が発展すると考えたのである。（この点については，マルクス主義を継承するグラムシのヘゲモニー論を充分に検討する必要があろう[5]）。

(3) 戦後日本の市民社会論

　それでは，日本では，これまでどのように市民社会が論じられてきたのであろうか。

　社会思想史の植村邦彦のまとめによると，日本では，マルクスの「市民社会」＝「資本主義社会」という図式に基づく，克服されるべき「ブルジョワ市民社会」の概念は，戦前・戦後の「市民社会論」に大きな影響を与えつつも，克服されるべき「封建的残骸」をあわせ持つ特殊日本的な市民社会概念を生みだすことになったとされる[6]。

　つまり，日本では，戦前そして戦後の 1980 年代までは，「市民社会」をもっぱら特殊日本的矛盾を内包する「経済社会＝ブルジョワ社会」と理解する立場が有力であり，克服すべき対象とされたといえる。

　こうした日本における市民社会論が論じられる文脈の中で，政治学の山口定は，大塚久雄，丸山眞男，川島武宜，内田義彦，松下圭一，望月清二，高畠通敏，平田清明，篠原一などの「市民社会論」をもとに，戦後の市民社会をめぐる論争について，その系譜を次のようにまとめている[7]。

　「第二次世界大戦直後に，・・・大塚久雄，丸山眞男らの『市民社会青年』といわれたリベラル派によってクローズアップされたが，『市民社会』＝『ブルジョワ社会』としてこれを弾劾するマルクス主義の強い影響もあって，『市民社会』者イコール『市民社会主義』者では必ずしもない，というわが国独特の複雑な事情が絡んだ展開となった。つまり，一九六〇年の安保闘争の高揚の中で，『市民主義』は学界から社会運動のレベルへ浸透しはじめたが，『市民社会』概念そのものは，高名な市民派の代表者たちを含めて多くのリベラル派知識人にとってアンビバレントな態度で受けとめられる言葉のままであり続けた。そして，高度経済成長の果てに訪れた八〇年代のバブル経済の中では，表面的な経済的繁栄への謳歌とあいまって起こった全般的保守化の波に飲み込まれそうになったのを，平田清明らの，広い意味でのグラムシ派知識人と一部の市民運動の活動家たちの努力によって生き続けたのち，九〇年

代に入って，世界的な規模での『市民社会』論ルネッサンスの中で蘇った。」

　また，ドイツ法・比較法社会論の広渡清吾は，山口定の研究を参照しつつ，戦後日本の社会科学における「市民社会論」について次のように述べている[8]。

「一方でマルクス的な『経済社会としてのブルジョワ社会』として『市民社会』を歴史的に認識する立場が広がっており，他方で戦前日本に市民社会が成立しなかったという『反省』と日本社会後進論とが結びついて，戦後における市民社会の確立を価値的な目標とみなす立場が重なって存在した。市民社会論は歴史的な対象としての市民社会の分析であると同時に，日本社会のあるべき（来るべき）姿を論じる規範的社会論というニュアンスを持つ独特なものとなっていたのである。」

　つまり，80年代までの日本の「市民社会論」をめぐる論争は，戦前に市民社会が成立していたかどうかという議論を背景に，市民社会概念の「歴史的性格」と「規範的性格」という2つの論点をあわせもつ特殊日本的なものであったといえよう。
　こうした中にあって，経済学者・内田弘は，フランス革命に始まる「市民革命」について，人権の拡充を機軸に，現代まで，第一次革命であるブルジョワ市民革命，労働者（プロレタリアート，ただし男性のみ）に参政権をはじめとする諸権利を保障した第二次市民革命，そして現代の第三次市民革命の三段階にわたる発展があったとする「市民社会の三段階発展論」を展開している[9]。内田は，この現代の「市民革命」を「第三次市民革命」とし，現代社会を「男-女，健常者-障害者，多数者-少数者，人間-自然の共生社会＝市民社会により制御される資本主義社会」とし，現在，東アジア（中国，ベトナムなど）の市民社会はこうした3つの市民革命が同時並行的に展開していると見ている。

2. 90年代以降の「新しい市民社会論」
―― ハーバーマスの理論を中心に

(1) ハーバーマスの「市民的公共圏論」と「新しい市民社会論」

　東西冷戦終結後の90年代に入り，前述の2つの「市民社会論」とは異なる「新しい市民社会論」が提唱された。その代表的論者であるドイツの社会哲学者ユルゲン・ハーバーマスは，1980年代後半に始まる東欧革命の展開に大きな衝撃を受け，「市民的公共圏」という概念を用い，市民が自由なコミュニケーションによって議論し，公共的意見を形成していく場として「市民社会」を理解した。

　彼によれば，「市民的公共圏」とは，歴史的には，次のように形成されたという[10]。

　「歴史的にみると，市民的公共性は，国家から分離された社会との連関の中で成立してきた。生活の再生産が一面において私的形態をとり，他面で私的領域の総体としての公共的重要性を帯びてくるにつれて，『社会』は独立の活動圏として成立しえたのである。私人相互の間の交渉の一般的規制は，こうした公共の関心事となった。やがて私人たちがこの関心事をめぐって公権力に対して行った対決の中で，市民的公共性はその政治機能を揮うようになった。公衆として集合した私人たちは，私生活圏としての社会を政治的に主題とした。」

　このようにハーバーマスにとって，「市民的公共空間」とは「公衆として集合した私人たちの生活圏」であり，彼の「市民社会（Zivilgesellshaft）」概念は，ヘーゲルやマルクスの市民社会（bürgerliche Gesellshaft）概念とは異なり，「労働市場・資本市場・財貨市場をつうじて制御される経済の領域という意味はもはや含まれ」ず，「《市民社会》の制度的核心をなすのは，自由意志にもとづく，非国家的・経済的な結合関係」であるとする。そして

新しい市民社会」の担い手となるのは，教会，文化的なサークル，学術団体，独立したメディア，スポーツ団体，レクリエーション団体，弁論クラブ，市民フォーラム，市民運動，同業組合，政党，労働組合，オールタナティブな施設など広範に及ぶ[11]。

また，ハーバーマスは，「市民的公共圏」と関連づけられる「新しい市民社会」生成の背景を，東欧革命の推進主体の形成の視点から，次のように説明している[12]。

「市民社会という概念の株価が上昇しているが，これは国家社会主義体制の批判者たちが，全体主義による政治的公共圏の破壊にたいして加えた批判によるところが大きい。・・・全体主義の支配が諜報機関組織の監視下に隷属させるのは，まさにこうした市民のコミュニケーション的実践にほかならない。東欧や中欧での革命的変化は，このような分析を裏書した。こうした変化が《公開性》を標榜する改革政策によって引き起こされたのは，たんなる偶然ではない。あたかも社会科学上の大規模な実験がなされたかのように，平和的に行動する市民運動の圧力が増大することによって支配装置が革命を被るという事態の範例は東ドイツで見られた。そして，こうした運動のなかから，国家社会主義の廃墟のうちですでに目立つようになっていた新しい秩序の下部構造がまず形成された。革命を先導したのは，教会，人権擁護団体，エコロジーやフェミニズムの目標を追求する反体制サークルといった自発的な結社だった。」

しかし，ハーバーマスは，「市民的公共圏」および「新しい市民社会」の生成と特質について，西欧社会では，以上のような東欧革命における自発的結社の生成とは異なり，民主主義的な制度枠組みの中で設立されたものであったという[13]。それは，彼の「コミュニケーション的行為の理論」および「討議（熟議）理論」を基礎に，次のように論じられている[14]。

「現代の市民社会とは，マルクスおよびマルクス主義のいうような，私権にもとづいて構築され，労働・資本・財の市場によって制御される経済を表すものではもはやない。むしろその制度的核心をなすのは，自由意思にもとづく，非国家的・非経済的な共同決定および連帯的結合であり，これらの決定と連帯的結合によって，公共圏のコミュニケイション構造は生活世界の社会構成要素に根をもつことになる。いずれにせよ自生的に成立した団体・組織・運動は，社会的問題状況について，私的生活領域の中に存在する共感を取り上げ，集約し，増幅して政治的公共圏へと流し込むのであるが，このような団体・組織・運動によって市民社会は成り立っているのである。市民社会の核心をなすのは，成立した公共圏の枠内で一般的関心を引く問題のために問題解決討議を制度化する，連帯的結合に関する制度である。こうした『討議デザイン』は，平等主義的で開かれた組織化形式を有する点に，コミュニケイションというそれがもつ本質的性質が映し出されており，そうした『討議デザイン』は，コミュニケイションを軸として形作られ，コミュニケイションに連続性と継続性を付与するのである。」

　ハーバーマスの「新しい市民社会」論は，マルクス＝ヘーゲル的な国家と社会（経済社会）の二元構造を脱し，「非国家的・非経済的な連帯的結合」により自生的に成立した団体・組織・運動体など，「市民社会の主体」である市民からなる自発的結社に焦点をあて，これまでの平和問題，環境問題，労働問題，ジェンダー問題，エスニック問題などとともに，90年代以降顕著となったグローバリゼーションにともなう貧困・格差問題や生活者の生活保障などの諸問題，そして，市民の日常生活（生活世界）に関わる問題をめぐり様々な活動を展開している実態を評価し，「市民的公共圏」として「市民社会」の再構成を行ったものということができる。

(2) ハーバーマスの「新しい市民社会論」の評価

こうしたハーバーマスの「新しい市民社会論」に対する評価について，広渡清吾は「市民の協働と連帯の活動に可能性をみる立場において，その戦略的展望が現代的で，かつ限定的である点において，新しい特徴を示している[15]」としつつも，「市民の民主主義的活動をてこにした資本主義社会の全体的変革の戦略を不可能なものとみなし，市民社会・公共圏がコミュニケーション的統合を果たしつつ，公共的意見の形成によって政治システムに対する影響力を行使し，コミュニケーション的世界を防衛する戦略を示したものであり，そのかぎりで民主主義運動の陣地は後退している[16]」とする。

しかしながら，ハーバーマスの「新しい市民社会」概念は，第1に，東欧の市民革命という歴史的事実を踏まえ，第2に，市民たちが「自発的結社」＝「アソシエーション」を形成し，自由の防衛だけでなく，「自由の実現」の基本にあり，前述の平和問題，環境問題などに加え，さらに90年代以降のグローバリゼーションに伴う諸問題をもにらんで，市民の日常生活に関わる諸団体（NPO，NGO）がネットワークを組んで，国家や市場に対峙し，多極的な活動を展開しているとする現状認識を踏まえて，理論構成されたものといえよう。

またこの点に関連し，丸山茂樹も，「公・共」＝「公益も共益」も国家・行政の独占領域ではなく「市民参加の主体」によって担うことができる。それが社会的目的を持った経済である，利潤追求を至上命令にする経済主体にのみ「公・共」領域を委ねる理由はない，として社会経済・社会企業・連帯経済が唱えられ，登場してきたと述べている[17]。

「新しい市民社会論」が，体制変革や市民が生活空間の中で直面している政治・経済・社会問題を解決するための「戦略的概念」として論じられる場合にも，市民社会を実際に担う「市民」の存在が必要であり，それは一定の歴史的文脈のなかで登場した実態として認識されるべきものといえよう。

3. 日韓における「新しい市民社会」の形成

(1) 日本における「市民社会」の形成

「市民社会」を，近代市民（ブルジョワ）革命により成立した「経済社会」と結びつける「伝統的な市民社会概念」から見た場合，経済的には，①資本主義的生産関係を支配的な生産様式とし，②政治的・法的には，市民的自由と民主主義を保障し，③個人の尊厳を基礎とする憲法を持っている社会ということになろう[18]。

日本では，明治維新による国家改造＝西欧モデルの近代化により，①の資本主義的生産様式は，明治憲法の施行（1890年）を経て，民法施行（1898年），商法施行（1899年）により，地主制度などは存在したものの，制度上は一応の完成をみた。しかし，②の民主主義的制度と③の個人の尊厳の原理は，明治憲法上の制約（天皇主権，平等規定の欠如，人権の「法律の留保」による市民的自由の大幅な制約）により阻まれていたのであり，民法上も「家制度」など封建遺制を容認するなど，西欧型の典型的な「市民社会＝ブルジョワ社会」の生成には至らなかったのではないだろうか。それは「外見的立憲主義」と評価される明治憲法体制と同様に，「外見的ブルジョワ市民社会」ではなかったのか。

私見によれば，日本における「市民社会」の形成の条件整備は，第２次大戦後の，「個人の尊重」と自由・平等の保障と民主主義国家の形成を約束した日本国憲法の制定と戦後改革に求めることができる。日本国憲法の下では，「自由かつ平等な個人」を基礎とし，男女平等に基づく普通選挙制度が実現され，自由な市民団体の結成を認める「結社（アソシエーション）の自由」が保障され，「市民社会」形成の基盤が確立した。また，戦後改革による「財閥解体」「家制度の廃止」「農地改革」は，革命的に，かつ一挙に「外見的ブルジョワ市民社会」を解体させた。

こうした日本国憲法の制定と戦後改革は，前掲・内田弘の「市民社会の三

段階発展論」によれば,「第三次市民革命」にあたり,「新しい市民社会」形成の基本条件となったのである。

その後,日本国憲法に基づく戦後民主主義の下で,徐々に「新しい市民社会」は形成された。市民社会形成を促した要因として次のものが重要である[19]。

第1に,戦後の平和運動の思想と普遍性である。日本国憲法の平和主義に基づく反戦・反核・反安保を掲げた平和運動を中心とする市民運動が市民社会形成に大きな影響を与えた。

第2に,学生運動・労働運動の高揚である。戦後の労働運動,とりわけ60年代から70年代の学生運動が国家や経済社会に対するカウンターパワーとして市民社会形成を促した。

第3に,消費者運動・環境保護運動の昂りである。公害問題や消費者問題に対する市民運動,消費者運動など,「一般の市民」が中心となり,国家に対する政策の見直しや大企業に対する抗議を展開し,社会に対して公害問題・消費者問題の重要性をアピールした。

第4に,90年代以降,阪神淡路大震災でのボランティアの澎湃（ほうはい）,グローバリゼーションにともなう格差社会の到来と反貧困の運動などが展開されてきた。こうした動向は,NPO法の制定（1998年）などとあいまって,国家や市場と対峙する多様な市民団体を生み出したのである。

(2) 韓国における「新しい市民社会形成」

筆者は,韓国における市民社会形成の基礎は,1910年に始まり日本の第2次大戦敗戦まで続く植民地支配に対する抵抗・独立運動と,戦後の民主化運動の中で培われたものと考える。

日本は,明治維新（1867年）の当初より,朝鮮半島へ触手を伸ばし,植民地支配を意図していた（征韓論）。その後,日本は,甲午農民戦争を口実に,朝鮮半島へ軍隊を派遣した。さらには日清戦争により,当時の大韓帝国への内政介入へ乗り出した。

1904年，当時の大韓帝国政府は，日露戦争の勃発直前に中立を宣言したが，日本はこれを無視し，軍事行動自由権，条約締結干渉権などを含む「日韓議定書」を強制的に締結させた。さらに，日本は，1904年には「第1次日韓協約」を締結した。そして，1905年に，日露戦争に勝利した日本は，大韓帝国の外交権を剥脱し，事実上の保護国とする内容に盛り込んだ「乙巳条約」（第2次日韓協約）を，1910年には，日韓併合条約の締結により，日本による朝鮮半島の植民地支配が始まった。

　日本の当初の植民地支配は「武断統治」と呼ばれるように，朝鮮民衆に対する抑圧と圧制は過酷をきわめ，民族としての誇りを著しく損なった。

　1919年3月1日には，多数の学生，労働者，一般市民を中心として，全国的に，「非暴力」「民族自決」を掲げた，いわゆる「三・一独立運動」が起こるとともに，「大韓民国臨時政府の樹立宣言」がなされた。こうした朝鮮民衆の徹底的な抵抗運動[20]が，植民地解放（光復）後の韓国の市民社会形成の基盤になったものと考えられる。

　韓国の市民社会形成の基礎を作り出したのは，独立後1948年の大韓民国憲法の制定であろう。この48年憲法前文では，「三・一独立運動」を国家の基本に据え，「独立精神を闡明」し[21]，個人の尊厳・自由・平等の保障をうたいあげ，「市民社会」の基盤を作り上げたといえる。

　しかし，朝鮮半島の南北分断の悲劇は，軍事独裁政権を誕生させ，学生・労働者などを中心とする一般市民による民主化闘争の長い歴史が始まる。その象徴的出来事が，1980年5月18日の「光州事件」である[22]。

　光州事件に至る歴史的経緯と事件の内容は，以下の通りである。

　韓国では，1960年4月19日に，「学生革命」により李承晩政権を瓦解するが，1963年には，朴正煕が大統領に就任し，72年に，「維新憲法」が制定された。79年には朴大統領が暗殺され，全斗煥が「粛軍クーデター」を行った。翌80年4月には，韓国全土で，労働者と学生の民主化要求デモが激化し，全土に戒厳令が布かれる中，光州では，5月18日に，軍と民主化を求める高校生を含む学生および一般市民とが衝突し，市街戦により，市民に多数の

死傷者と数千名の市民が逮捕・拘留された。

この光州事件は，その後，真相が究明されないまま，87年の民主化宣言ののち，88年に「光州事件は民主化運動であった」とされるまで，真相の究明がなされないまま，封印された。

光州事件後，全斗煥，盧泰愚と軍事政権が続いた後，92年に，金泳三が大統領に当選し，文民政権が樹立され，現在に至っている。

韓国は，日本の植民地支配に対する民衆の抵抗・独立運動，独立後の民主化運動の中で，「市民社会」が形成され，とくに90年代以降の文民政権下で「新しい市民社会」の形成の発展が認められる[23]。

おわりに——日韓の市民社会研究の展望と課題

日本の近代化は明治維新を基点とし，国策とした富国強兵政策により，韓国に植民地支配を及ぼした。日本は，明治憲法体制の下，軍事優先体制の下で，資本主義経済体制を確立したが，民主主義や市民的自由の保障を欠落させ，市民社会の形成の条件が制度上確立するのは，第2次大戦の敗戦による日本国憲法制定によってである。その後60年代までには，学生運動，労働運動，市民運動によりハーバーマスの言うところの「市民的公共圏」と「新しい市民社会」が形成されつつあるように思われる。

他方，韓国は日本の植民地支配下で，一般民衆が自由と独立を求めて抗日運動を展開し，市民社会形成の基盤を作り上げ，大韓民国憲法の制定により，市民社会形成の基盤が確立した。その後軍事独裁体制（開発独裁）のもとで，資本主義経済体制は確立するが，長く厳しい民主化闘争により「新しい市民社会」の形成が培われていったように思う。

前節では，日韓の市民社会形成の比較を概観したが，その成り立ちや構造をつぶさに検討するには，さらに具体的な研究が必要となろう。ここで，ひとついえることは，日韓両国では，その「市民社会」の歴史的成り立ちは異なるものの，90年代以降，「新しい市民社会」が，急速に形成されてきてい

るという点である[24]。

　近年，インターネットの普及にともなう「グローバル市民社会論」が論じられている。

　インターネットの普及は，地球上の人々が，「グローバル・エレクトロニクス型のコミュニティあるいは公共圏を形成し，グローバルなレベルで参加や民主主義の生まれる可能性をもつ」といわれている[25]。いわゆる「グローバル市民社会」の形成である。インターネットの普及にともなう「グローバル市民社会」の形成により，グローバル・イシュー（全地球的問題群）が，国境を超え，多くの人々の共有するところとなっている。このことは，そうした問題群を，日常的に討議し解決を求める公共空間を作り出している。

　他方で，80年代以降のグローバリゼーションの進展は，いわゆる新自由主義経済のグローバル化をももたらし，貧困・格差問題が地球規模で進みつつあり，いまや多くの地球上の市民が連帯し，議論を行い解決を模索する必要に迫られている。

　こうした「グローバル市民社会」の到来は，もちろん日韓両国で無縁ではありえず，むしろ隣国の市民および市民団体が，歴史認識問題はもとより，両国に共通する政治・経済・社会・文化などあらゆる分野の課題のみならずグローバル・イシューをも積極的に取り上げ，大いに論議し，連帯して解決するための公共空間を形成する必要があるだろう。そのための前提として，「日韓の市民社会論」について，この問題に関心を持つ，両国の研究者はもとより，関心を持っているすべての市民が共同して研究を深める必要がある。

【注】
1) 3・11と市民社会の形成を論じた文献として，さしあたり，山田勝「変革の主体としての社会―『社会をつくる』思想の源流と歴史―」および「対談・山田勝＝古川純―『変革の主体としての社会』論と現代日本社会―」古川純編『「市民社会」と共生―東アジアに生きる―』（日本経済評論社，2012年）所収を参照。
2) 山口定『市民社会論―歴史的遺産と新展開―』（有斐閣，2004年）1頁以下，星野智『市

民社会の系譜学』（晃洋書房，2009年）1頁以下参照。市民社会における中間団体の意義と憲法学的位置づけについて，古川純『「市民社会」論と『世間』論の交錯」古川純編・前掲注1『「市民社会」と共生―東アジアに生きる―』175頁以下，拙稿「『新しい市民社会』形成と日本国憲法の課題」同書73頁以下参照。

3) 本稿は，拙稿「日韓市民社会研究の意義と課題」FORUM OPINION Vol.12（NPO現代の理論・社会フォーラム編，2011年3月）所収に加筆修正を施した論説である。また，市民社会論の記述について，拙稿「『新しい市民社会』形成と日本国憲法の課題」古川純編・前掲注1『「市民社会」と共生―東アジアに生きる―』所収と重複する部分があるが，お許しいただきたい。

4) 以下の記述は，星野英一『民法のすすめ』（岩波新書，1998年）111頁以下，廣渡清吾『市民社会と法』（放送大学教育振興会, 2008年）16頁以下のまとめによる。また，市民社会論の歴史的系譜を平明にまとめた書物として，植村邦彦著『市民社会とは何か―基本概念の系譜』（平凡社新書，2010年）が有益である。

5) グラムシの市民社会論について，さしあたり，鈴木信雄「スミス・マルクス・グラムシと『市民社会論』」古川純編・前掲注1『「市民社会」と共生―東アジアに生きる―』所収を参照。

6) 植村・前掲注4『市民社会とは何か』161頁以下参照。

7) 山口・前掲注2『市民社会論』1－2頁。

8) 広渡清吾『比較法社会論研究』（日本評論社，2009年）245頁。

9) 内田弘「東アジアにおける市民社会の形成―経済学的視点から―」本書第1章を参照。

10) ユルゲン・ハーバーマス（細谷貞雄・山田正行訳）『第2版 公共性の構造転換』（未來社，1994年）xl頁。

11) ハーバーマス・前掲注10『第2版 公共性の構造転換』xxxviii頁。

12) ハーバーマス・前掲注10『第2版 公共性の構造転換』xxxixx－xl頁。

13) ハーバーマス・前掲注10『第2版 公共性の構造転換』xl頁。

14) ユルゲン・ハーバーマス（河上倫逸・耳野健二訳）『事実性と妥当性［下］』（未來社，2003年）97頁。

15) 広渡・前掲注8『比較法社会論研究』245頁。

16) 広渡清吾「変革の戦略としての市民社会論」中村浩爾・湯山哲守・和田進編著『権力の仕掛けと仕掛け返し』（文理閣，2011年）36頁。なお，広渡は，この論文の中で，「市民社会概念を『歴史的認識を実践に媒介する規範的社会論』として位置づけ，あるいは『フィクション』，さらに『希望』の概念に関わらせて（それぞれの概念について独自の考察が前提にある）論じてみた。これらはいずれも，歴史の中に基礎をもつ『市民社会』の理念が人々の政治的実践を導き，方向付けを与える役割をもつことの意義を位置づけようとしている」（18頁）と論じ，「変革の戦略」としての市民社会論を主張している。注目に値する見解であり，その本格的な検討については今後の課題としたい。

17) 丸山茂樹「現代の変革への道筋」NPO現代の理論・社会フォーラム「ニューズレター」

2010 年 Vol.3 所収。
18) 広中俊雄『新版民法綱要 第一巻 総論』(創文社，2006 年) 1 頁。
19) 拙稿・前掲注 3「『新しい市民社会』形成と日本国憲法の課題」72 － 73 頁。
20) 日本の植民地支配の実態と朝鮮民衆の抵抗運動について，笹川紀勝・金勝一・内藤光博編『日本の植民地支配の実態と過去の清算―東アジアの平和と共生に向けて』(風行社，2010 年) を参照。
21) その後，韓国憲法は幾度か改正されているが，この基本理念は，憲法前文で維持され続けている。
22) 光州事件については，さしあたり，拙稿「韓国の民主化運動と『過去の清算』―1980 年『光州事件』が切り開いた韓国民主化への道―」および古川純「付論：「光州民衆抗争」30 周年特別シンポジウム「抵抗と平和」(日本平和学会・韓国全南大学共催，2010.4.30～5.2) に参加して」本書第 12 章参照。
23) 文京洙『韓国現代史』(岩波新書，2005 年) 170 頁以下，徐仲錫 (文京洙訳)『韓国現代史 60 年』(明石書店，2008 年) 191 頁以下参照。
24) 韓国の市民社会の現段階に関する文献として，丸山茂樹「韓国の『市民社会論』の現段階とヘゲモニー闘争」古川純編・前掲注 1『「市民社会」と共生―東アジアに生きる―』所収，同「韓国における市民社会と市民政治論争」本書第 3 章，参照。
25) 星野智・前掲注 2『市民社会の系譜学』175 頁以下参照。

第3章
韓国における市民社会と市民政治論争

丸山 茂樹

1. なぜ，＜市民政治＞を論じるのか？

(1) 90年代の＜市民社会論争＞

　本稿では2012年12月の大統領選挙を3か月後に控えた韓国の政治情勢の中で，これまで論争課題であった韓国の＜市民社会論争＞及び新しく登場しつつある＜市民政治論争＞について述べる。執筆しているのは各陣営が大統領候補を決める前の変転極まりない2012年9月という時期である。それゆえ，具体的な情勢や交わされている論議内容にも触れるが，本旨はあくまでも市民社会と市民政治とは何か？それは市民社会の形成と人権・平和・共生という近未来社会に実現すべき価値や社会の在り様とどう関わっているかを述べて論争の内容と意味を明らかにすることである。

　恐らく読者諸氏がこの論文を読まれる頃には新しい大統領が決まっており，2013年から2017年に至る5年間の韓国の政権の方向が確定しているであろう。しかし無所属の安哲秀(アンチョルス)氏，民主統合党の文在寅(ムンジェイン)氏，保守派・セヌリ党の朴槿恵(パククネ)女史のいずれが大統領になっても韓国の政治が変化することは明瞭である。即ちだれが当選しても福祉を重視し市民社会を尊重しなければ立ち行かない状況が生まれているからである。つまり3者は皆，日本以上に極端になってしまった格差社会の是正，増大した絶対的・相対的貧困層・社会的弱者をカバーする福祉重視への転換，国民の教育費負担軽減など，政

策変更と民主主義抑圧の歴史への反省を公言しており，後戻りを許さない情勢が醸し出されているからである。セヌリ党の朴槿恵女史が勝てばその動きは保守層・財界等の要求を容れて緩慢にならざるを得ないであろうが，安哲秀氏または文在寅氏が勝てばその動きが一気に加速するだろう。

　その意味で筆者は＜市民社会論＞と＜市民政治論＞をめぐる論議・研究の重要性はいささかも減衰することはないと考えている。また，それを国際的に考えると中国，北朝鮮，日本，台湾を視野に入れた東アジア諸国の市民社会と市民政治の最先端をゆくのが韓国の社会運動であり，極東ロシアを含めて市民社会形成は韓国からの刺激を受けずにはおかないだろう。ここでは領土問題には立ち入らない。ただ近代国家の成立以前の海洋はコモンズ―人々の共通の生きる場であった。人々は今，領土問題などで緊張と対立を煽られているが，双方の政治権力者の主張やマスコミの民族感情を煽動する報道に惑わされることなく，互いの社会運動の到達点，長所や短所を確認し合って共生と発展の道を探求すべきである。領土問題で双方の政治権力者が"政治的果実"を得，双方の市民が損害を受けていることを見失ってはならない。

　さて，先ず韓国の＜市民社会＞についてであるが，1980年代から90年代に行われた＜市民社会論争＞では，軍事独裁政権の下で決死の覚悟で行われた民主化闘争の中心をなした在野の民衆運動―学生運動，労働運動，農民運動など―に対比される合法的な市民団体の登場について，その意義と役割について論争がなされた。片方では新たに登場した＜市民社会論＞への批判があった。それは実力による民主化闘争・労働者・農民を意味する基層階級闘争論に対比して融和的で日和見主義的だという批判が出されたのである。他方には人々が自由に結社して行動する市民社会の形成を怠るならば，民主化とか社会革命とか呼号しても"前衛党独裁"の政治体制を招く結果に終わる。ゆえに政治的民主主義に続いて，社会的民主主義，経済的民主主義を生活の場・生産の場・地域社会などあらゆる領域で広げてゆく参加型の市民社会をつくる実践を行う必要がある。その実践する人々の連帯の力で国家行政・政治権力や大資本・経済権力を相対的に弱化させる過程が重要であると主張

してきた。政治理論としてはマルクス・レーニン主義という名のスターリン主義が否定され，イタリアのA.グラムシの国家と市民社会論・ヘゲモニー論が注目された。

　在野の民衆運動は多種多様な団体によって担われたが，その主要な要求は軍事独裁政権の打倒と政治的民主主義の獲得を何よりも優先させることである。運動形態は主として合法・非合法の集会と街頭抗議行動によって特徴づけられた。表面には出てこなかったが特に学生運動の担い手の中核には伝統的な階級闘争論によって理論武装した2つの潮流―民族解放南北祖国統一を主張するNL派（民族解放派）とマルクス主義による階級闘争を主張するPD派，ND派（民主社会革命派）が協力しつつも激しく競い合った。学生運動で主流派の地位にあったNL派は北朝鮮の思想（主体思想）に親近感を抱いていると批判されてきた。しかし国家保安法によって共産主義思想とそれを援助する者は厳しく罰せられる状況の下で論争は世の人々の目に触れることなく非合法下で行なわれた。

　これに対して市民運動と市民社会論は，自発的な市民による合法的な手段と方法による国家行政，議会，財閥，軍部など権力機関と財界への監視と具体的な改革要求を掲げて登場した。意志さえあれば誰もが参加できる批判と告発と政策提言―これを合法的な集会やデモ，マスコミ・ミニコミを通じて世に広めて軍事政権と官僚機構，財閥など特権層を追い詰める―これが多くの人々の共感を得て汚職摘発から社会保障制度の制定に至るまで，一つ一つ要求を実現してゆく。これらの市民運動が人々の熱望を代弁していたがゆえに共感が広がり，韓国の社会運動には欠かせない構成要素になってゆく。政治政党が体制内的で権力ゲームに奔り，大衆的運動との繋がりを欠いている状況下にあって，総合性のある市民運動団体は疑似政党としての役割を果たさざるを得なかったとも言える。

　ここまで説明を理解し易くするために在野運動と市民運動を別物として述べてきたが，進歩派の市民運動団体は実際には在野の民衆運動の主張や要求を支持しつつ，これを合法的に幅広い市民参加によって実現しようとしてき

たという側面がある。市民社会論争の複雑さはこの民衆運動を嫌う穏健派の市民団体と民衆運動に親近感を持つ市民団体が混在していることにも起因する。また運動の中に北朝鮮労働党の主体思想に共鳴する者，北の思想は民主主義にも社会主義にも反していると嫌う者，思想は嫌っても同じ民族として北の民衆と指導者に親近感を持つ者，北を蛇蝎の如く嫌い政権打倒をめざす者等が混在していることにもよる。雑誌『創作と批評』『民族』『ハンギョレ21』などにはこれらの主張と感情が錯綜しているので，外国人にはなかなか理解し難い点がある。

　＜市民社会論争＞は論争によって結着したというよりも市民団体が無数に組織され，政治や社会や経済で発言権を得てきたという事実によって，今や過去のものとなりつつあると言えるかも知れない。しかし，市民社会，市民団体と言っても一色ではないことは言うまでもない。また社会変革への道筋―戦略と戦術と担い手が明確になったわけでもない。伝統的な民衆運動論と北朝鮮の労働党の主張へのシンパシィは影をひそめつつあるが，新しい社会変革の思想と運動はまだ形成段階にあるというのが正直なところであろう。

(2)　21世紀の＜市民政治論争＞

　市民運動の中で穏健派を代表する経済正義実践市民連合（経実連）が1989年に組織され，進歩派を代表する参与民主社会市民連帯（参与連帯）が5年後の1994年に組織される。進歩派が遅れた理由を当事者に聞くと「機会を狙っていたがもはや，強権で弾圧されることはあるまい」と判断するのに時間を要したという。こうして穏健派と進歩派を代表する2つの潮流が生まれ，1990年代に互いに協力しつつも競い合ってきたことは既にふれた。

　ともあれ市民運動の積極的な意義については誰しも認めつつも，1970年代から80年代の民主化運動において主軸をなしてきた＜在野運動論＞＜基層社会階級闘争論＞とは異なる性格の社会運動である＜市民社会運動（団体）＞は，韓国の全般的な社会変革の歴史過程でどのような位置を占めるのか？　これが1990年代の市民社会論争のテーマであった。

しかし現在論じられているのは90年代の市民社会論争ではなく，その次元を超えた＜市民政治論争＞である。市民政治論争とは何か？　簡単に述べれば「政治や選挙を政党に任せるのではなく，市民が個人であれグループや団体であれ直接参加してゆく政治運動の新しい思想と形成」である。言葉を換えれば「多種多様な市民たちが自主性を基本にして統一して目的達成のために行動する組織論・運動論」である。実はこの言葉は使われなかったものの，思えば2001年の国会議員選挙における落薦・落選運動はその奔りであったと言える。国会議員選挙や議会政治や既成政党はそれまで"制度圏"と呼ばれ"運動圏"と区別されて論じられてきた。しかし政治的民主主義が実現してゆくにつれて，労働組合も民主労総が合法化され，それを母体にした民主労働党も結成されて議会にも進出するにいたった。もはや＜在野運動＞＜運動圏＞と＜議会政治＞＜市民運動＞を峻別する意味は薄れてきたのである。伝統的な運動論・組織論では政党と諸団体のミッションが峻別されていたが，必要に応じて峻別していた壁は乗り越えられた。市民運動自身が積極的にかつ合法的に政治に関わることを論じつつ，行動するようになったということである。政党の側でもそれを歓迎する対応と"分相応を厳守すべき"とする対応に分かれた。市民団体でもまた"本来の使命に徹すべきである"という対応と，市民の政治参加を促す対応に分かれたのである。

国会議員選挙に当たって進歩的な市民運動団体は＜参与連帯＞を先頭にして数百の市民団体が連帯して行動した。この中にはいわゆる民衆運動を自認する組織も多数含まれているので事実上，両者は融合していたのだ。選挙に当たって自ら蓄えた膨大な資料（国会議員・判事・検事など権力者1人1人について1冊ずつ，過去の発言録や判決，脱税や徴兵逃れ，汚職歴などの違法行為のファイルをつくった）をもとに，与野党を問わず全政党に対して民主主義に反する行為をした者を公認候補にしないように要求したのである。これが落薦運動である。この落薦運動によって各政党は多くの候補者を公認から外した。しかしそれでも，なお且つ公認されてしまった候補者に対して，与野党を問わず政党を公然と批判し，民主社会の政治家に相応しくな

い理由を具体的に列記して落選させようと有権者に働きかけた。これが落選運動である。

筆者は当時ソウル市に住み，大学で講義したり，研究所に通って研究生活をしていた。そして友人知人たちが職場や家庭で語り合う姿に連日連夜接したが，どの家庭でも高校生を含む人々が口角泡を飛ばして甲論乙駁するのを見た。この落薦・落選運動は非常に多くの共鳴を集め，首都圏では落選運動の標的となった候補者は90％以上が落選するという快挙となった。政治や選挙を政治家や政党に任せるのではなく，市民が能動的に参加するという＜市民政治運動＞の奔りであったと考える。

この運動は先に述べたように＜参与連帯＞が先頭に立ち，数えきれない市民団体や個人が参画したのであるが，穏健派の市民運動団体である＜経実連＞は参加しないばかりか"市民運動の本来のミッションを逸脱するものである"として厳しく批判した。検察もまた選挙法違反であると告発し，リーダーを逮捕するなど抑圧したが，圧倒的な市民の支持の前に却って孤立してしまった。政治的民主主義は制度改定のみでなく市民の参加と行動によってこそ実のあるものとなることを実証したとも言える。

言い換えれば金大中(キムデジュン)大統領と盧武鉉(ノムヒョン)大統領の時代，すなわち1998年～2007年の10年間は，紆余曲折はあったものの基本的には政治的民主主義を実現させた時期である。また市民運動の積極的な提案により地方自治，基本的な社会保障制度，相続における男女平等など社会的民主主義もある程度は実現した。しかしながら弱者の生活保障や地方自治制度など社会的民主主義はたとえ制度化されても財源が保障されて予算措置を伴わなければ画餅におわるケースが多い。実際に韓国はOECD加盟国の中でも社会福祉は最低のグループである。その意味で社会的民主主義は未だ道半ばである。まして経済的民主化は混迷し後退すらしている。アジア経済危機の中にあってこの経済危機を乗り越えるために金大中政権がとった政策は，国際競争力のある企業を育てるために金融機関を含む企業グループの極端な統廃合であった。競争力強化と回復優先という名の下に輸出産業優先，製造業優先，国際競争

力のある産業と企業に資金と人材を集中する政策がとられたのである。これを財閥解体と呼ぶ者もいるが実際はそうではない。弱小企業・産業の切り捨て，選別と集中であって韓国特有の家族支配の財閥は温存された。この政策をIMF・アメリカ及び日本の国家と金融資本と結んで行ったのである。当然ながら韓国経済を特徴づける膨大な数の自営業，中小企業，家族経営の農林漁業，畜産業は圧迫され，倒産・失業が増えて社会矛盾は激化した。20世紀末から21世紀初めの韓国を特徴づけるのは様々な集団による連日連夜のデモとストライキであった。最大の問題点はこの社会矛盾を解決するための政策・戦略を金大中政権も盧武鉉政権も持ち合わせず，実行した経済政策は新自由主義政策の枠組みの中の"成長戦略"であったということである。財界は，国際競争力を高めるためには"不要になった余剰の労働者を解雇する権利"を主張し，労働組合の左派は労・資・政府の3者協議自体を拒否する。進歩的な学者出身の労働大臣が立ち往生する場面をしばしばテレビで見た記憶がある。金大中・盧武鉉政権の10年間は新自由主義と社会的民主主義・経済的民主主義の狭間で苦悶した10年間でもあった。

　ハンナラ党の李明博氏（イ・ミョンバク）は，盧武鉉政権の経済政策の混迷の＜虚＞を突いて"ニューライトの旗"を掲げ，現代財閥の経営経験やソウル市長時代の功績を引っ提げて"実績のある経済大統領"の幻想を振りまくことによって人々の同意を組織し大統領選挙に勝利した。彼の4年間に実際，巨大財閥は大成功を収めて成長したが，その果実は中小企業にも地域経済にも及ばず，雇用の増大にも結び付くことなく，格差社会が一層深刻化した。

　社会矛盾の激発に対して李明博政権が選択したのは，言論統制と支配の強化，労働組合弾圧，市民運動団体との契約やプロジェクト廃棄など政治的民主主議を後退させたことである。そしてグローバリゼーションに対応した自由貿易協定を推進した。2008年〜2012年の5年間は正に過度の新自由主義政策の推進の時代であったといえる。この時期は極端なウォン安政策もあって国際競争力を持つ企業グループ—サムソン，現代自動車，現代重工，LG，起亜，ポスコなど輸出産業は兆単位の利益を収めたが，これらは雇用

増大も庶民生活の向上ももたらすことなく，非正規職が50％以上に増大，大卒者の就職率約50％という状況である。これが"良い大学・良い会社を目指す受験競争"に拍車をかけさせ，父母の教育費負担は一層重くなり，格差社会の弊害を一層深刻化させた。また輸出産業の犠牲となった農林水産業や地域経済を疲弊させた。日本では韓国の悲惨な負の部分がほとんど伝えられていない。研究者やジャーナリストは知っていても大企業の成功の側面のみ語り，影の部分を報じようとしないので，多くの日本人は韓国の実像の半分しか知らないと言っても過言であるまい。

　政治的民主主義に続いて社会的民主主義と経済的民主主義をいかに実現するか？　これこそが韓国のリベラルな志向を持つ人々の最大課題である。筆者の考えは韓国における＜市民政治論＞はこのテーマへの挑戦の突破口であるということだ。このテーマは21世紀の新しい社会運動の運動論・組織論にも関わると考える。何故なら，伝統的な在野民衆運動論のみならず新たに登場してきた市民社会論・市民運動論もまた突き当たって分岐しているのがこの壁なのである。したがって21世紀初頭に展開された落薦・落選運動に示された広範な市民の政治参加，朴元淳(パクウォンスン)ソウル市長選挙をめぐって開始された市民団体と市民の政治や選挙への直接参加の是非をめぐる＜市民政治論争＞は，次なる新しい社会運動の展望とその理論的新地平を切り開く可能性を秘めている。その内容を考えるために，次に2011年10月の朴元淳ソウル市長選挙の勝利をもたらしたのは何か？　2012年4月の総選挙における進歩派の敗北（保守党・セヌリ党の勝利）は何故であるか？　そして2012年12月大統領選挙に際しての安哲秀候補が登場したことの意味につて考えることにしたい。

2．朴元淳ソウル市長の登場の意味

(1)　朴元淳ソウル市長の登場――何が勝利をもたらしたか？

2011年10月に行われたソウル市長選挙における無所属候補・朴元淳弁

護士の当選は，韓国の政治情勢に大きな衝撃を与えたばかりでなく，市民運動，市民団体，政治政党の在り方についても大きな問題提起をする結果になった。知識人グループを中心とする人々の「野党も労働組合も無党派市民も小異を保留し大同について保守政権を打倒して社会的危機を救え！」という声に，各政治勢力は突き動かされた。細かな経過は省略するが，候補者選びでは先ず安哲秀・朴元淳会談で朴元淳氏に一本化した。世論調査の支持率では安哲秀教授が約60％，朴元淳弁護士は6％位の大差であったが安哲秀氏は「朴元淳氏は人格政策共に立派な方であり自分は立候補せず朴元淳氏を支持する」と声明し，事実選挙戦で応援に回った。次に無党派の朴元淳氏と野党の民主党と民主労働党の推す3人の間で予備選挙が行われ朴元淳氏が勝利し統一候補となる。そして与党ハンナラ党の羅卿瑗(ナギョンウォン)候補との一騎打ちとなって朴元淳氏が52.2％，羅卿瑗氏は46.4％という結果で朴元淳氏が勝利したのである。

　このソウル市長選挙の結果は，与野党ともに解体と再編成という大変動の契機になった。過去さまざまな契機によって対立し分裂を重ねてきた諸政治グループが，翌年（2012年）の総選挙（4月），大統領選挙（12月）に向かって再編統合したのである。市民運動団体や知識人の諸グループも選挙という政治舞台に積極的に参加する個人・団体が現れると共に，「自己の団体本来の使命に徹すべきであって政治行動を自粛すべきである」という個人や団体に分かれることになる。なぜ，このような分岐が生まれたのか？　政治に積極的に発言し行動すべきであると立ち上がった人々を見ると社会運動に新しく参加する若者たちと共に市民運動のOB，OGたちが目立つ。彼らは社会運動で辛酸をなめた経験から，思想も行動も一段と飛躍を試みなくてはならない，と考えた。キーワードは「参加」「行動」「お任せしない」である。後者は，組織の運営に携わり，組織本来の役目に限定して活動することが組織の統一と団結と維持に欠かせない，と考えたようである。2001年の落薦・落選運動でリーダーシップを発揮した＜参与連帯＞は，今回は組織的に「朴元淳選挙本部（韓国ではキャンプと呼ぶ）に参加しない」ことを役員会で決

めている。しかしこの論理を固守する人々は2008年の米国牛肉輸入拒否の数か月に及ぶ数百万人のロウソク・デモにおいても今回のソウル市長選挙においてもリーダーシップを発揮できなかった。＜本来のミッション＞にこだわることによって，＜根源的なミッション＞を見失い，人々の＜当事者としての参加と行動＞の意思を尊重しない結果となったのである。最左翼の労働組合である＜民主労総＞もまた先頭に立つことはなかった。

これに対して市民政治論に立つ人々は「市民の政治への自発的な参加と行動を促進することこそ新しい市民運動・社会運動の在り方であって，労働組合や市民団体の自己規制は結果として＜政治や選挙は政党に任せるべき＞という古い時代の政治論の枠に閉じこもる考えである。市民運動で働く職員や会員，ひいては市民団体を支持する市民を縛ることになる」と主張した。"当事者としての参加"をキーワードにした市民政治論議を展開したのである。これが＜市民政治論争＞と呼ばれ，「多様性を恐れず自主性によって統一する」新しい運動論・組織論である。

実際の選挙は無党派の市民たち，朴元淳氏を支持した安哲秀ソウル大学教授などの学者や市民運動団体の有志が個人の資格で朴元淳キャンプを担った。これを民主党，民主労働党など支持政党が周りから支持する形をとって広範で重層的な支持の輪が形成され，若い世代は運動への参加と仲間への伝達を楽しみながら展開した。実際にある出口調査によると20代では69.3％，30代では75.8％が朴元淳氏を支持したという。

朴元淳氏に勝利をもたらしたのは，「この新しい当事者として参加して行動する＜市民政治運動＞の登場によってこそ勝ち取られた」というのが，市民政治論の出発点である。

しかし＜市民政治論＞を否定する政治学者やジャーナリスト，市民運動団体のリーダーたちは，「政治と選挙は政党を中心に行うものであって無党派の朴元淳氏の選定はたまたま勝利のために行われた便法である」と解説した。実際に朴元淳ソウル市長は当選後に曲折を経て民主統合党に入党している。彼は自分の入党を「民主党がソウル市議会でも市内25の区長でも多数を占

めている。ソウル市行政をスムーズに進めるためには民主党員であることが好都合である」と説明している。論争は開始されたばかりで決着していない。

(2) 保守党（セヌリ党）の総選挙における勝利

　ソウル市長選挙の後，2012年4月の国会議員選挙を前に政党の再編統合が行われた。進歩派は民主統合党と統合進歩党に。保守党は李明博政権下で疎外されてきた朴槿恵女史（国会議員）を非常対策委員長という事実上の党首に据え，党名をハンナラ党（偉大な国の党）からセヌリ党（新しい世の中）に変更し，政策も大転換させた。＜福祉を重視した政策に転換する＞，大企業中心ではなく＜大中小の企業をいずれも発展させる＞＜金持ちには税率を43％から50％へと引き上げる＞＜これを原資にして教育費の父母負担を減らす＞とした。また候補者には，約40％の現役議員を公認せず，若い清新な顔をそろえた。要するにイメージチェンジを行い，政策上の争点をあいまいにした上で，大きな争点の1つであった＜韓米FTA自由貿易協定＞については「この協定は盧武鉉政権の時に交渉を始めたものであり，野党になったからと言って今さら反対するのは政治不信を招く。民主党が責任を負うべきである」と反撃に出た。対する民主統合党の党首は盧武鉉政権の首相であった韓明淑（ハンミョンスク）女史であったが，まともに反論できず狼狽して失笑を買ってしまう。

　選挙の結果は，世論調査でも政党支持率でも選挙情勢分析でも絶対有利と予想された野党（民主統合党と統合進歩党）が140議席にとどまり，絶対不利と言われた保守派は160議席を獲得した。なお6000人以上の党員を得て結党した緑色党は原発立地などに5人の候補者を立てたがいずれも落選，得票率は0.4％であった。保守党では忠清道を拠点とする自由先進党は改選前の14議席から5議席に転落した。

　保守党が勝利したのは進歩派との争点を巧みに逸らしてイメージチェンジに成功したからであろう。逆に進歩派が敗北したのは，市民の能動的参加を得られず，市民政治運動との連帯に失敗したからである。民主統合党と統合

進歩党の間で政策協定が結ばれ，候補者の一本化も行われたが，「政治は政党が行うもの」という伝統的な考え方と組織運営が嫌われ，若い世代の投票率の低下と相俟って予想外の大敗北に終わったのである。

市民社会論争に続く市民政治論争に即して考えると，既成の政党政治家ばかりでなく，進歩的な文化人を含む市民運動団体の中にも＜市民政治運動＞について理解していない人々が多い。韓国の進歩的な文化人の代表格である白楽晴氏（ソウル大学名誉教授，『創作と批評』の創刊者で民主統合党と統合進歩党の政策協定成立の立役者）ですら，政党同士と労働組合による統一戦線による体制（彼は新しい進歩政権を「2013年体制」と名付けている）を構想しているが，市民参加の政治という新しい運動論・組織論には理解が及んでいないといわざるを得ない。

3．＜安哲秀現象＞と＜市民政治運動＞

(1) 安哲秀氏の略歴と出馬宣言

安哲秀氏について白楽晴氏はその著書『韓国民主化2.0―「2013年体制」を構想する』（岩波書店，2012年6月）で次のように語っている。「安哲秀教授の今後の歩みが特別な関心事として浮かび上がる。彼が大統領選挙出馬の決心を固めた，という最近のマスコミ報道（『中央日報』2012年4月16日付）がなくても，朴槿恵候補に勝てる唯一の候補という認識が総選挙の後で一層広まったのは事実である。問題は既成野党の連帯に安哲秀支持勢力がどんな方式であれ合流しなくては勝利できないように，安教授もまた政党人として立候補するとか，他の方式を選ぶとしても，民主統合党という野党側最大の勢力が整備され，力を合わせない状態では，万一，統合候補として選定されても成功しがたいのである。だから，野党側の刷新と安教授の今後の歩みという，二つの事案が同時に注目される」と。

白楽晴氏はセヌリ党の政策転換―福祉重視を呼びかける朴槿恵候補へ国民の支持が流れて当選することを懸念した。朴槿恵女史の李明博政権批判が本

物ではないこと―彼女の福祉重視の主張が多分に選挙を意識した方便にすぎないと見ているからであるが、他方では安哲秀氏支持勢力と民主統合党などの既成政党との連携を抜きにしては勝利がないと呼びかけた訳である。誰しも耳を傾けるべき提案である。また同氏は韓国と北朝鮮との平和的な共存関係の構築に心血を注いできた人であり、それが東アジアの平和構築への道であることも強調してきた。それは正論であり同氏の誠意には心を打たれる。しかしながら、同氏の立論は＜伝統的な統一戦線論＞によっている。4月の総選挙の敗北原因を冷静に顧みると＜市民の当事者としての主体的参加による市民政治運動論＞に立脚した新しいアプローチこそ必要であるというのが筆者の見解である。

　安哲秀氏は出馬すべきか否かを国民に問う著書として『われわれが願う大韓民国の未来地図―安哲秀の考え』（キムヨン社、2012年7月刊）を出版した。出馬宣言では国民が自分の提案に期待を寄せている事をこの本をもとに行った国民との対話の結果、認識できたという。

　そこでまず安哲秀氏の略歴をみて、次に2012年9月19日の出馬宣言の全文を引用する。

　＜安哲秀現象＞と呼ばれる空前の安哲秀待望の世論について筆者の見解を述べておくと、これは＜市民政治運動＞への欲求であって既成政党に任せる政治や選挙ではなく市民が主体的参加を求める新しい政治に通底しているのだ。つまり一時的なブームと見過ごしてはならないということである。

＜安哲秀氏の略歴＞

　安哲秀氏は1962年に釜山市で生まれた。父親は医師で小学校時代から読書が大好きな少年であったと自分を振り返っている。1980年にソウル大学医学部に入学。医療ボランティアに参加し労働者が多い九老洞で患者の診察もしている。医学部では「患者の診療よりも実験を通じて病気の原因を究明する方が人の役に立つ」と考え基礎医学を専攻した。医学部博士課程の1988年、コンピューターウイルスの存在を知り、ウイルスを治療する方法

の研究を開始。同年6月初めてワクチンプログラムを完成させた。彼はこのワクチンプログラムを通じて多くの人を助けることができると考えてワクチン創りに没頭する。こうして医学部の院生としての研究生活を送りつつ壇国大学医学部の教授（1989〜91年）を務め，1991年〜94年の間は海軍軍医官として軍隊生活を送り，除隊後に元の地位に復職。翌年の1995年に安哲秀研究所を設立。その後アメリカのペンシルバニア大学に留学し経営学を学び1997年帰国。留学中も自分の研究所の研究と経営を続けており，1999年に韓国のコンピューター数十万台がウイルスに感染した時，これに的確に対応できた安哲秀研究所は業界第1位の地位を確立した。安哲秀研究所は＜公益と営利を共存させる＞という経営哲学を実践して，非営利の公益的事業には無償でワクチンを提供し，営利企業には有償で販売して巨大な収益を上げると共に「最高の経営者（CEO）」としての名声を得た。2005年に安哲秀研究所の代表から退き，再度ペンシルバニア大学ワトソンスクールで経営学修士（MBA）課程を終え，2008年KAISTで客員教授を務めた。そしてソウル大学に設立された融合科学技術大学院の院長に就任。2009年6月韓国のMBCテレビのバラエティ番組「黄金漁場」へ出演して一躍，知名度を上げ，彼の哲学と行動への賞賛が広がった。2010年〜11年には新世界連合クリニックの朴キョンチョル院長と共に地方の各大学で"地方大学興し"の講演を行い学生たちの共感を得た。また法輪僧の提案に賛同して"青春コンサート"という音楽と対話の集いを行い，若者の悩みに耳を傾け人間の生き方と社会の在り方について対話を重ねた。「若者と目線を合わせると，彼らの苦しみが心から感じられる」と語る姿が報じられると爆発的な人気を集め，「安哲秀をソウル市長に！」「安哲秀を大統領に！」という安哲秀待望論が沸き起こる。安哲秀氏は2012年7月，先述の『安哲秀の考え』を発表。政治への意思を表明していないにもかかわらず世論調査では人気トップが続く。8月に既にソウル市長に立候補の意思を表明していた朴元淳弁護士と会談して同氏を推薦する—自分は立候補しないと意思表明した。朴元淳氏は安哲秀氏の応援を受けて当選する。安哲秀氏は2011年11月に特許で得た巨

額の個人資産を公益のために使うと宣言し，2012年に安哲秀財団を設立してここに寄付。自分の考えを人々が受け入れてくれるか否か，自分が大統領として社会変革を担う資格があるか否かを判断して去就を決めると語り，2012年9月19日に大統領選挙に出馬すると声明した。（以上は先述の著書『安哲秀の考え』及び「東亜日報」(2012.9.20)の記事，その他の資料による）

＜安哲秀氏の大統領立候補宣言＞

　こんにちは。安哲秀です。私は去る7月末に申しあげたとおり，国民の意思を聞きたいと考え，多くの方々とお会いしました。その間，面白いあだ名を頂きましたし，また最近では私を素材にしたジョークもはやったようです。この間，私の決意を待ってこられた皆さんの愛情と考え，それを重く受け止めています。企業経営者として，大学教授として生きてきた私としては，国の経営という極めて重い責任を担うことへの決心を固めるまで本当に悩みました。春川でお目にかかったお年寄り，定年前の早期退職を余儀なくされた中年の家族持ちの男性，30代の双子の子供を抱えた母親といった多くの方々とお会いし，各分野の経験と専門性を有する人たちともお会いしました。可能な限り落ち着いて耳を傾けてよく話を聞くようにしました。お会いした方の誰もが苦労されている人ばかりでした。しかし，厳しく困難な生活にもかかわらず，皆さんは諦めずに希望を持って暮らしていました。自分のことより子供たちの未来のために犠牲を払ってでも辛抱して，献身する覚悟をしていました。私は希望を与えるどころか，力と勇気をいただいたほどです。皆さん有難うございました。皆さんが私に一歩前に進むようすすめてくれました。皆さんは私にとって先生です。その方たちが一様に仰っていた言葉があります。「政治は今のままではいけない」という言葉です。「問題を解決すべき政治が，問題を作り出している」さらに「国民の生活から目をそむけ，国民を分裂させ，無視し，互いに争ってばかりの政治に失望し絶望さえ感じる」と語ってくれるのです。また，一度も政治の世界に足を踏み入れたことがない私が「うまくやれるだろうか」と悩んでいる時，多くの方がなぜ私を

支持しているのか説明してくれました。「さあ，政治を少しばかり変えてみよう。新しいスタートをしてみよう」という意味の話をしてくれました。しかし，私の力量に対して悩みました。国のリーダーという地位は，決して一個人が栄誉を独り占めすることではなく，またそうあってはならないものです。私には当選より使命が果たせるかが大切であると思いました。だから自分自身に幾度となく問いかけて答えを出すように努力しました。今自分に問いかけた問いに答えを出そうとしています。国民の皆さんは私に政治刷新の必要性を説いてくれました。ここに私は大統領選挙に出馬して皆さんの熱い期待に応えたいと考えます。私に与えられた時代の要請に応えたいと思います。私はまず政治刷新はこの選挙の過程から始めたいと考えます。国民の半数を敵に回して統合を叫ぶのは偽善です。選挙戦で低劣な誹謗合戦や泥試合を続けるなら，お互いを憎み，支持者たちを分裂させ，さらに国民を分裂させることになる。こうして選挙が終わると選挙に勝っても，国民の半数が勝ったことになりません。このようなことがこれからも続くなら，次の5年間は分裂と憎悪の時間を過ごさなければならなくなります。これでは誰が大統領になっても統合と社会の問題解決は望めそうにありません。したがって私は今回の選挙から，従来とは全く違う選挙を約束します。どのような困難と誘惑があっても，誹謗合戦のような古い戦略は取らないことを約束します。そしてどのような結果が出ようと私の支持者たちはその結果を尊重し，祝福する努力をするつもりです。朴槿恵候補と文在寅候補に提案します。3人が一堂に会し，国の主人公である国民の前で真剣な政策論争をすることを約束できませんか。そして選挙の勝者は敗者の話に耳を傾け，敗者は潔く結果を受け入れ，よりよい未来のために協力することを約束できませんか。そうしてこそ分裂と憎悪の政治を乗り越えて，わが国の将来のためのエネルギーに変えることができると思います。そうすれば誰が当選しても国民のために協力して共にできる統合の出発点になりうるはずです。そのような政策対決の中で，私がもし当選したら他の候補が主張した優れた政策があれば受け入れ，傾聴していくつもりです。これこそ国民が望んでいる「足し算の政治」，「統

第3章　韓国における市民社会と市民政治論争　73

合の政治」だと思います。多くの人たちが，政治経験もないのに私が実際に大統領になったらどうするのか心配なさっています。政治という厳しいところで，私が満身創痍になるのではないかと心配している人もいます。私は政治経験だけでなく，組織も政治勢力もありませんが，それだけに組織的な"しがらみ"がありません。国のために努力しているすべての人たちとともに進んでゆきます。"しがらみ"がない代わりに，要職を戦利品として分配するようなことは決してしません。実際，大統領一人の力で5年間だけですべての問題を解決することは不可能です。しかし，わが国には既に賢明な国民と多くの専門家が要所要所で各自が役割を果たす巨大なシステムを作り上げています。そこにこそ「答え」があります。現在の韓国は古い体制と未来価値が衝突しています。今こそ古い水の流れを新しい未来に向けて変えてゆかなければなりません。民意をくみ取ることのできない政治システム，貧富の格差が激しく，仕事が創出できない経済システム，階層間の移動が遮断されている社会システム，公平な機会が与えられていない既得権過保護構造，知識産業時代に逆行する従来方式の意思決定システム，このような状況では未来を切り開くことはできません。このままではいけません。

　国民は今や政治から変えていかなければならないと話しています。今後誰が大統領になっても大変厳しい状況が予想されます。家計負債と不動産問題は本当に深刻です。世界的な長期不況とも重なり，いっぺんに危機的状況が押し寄せてくる可能性も大きいのです。このような状況で私が一人ですべての問題を解決して世間を変えていけるとは考えていません。私もこれまで頑張ってきましたが，能力不足もあり，欠点の多い人間だからです。しかし優秀な国民と専門家の中に答えを探し，知恵を集めれば少なくとも水の流れくらいは変えられると考えています。危機の時代に力を合わせれば困難を克服できると考えます。政治が変わらなければ私たちの人生も変わりません。新しい政治になってこそ民政経済中心の社会になることでしょう。わが国には新しい経済モデルが必要です。現在論議されている経済の民主化と福祉は成長と結合する経済革新を作り出さなくてはならないのです。平和な体制と安

保との均衡をとることは実現可能です。私の政策ビジョンと構想の具体的な内容は，今後，選挙の過程の中でお話していきます。私は今回の選挙の過程で国民の考えがひとつにまとまる第一歩となればと考えています。今回の選挙を通じて新しい変化を求める国民の気持ちがひとつにまとまることを期待しています。私は世の中をうごかしていくものは真心だと思います。真心の政治を行います。その過程で私に向けられる攻撃や非難を恐れるものではありません。乗り越えます。よりよい未来を創るために闘わなければならないなら正々堂々と闘うだけです。人々の誠意がもっとも強力な力となり得ることを皆さんとともに証明したいと思います。私に多くのことをお話してくれた，そして多くの支持を表明してくれた皆さん，私とともに進みましょう。政治が変わってこそ私たちの人生が変わるのです。変化の鍵は皆さんにあります。国民が選択する新しい変化が始まります。最後に私が好きな作家ウィリアム・ギブソンの言葉を紹介します。「未来は既に来ている。ただ広がっていないだけだ」。そうです，未来は今，私たちの前にあるのです。ありがとうございました。

（ハンギョレ新聞2012年9月20日，訳・小原紘氏，韓国通信主幹（『韓国通信』No. 336号より．同通信は pico-h @ grand.nir.jp)

　以上，安哲秀氏の略歴と立候補宣言を見てきたが，既成政党の政治批判と市民の参加による新しい政治の提唱がなされており，著書では明確に財閥中心の経済を"サムスン動物園"，"LG動物園"と呼んで厳しく批判している。財閥は成長しても雇用は増えず，財閥の傘下にある中小企業は他の企業との契約を禁じられ，技術開発のための投資もできないと指摘している。

4．韓国の社会運動の新しい胎動

(1)　市民政治運動とSNS

　＜市民政治運動＞は韓国の社会運動の新しい波である。既成の政党や労働組合ばかりでなく，市民運動組織も政治への"当事者としての参加と行動"

を躊躇するなかで，それらを乗り越えて登場してきた抑えがたい生命力を持つ芽である。＜安哲秀現象＞は実は＜米国牛肉輸入反対の巨大なデモ＞，＜朴元淳ソウル市長選挙キャンプへの多数の市民の結集＞を通じて，これまでの市民運動論や既成政党中心の＜統一戦線論＞の枠を超えた運動過程で登場してきたのである。アメリカのオキュパイ運動や日本の原発再稼働反対デモに通底している。

そこでこの運動の背景をさらに深く考察すると，既成の組織に依存しなくても可能な民衆のメディアとしてのSNS（ソーシャル・ネットワーキング・システム）の登場を見逃すことができない。インターネットを通じた双方向のコミュニケーションは既に盧武鉉大統領選挙でも大いに活用されていた。インターネット新聞＜オーマイニュース＞や＜プレイシア＞をはじめ，その後広く普及した＜フェイスブック＞＜ツィッター＞が人々を結びつけており，従来の全国紙やテレビに代表される中央集権的な縦型のコミュニケーションだけに依存する時代は去りつつある。組織もまた労働組合にしても市民運動組織にしても同様である。"組織決定"で縛ったり縛られたりすることのないフレキシブルな組織論と運動論が求められており，キーワードは＜徹底した情報公開＞＜双方向のコミュニケーション＞＜当事者としての直接行動参加＞である。

(2) 社会的経済と市民セクター

もう一つは従来，社会主義政党と労働運動と学生運動が社会運動の中心と考えられてきたが，新たに社会的経済，市民資本セクターとも呼ばれるオルタナティブな経済システムが登場しつつあることに注目すべきであろう。これは直接的に市民政治運動に結びつくものではないが，雇用労働ではない参加型の自治的な経済の創造という性格を持つ。

先ずあげられるのが生協運動である。韓国の生活協同組合は大別するとICOOP生協，ハンサルリム生協，ドゥコープ生協，女性民友会生協の4大グループがあるがそれぞれが今，急激な成長を遂げつつあり，組合員は過去

10年間に10万人規模から約60万人規模に増えている。この他にも医療生協連合会，大学生協連合会もある。生協は今や韓国社会運動に欠かせぬ存在となってきた。2011年10月のソウル市長選挙の最大の争点が「全児童生徒への無償学校給食の是非」であったが，生協の組合員たちは各家庭を回ってその実施を求める署名運動を行ってきた。この要求には安全な食材を使うこと，地産地消の食材で地域経済を活性化させる事も含まれており，輸出産業中心・農業や畜産業切り捨ての新自由主義政策への痛烈な批判を含むものであった。

　次に社会的企業がある。これは盧武鉉政権のときにスタートさせた社会的企業育成法に基づいて生まれた活動であるが，失業対策と社会的弱者へのサービス提供，社会的弱者のための働く場を創造するという目的で作られた。株式会社でもNPOでも財団や社団法人でも企業形態は問わず，基準を満たして労働大臣が認定すれば手厚い保護と公的資金援助を得られる制度である。過去6年間の統計を見ると，企業数は準備段階の組織（韓国では予備社会的企業と呼ぶ）が1381企業，認定された社会的企業が680企業，合計2061企業に達した。ここで働く人々は2万7,269名に達している。因みに2011年度の認定社会的企業の1企業平均の売上高は8億604万ウォン（2011年12月末現在）。盧武鉉政権の"善政"を李明博政権が引き継いだ唯一の政策…と皮肉を込めて語られているが，その発展には目覚ましいものがある。

　この他に行政安全省の「村の企業育成事業」，農林水産食品省の「農漁村共同体活性化事業」がある。しかしこれらは生協や社会的企業と比較すると行政主導の色彩が濃いので市民セクターと呼ぶことには疑問がある。この他に企画財政省の管轄のもとに新しくつくられた協同組合基本法に基づく「協同組合」と「社会的協同組合」がある。2012年12月から施行されスタートすることになっているから，これからであるが，活用方法によっては爆発的な発展の可能性を秘めている。（詳しくは参考文献に挙げた拙稿を参照されたい。）

着目すべきことは，雇用労働を前提とした営利企業セクターと税金と国家制度を前提とした公的セクターだけに視野を狭めないことである。営利企業セクター，公的セクターに対して対抗力を持つ＜市民資本セクター＞（横田克己）が登場しつつあるのだ。これらが成長して市民政治運動と結びつく時に，社会変革の新しい地平線が視野に入ってくるであろう。

【参考文献】
洪日杓「韓国の政党政治の変化の可能性と市民政治運動」『FORUM　OPINION』Vol.16,（NPO現代の理論・社会フォーラム，2012年）
朴元淳『村で希望に出会う』（コムツゥンソ，2009年）
安哲秀『われわれが願う大韓民国の未来地図―安哲秀の考え』（キムヨン社，2012年）
カン・ジュンマン『時代精神は憎悪の終焉だ―安哲秀の力』（人物と思想社，2012年）
イ・ギョンシク『安哲秀の戦争』（ヒューマン＆ブックス，2012年）
丸山茂樹「韓国の"市民社会の現段階とヘゲモニー闘争"」古川純編『「市民社会」と共生』（日本経済評論社，2012年）
丸山茂樹「セヌリ党の勝利と韓国大統領選挙の行方―変動期を迎えた政党政治と市民政治運動―」『季刊・変革のアソシエ』No9,2012年5月号
白楽晴『韓国民主化2.0―"2013年体制"を構想する』（岩波書店，2012年）
金栄鎬『現代韓国の社会運動』（社会評論社，2001年）
川瀬俊治・文京洙『ろうそくデモを越えて―韓国社会はどこへ行くのか』（東方出版，希望叢書1，2009年）
秋葉武・他編『危機の時代の市民活動―日韓"社会的企業"最前線』（東方出版，希望叢書2，2012年）
東京グラムシ会運営委員会『グラムシ没後70周年記念シンポジウム―今なぜグラムシか？現代の世界変革と切り結ぶ』文書報告増補版（2008年2月）
金才賢「韓国における社会的経済と社会的企業の動向」公共経営・社会戦略研究所における報告書（2012年9月）
丸山茂樹「新たに制定された韓国の『協同組合基本法』について」生協総研レポートNo70.（2012年3月）
横田克己『オルタナティブ市民社会宣言―もう一つの「社会」主義』（現代の理論社，1989年）
横田克己『参加型市民社会―オルタナティブ市民社会宣言Ⅱ』（現代の理論社，1992年）

第Ⅱ部

東アジアにおける衛生・医療の発展と市民社会形成

第4章
香港における公的医療の史的背景

永島 剛

1. はじめに

　いま試みに，国連開発計画（UNDP）による2011年人間開発指数（HDI）の算出に使われたデータによって，日本・韓国・中国そして香港（中国の特別行政地区）の平均寿命（出生時平均余命）を，1人当たりの国民総所得（GNI）と関連させながらみてみよう。比較のために，EU27ヵ国と米国のデータも同時に図に表してみる（図1）。

図1　東アジア／EU諸国／米国　国民所得と平均寿命（2011年）

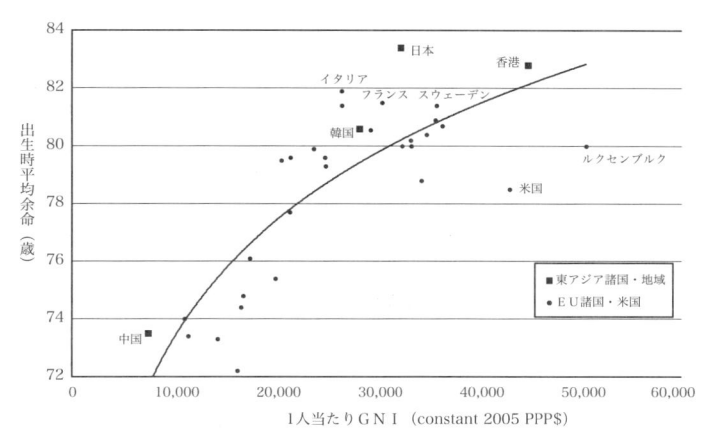

出所：UNDP, *Human Development Report 2011*（November 2011）

1人当たりの国民所得の大きさと平均寿命の長さには，明らかな相関関係がみられる。近似線を引いてみると，ここにあげた東アジア諸国（香港は現制度上「国」ではないが，本稿では便宜上「諸国」のひとつとして記述する）はいずれも線の左上方にくる。すなわち図上の諸国間でみるかぎり，これらの東アジア諸国では，一般的な1人当たりの国民所得との相関関係から期待されるよりも長い平均寿命が達成されていることになる。日本が1位であり，以下，香港，韓国，中国の順となっている。

　このUNDPのデータは2011年11月発表のものだが[1]，その後日本の平均寿命にかんして新たな計算が厚生労働省から発表され[2]，マスメディアでもとりあげられた。朝日新聞は以下のように報じている。
「日本人女性の2011年の平均寿命が，27年ぶりに長寿世界一の座を明け渡した。平均寿命は女性が85.9歳で，前年を0.4歳下回った。男性は79.44歳で，0.11歳短くなった。男女とも2年連続の低下で，東日本大震災で多くの人が亡くなったことが大きく影響した。（中略）厚労省が把握している海外のデータと比べると，日本人女性は10年まで26年連続で1位だったが，11年は香港（86.7歳）に次ぐ2位に。日本人男性も，前年の4位から8位に順位を下げた。男性の1位も香港（80.5歳）だった。」[3]

　平均寿命は，その年の年齢階層別の死亡数をもとに計算され，災害など何らかの要因で比較的若い年齢層の人々が多く亡くなるような状況があった年には低く算出される。2011年の日本人平均寿命の短縮について，3月の東日本大震災の影響は明らかだが，他に自殺の増加などの要因も指摘されており，短期的なものなのかどうか気になるところである。

　一方，1位となった香港の平均寿命の長さの理由はなにか。香港は，ここにあげた他の国々の多くとくらべその面積は小さく，その主要部は経済的に繁栄する大都市社会である。国際経済センターとしての繁栄ゆえに，富裕で健康な人々が多く集まった地域であり，そのような人口構成の偏りが平均寿命を高めているという見方もある。たしかに図1において，香港の1人当たりのGNIはルクセンブルクに次いで第2位であり，所得面での生活水準

が平均的には高いと考えられる。しかし，香港と同じく面積的には小国（ただし人口規模は香港にくらべてはるかに小さい。ルクセンブルク人口約50万人にたいし，香港人口は約700万人）で，GNI が香港を上まわり富裕な人々が多いと考えられるルクセンブルクとくらべても，香港の平均寿命の長さは顕著である。富裕人口の偏在だけでは，説明しきれない。

とはいえ，ここにあげた日本・香港はもとより，ルクセンブルクの平均寿命も80歳に達しており，世界的にみればいずれも長寿国のグループに属するといえる。ここでは，こうした比較的長寿な国・地域間の相対的に小さな差よりも，長寿社会を可能ならしめている共通の基礎的要件に注目したい。もとより平均寿命の伸長＝死亡率の低下を規定する要因は，自然条件から政治・経済，さらに食生活や文化・慣習のあり方まで多岐にわたり，その複合のしかたは国・地域，あるいは時期（疾病構造転換上の諸ステージ）によってさまざまである。しかし概括的にみた場合，良好な生活環境とともに保健医療の整備が，現代において長寿社会のための基礎的要件の一つになっていると考えられる[4]。経済発展は，つねに自動的に個人レベルでの長寿に帰結するわけではない。不平等や生活の質の悪化などにより，マクロ指標にあらわれる経済成長が，個人の厚生には結びつかないこともあるからである。UNDP による HDI の算出に，国民所得という経済指標のみならず，健康指標としての平均寿命（および教育普及指標として識字率）が加えられていることも，そこに関係している。十分で適切な栄養の摂取，早死の防止，保健医療サービスの享受が可能であるかどうかは，その社会における人権の保障（人間的な生活のためのエンタイトルメント）を考えるうえで重要であるとの認識のもと，その指標として平均寿命がもちいられているのである。

図1にあげた国々のうち，EU 諸国は，社会権の保障を謳う「欧州社会憲章」(1999年) を批准しており，国によって制度は多様で，実際の達成水準には差がありつつも，保健医療を含む社会保障の整備という建前には同意している。一方，東アジアには社会権にかんするそうした地域的な国際条約が存在しているわけではない。長い平均寿命を達成している東アジアの国々にお

いて，保健医療にかんするエンタイトルメントはどのような状況にあるのか。本稿では香港に注目し，保健医療が歴史的にどのように展開してきたのかを，「市民社会」のあり方を意識しながら概観してみたい。

2. 現代香港の医療システム

まず香港の現在の医療システムの概要をみておこう。ふたたび UNDP のデータを使い，図1と同じ国々について，今度は平均寿命と，GDP に占める保健医療支出の割合との関係をみてみる。

図2 東アジア／EU 諸国／米国　総保健医療支出と平均寿命

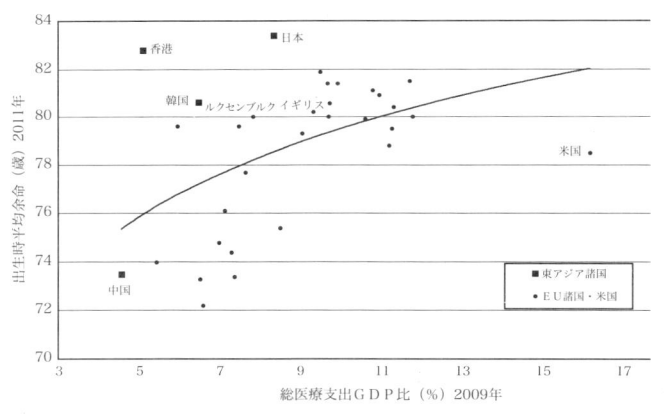

出所：UNDP, *Human Development Report 2011*（November 2011）．ただし，香港の総医療支出 GDP 比については，香港特別行政区政府・食物及衛生局（Food and Health Bureau）の統計資料から補足した。

散布図上，EU 諸国にくらべて，日本，韓国，そしてとりわけ香港が，近似線の左上方に寄っていることがみてとれる。すなわち，相対的に少ない保健医療への配分で長い平均寿命を達成していることになる。しかしこれをもって，これらの諸国における長い平均寿命にかんして，保健医療の役割が小さかったとみるわけにはいかない。GDP の規模の大きさを考えれば，比

率が低いからといって必ずしも医療支出額そのものが小さいとはいいきれないし，また相対的に少ない費用で高い効果をあげている可能性もあるからである。たとえばこれと対極にある米国に注目しよう。図2において，近似線の右下方に振れている。すなわち，大きな医療支出の割合から期待されるほど平均寿命が長くなっていない。米国では高額な私費医療が発達している一方，最小限の公的医療保険しかないために人々の医療へのアクセスが制限され，これが平均寿命の伸び悩む一因であるとしばしば指摘されている[5]。

表1 総保健医療支出に占める公的保健医療支出の割合 2008年（%）

日本	80.8	イギリス	82.4
韓国	55.9	スウェーデン	81.5
中国	49.9	フランス	77.7
香港	48.9	イタリア	77.5
		ドイツ	76.6
米国	46.0	スペイン	72.6

出所：香港特別行政区政府・食物及衛生局（Food and Health Bureau）統計

　平均寿命の長い東アジアの3国のうち，日本，韓国では公的な健康皆保険制度が導入されているが，香港では導入されていない。しかも総保健医療支出に占める公的保健医療支出の割合（表1）をみると，ここにあげた国のなかでは米国に次いで公的保健医療支出の割合が小さい。それにもかかわらず，米国とは異なり，医療アクセスが公平に確保されているという定評がある。香港政府の委託をうけて香港の医療制度を調査したハーバード大学公衆衛生学部の調査チームの報告書（1999年。通称「ハーバード・リポート」）では，以下のように評価されている[6]。

　「香港は相対的に公平なシステムをもっている。患者の立場からみれば，誰もがその経済力にかかわらず，必要な保健医療にアクセスすることができる。さらにはそうしたサービスはすべての地域社会において利用可能であり，住民のほとんどは30分以内で訪れることができる。われわれの調査では，

豊かな住民も貧しい住民も家計に占める保健医療支出の割合，医療機関への到達時間，そして利用率にかんして，似通っている。つまり，支払い能力や遠くに住んでいるからという理由で，保健医療サービスの利用が制限されることはほとんどないということである。」

さらにこの米国の調査チームは，以下のように続ける。

「このうらやましい状況は，多分に，住民が誰でも必要な時に十分な病院医療にアクセスできるようにするための，政府のコミットによるものである。」

表2　香港における医療部門別の公費・私費割合 2008/09 年（%）

	政府支出	民間支出
外来部門	45.1	54.9
入院部門	69.5	30.5
歯科医療	19.0	81.0

出所：香港特別行政区政府・食物及衛生局（Food and Health Bureau）統計

近年のデータ（表2）をみると，入院部門における政府支出の割合が比較的大きくなっていることから，病院サービスにたいする政府のコミット度の相対的な高さがわかる。2012年の統計では，香港にある50の病院（看護・介護専門施設は含まない）のうち，38施設が香港政府病院局（ホスピタル・オーソリティ）の管轄下にある病院で，病床数でみれば約87%がこれら政府系病院による供給となっている[7]。もともと政府直営だった病院のみならず，民間慈善病院としてスタートしつつ現在では政府から補助金を受けている病院も，これら政府系病院に含まれる。これらの病院の一般病室への入院費用の個人負担は低額に抑えられ，公的扶助を受けている人々については全額免除となっている[8]。高額となりがちな入院費用について公費負担を大きくすることによって，政府が普遍的なアクセスを保障する体制となっている。

一方，外来部門の割合では私費のほうが大きい。すなわち香港では，1次医療（プライマリ・ケア）は民間の医療機関に私費でかかるのが基本である[9]。その際には，

全額自己負担および民間保険からの支出となるが，基礎的な診察であれば安価で済む場合も多い[10]。ただ私費であるがゆえに，低所得層にとっては負担となり，それが受診の遅れにつながることもありうる。そうした経済的理由や，あるいは地理的条件をもつ人々のためのアクセスを確保するために，政府がクリニックを設置するなど，1次医療においても公費は投入されている[11]。

　財源は税に依拠している。1次医療・病院医療とも，公的医療費部分は，政府の一般歳入から予算化されている。すなわち社会保険方式ではなく，税方式であるという点において，イギリスの国民保健サービス（NHS=National Health Service）にも似たシステムであるとみてよいだろう。とくに政府系医療機関と民間供給者の連携問題や医療費の増加など，現実にはさまざまな難点を抱えながらも，現在の香港では，住民が低額で保健医療にかかることができるシステムが基本的には成立している。

　香港といえば，まず「自由経済」が想起される。イギリス自由貿易の拠点としてスタートした近代香港は，1997年のイギリスから中国への返還後も「一国二制度」のもと，グローバル市場の一大拠点として，「自由経済」の象徴的存在であり続けている。一方その香港で，政府が保健医療へのアクセスを保障する体制になっていることについては，これまで注目されることが比較的少なかったかもしれない。香港の経済政策の基調は，「小さな政府」による「レッセ・フェール（自由放任主義）」である。社会保障を「大きな政府」の象徴とみなす向きからは，税方式の普遍主義的な政府による保健医療保障が成立していることは，やや収まりが悪くみえるかもしれない。ただ香港では，政府が最低限果たすべき役割（すなわち「小さな政府」の範囲）の中に保健医療保障が含まれるという合意があるとみれば，「自由経済」と普遍主義的な保健医療システムの併存が理解できる。そのような合意があるとすれば，それはどのように形成されてきたのであろうか。

3. 香港における公的医療の形成

(1) 不介入主義時代における公的医療の萌芽：1841–1894 年

　香港がイギリスの植民地となったばかりの1840年代，植民地相ウィリアム・グラッドストン（のちの自由党内閣首相）は，香港が自由貿易の基地として機能するかぎり，それ以上の現地社会への干渉は行なわない姿勢を示した。以来，イギリス人を中心とする欧州系住民と中国系住民の居住区は基本的に分離され，後者にたいして統治政策への関与を認めないかわりに，かれらの生活にたいする干渉も最小限にとどめる原則が定着していく。いわば欧州系と中国系住民の棲み分けである[12]。この時点では明確な不介入主義であり，植民地政府が中国系を含む住民全体に普遍的な医療サービスを保障するには程遠い状況だったし，欧州系・中国系を問わず，住民側でもそれを要求するような声は大きくなかったと思われる。欧州系住民には民間の開業医がいたし，中国人は中国伝統医学の影響下にあり，その多くが「西洋医学」の病院を欲していたとは考えられないからである。

　軍関係の医療サービスを別とすれば，香港植民地政府（以下，おもに「政庁」とよぶ）による公的医療供給への関与の始まりは，1848年の香港政庁市民病院（The Government Civil Hospital　國家醫院）開設時とみてよいであろう。当初この病院は，政庁職員および刑務所収監者の診療が主要な任務であった。1858年の病棟拡張後，富裕層の私費診療にくわえ，行き先のない疾病貧民も受け入れるようになった。しかし低所得層への供給にかんしては，政府セクターよりもヴォランタリ・セクターの比重のほうが大きかった。1843年に広東マカオ・ミッショナリ協会によって設立された医療ミッショナリ協会病院（The Hospital of the Medical Missionary Society 傳道會醫院）は，香港における最初の病院であったと伝えられる。おもにイギリスおよび米国商人からの拠出金で運営され，支払能力のない患者からは料金をとらなかった。その後，このほかにもいくつかの慈善病院が開設された。

しかし急速な人口増加，とくに多数の中国系労働者の流入を考えると，政府セクター・慈善セクターを合わせても供給は限定的であった[13]。

もっとも，当時の香港の医療事情を考える場合，中国系住民自身がこうした病院の増設を必ずしも望んでいたわけではなかったということには注意が必要だ。これらの病院が，かれらにとってなじみのうすい「西洋医学」にもとづくものであったからである。たとえば，手術や検死によって身体を傷つけられてしまうとの疑惑が，人々をして政庁病院を忌避させたという[14]。実際のところ，イギリスの外科医ジョゼフ・リスターによって手術時の消毒法が開発されそれが普及していくのは1870年代以降のことであり，19世紀中頃の香港住民の西洋医学にたいする恐れはゆえなしとはしない。結局，19世紀のこの時期，西洋医学にもとづく病院の増設は，香港人口の大多数を占める中国系住民の医療問題の解決策とはなっていなかったのである。

当時香港には，香港で亡くなった中国人労働者たちの遺体を故郷に送り返すための一時保管施設があった。1869年，この施設が病気になっても行き場のない瀕死の患者の溜り場となっていることが香港政庁の立ち入り調査によって明らかになり，新聞メディアはこれをスキャンダルとして報道した。このニュースはロンドンにも伝わり，J.S. ミルらが所属していたことで有名な社会科学振興協会（The National Association for the Promotion of Social Science）が事態の非人道性を問題にするほどの騒ぎとなった[15]。香港総督リチャード・マクドネルは，事態の収拾策として中国人による中国人のための病院設立を決意し，これが1870年，香港政庁による「中国人のための慈善病院令」の発布につながった[16]。これにより，中国医療にもとづく中国系住民のための病院として設立されたのが，東華医院（Tung Wah Hospital）である。東華医院は，基本的に寄付・拠出金によって運営され，中国系住民にたいし（低所得層には無料で）中国医学にもとづく医療を提供する慈善病院であった。香港では，当時すでに成功した商人や職員（通辞など）として政庁につとめていた人々などを中心に中国人エリート層が形成されていた。継続的な拠出の中核となったのは，これらエリート層の社会経済

活動の拠点となっていた同業団体（ギルド）であった。医院運営委員会も，これらの団体を代表する中国人エリート層によって構成された[17]。

こうして，疾病により働くこともできず社会的に疎外されていた中国人たち（多くは大陸からの出稼ぎ労働者）を包摂するための施設が設立されることになった。東華医院はたんに医療機関としてだけではなく，中国系住民にとってのさまざまな公共サービスの供給機関として機能するようになった。住民たちは，なにか生活上の問題が生じたときに，まず東華医院を頼ることが一般的であったという[18]。東華医院は，香港における華人社会の共助的側面を担う機関であったと考えることができよう。ただし共助といっても，華人社会のすべての成員が対等であったわけではない。華人エリート層による，施しをつうじた中国系大衆の統治という側面も見逃されるべきではない。

また東華医院は，政庁の条例にもとづいて設立された経緯からして，中国系住民たちによる純粋なヴォランタリ団体でもなかった。政庁も同医院の拠出者であったし，政庁職員には同医院を査察する権限があった。日常的な運営は中国人エリート層を主体とする運営委員会に委ねられたが，その手に余る事態が生じた場合には，香港総督が介入できることになっていた。ただし設立当初は，強力な介入が行なわれることはなかった。政庁もまた，香港社会の安定のためには，華人社会の自律的な統治が望ましいと考え，東華医院の役割に暗黙裡に頼るところがあった。欧州系と中国系コミュニティの適度な「棲み分け」を維持するうえで，後者のガバナンスにおいて東華医院のような組織は重要であったのである[19]。政庁側からみれば，東華医院は，不介入主義原則のもと政庁の介入を最小限に留めながら，華人社会の自律性を活かして，中国系住民の医療へのアクセスを図る試みであったと位置づけることができるだろう。

(2) 介入主義としての公的医療：1894-1941 年

不介入主義原則の一方で，植民地の発展とともに，実際には政庁と香港社会，とくに人口の大多数を占める華人社会との関係は，19 世紀後半をつう

じて変化していった。政庁が中国人住民にまったく不介入で済むわけではなかったのである。保健医療の分野では、感染症の大流行が、変化の大きなきっかけとなった。感染症流行は、「棲み分け」の境界をこえる。したがって「介入」が必要化する。19世紀末から20世紀にかけては、そうした「介入」をめぐる葛藤から「共生」への模索が胎動した時期と考えられる。

　1882年、イギリス本国植民地省から派遣された衛生調査官オズボーン・チャドウィック（イギリス衛生改革者エドウィン・チャドウィックの子）により、『香港の衛生状態にかんする報告書』が提出された。この報告書によれば、香港ヴィクトリアにおける平均死亡年齢は18.3歳。粗い調査・計算によるものであることには注意が必要だが、現在の世界一の長寿国（地域）香港とは隔世の感がある。衛生状態の劣悪さがまず数多くの乳児死亡につながり、これが平均死亡年齢を押し下げていた最大の要因とみられる。また、腸チフスの蔓延やコレラの襲来など、とくに劣悪な衛生状態に助長される感染症の流行が、多くの成人の命もうばっていた[20]。これらの感染症は、空間的に隣り合う欧州系・中国系住民の街区の境界をこえて流行しうるものであり、香港社会全体での対処を促すものであった。

　政庁の歴代の植民地医官（Colonial Surgeon ＝ 政庁医務局の長。政庁市民病院長も兼務）も、植民地初期以来、衛生状態への懸念を表明していたが、不介入原則のもと、有効な施策はとれないでいた。たとえば1873年に植民地医官に就任したフェニアス・エアーズ医師は、東華医院が（西洋医学に照らして）望ましい衛生水準に達していないとして再三苦言を呈している。さらにエアーズが東華医院をはじめ中国伝統医療に苛立った今一つの理由は、情報把握の困難さであった。西洋医学と中国医学とでは、治療方法のみならず、診断される病名も異なっていた。したがって政庁によるデータ収集・統計整理に困難をきたしていたのである[21]。

　チャドウィック報告を受けて、1886年、政庁は衛生委員会（Sanitary Board　潔浄局）を設け、衛生改革の強化を図った。衛生委員会は、当初はエアーズ植民地医官をはじめ政庁官僚主導の構成をとったが、広く社会的コ

ンセンサスが必要との配慮から，1888 年には民間人委員主導の構成に改められた。これら民間人委員のうち 2 名は納税者の直接選挙によって選ばれることとされ，代議制民主主義が制限されていた香港植民地史上でも数少ない例となった[22]。ただし初期において選ばれたのは欧州系の人物たちであり，かれらとは別に，総督任命によって中国人を含むあと数名の民間有識者も議論に加わる体制となった。政庁は華人社会にたいし干渉しない代わりに政策決定へも参加させないという従来のあり方が，わずかに変更されたことになる[23]。

最初に任命された衛生委員会の中国人委員として，ホー・カイ（Sir Kai Ho Kai 何啓）が有名である。ロンドン・ミッショナリ協会の中国人牧師の子として香港に生まれたホー・カイは，スコットランドのアバディーン大学，ロンドンのセント・トマス病院で医学を学んだ医師である。さらにイギリスで法律を学び弁護士資格もえた。香港に帰還後，1887 年にロンドン・ミッショナリ協会による香港華人西医書院（Hong Kong College of Medicine for Chinese 香港大学医学部の前身。孫文が学んだことで有名）の開設に際しては，西洋医学の普及のために尽力している[24]。ホー・カイはしかし，衛生委員会において，イギリスの衛生基準をそのまま香港で適用することには激しく反対した。中国人と西洋人の生活上の慣習は異なるのであり，西洋医学の観点から望ましいことが，中国人にとって望ましいこととは限らないという反論である。中国人社会に介入する以上，政策決定プロセスにおいて中国人コミュニティの意向を尊重すべきであり，それを認めないのであれば介入もすべきではないという，植民地統治の本質にも抵触する批判となっていた[25]。政庁も，ホー・カイのような主張に配慮し，中国人社会への介入はできるだけ穏当に進める姿勢を示していた。したがって，エアーズ植民地医官をはじめ衛生政策の推進をめざす立場の人々を苛立たせることにもなったのである。

こうした状況を変化させたのは，ペスト流行であった。1894 年 5 月 8 日，香港政庁の医官ジェームズ・ローソン（エアーズの部下）は，政庁市民病院

に入院中の中国人少年をペストであると診断した。ローソンが東華医院にも足をはこぶと，そこではすでに20人の患者が同様の症状を呈していた。その後1894年中に，政庁が把握しただけでも約2,500人の感染者があった。この1894年香港ペスト流行は，北里柴三郎らによってペスト菌が発見されたことで有名である。ローソン医師は北里の伝記にも名前が登場するが[26]，このとき東華医院への介入を強硬に主張した人物でもあった[27]。

　防疫上，患者発生を把握し，隔離・消毒などの措置をとることは重要である。しかし当時の香港は移入人口によって成長しつつあった都市だけに，誰がどこにどれだけ住んでいるかの把握すら難しく，ましてや感染症届出義務の制度は確立されていなかった。とくに中国系住民の多くは西洋医療にかかることは少なかったため，医師をつうじての届出も期待できない。名目上は政庁医務局の管轄下にある東華医院も，診断・治療は漢方医に任されていた。ローソンは，警察官の動員による患者発見そして隔離・消毒の施行や，東華医院への西洋医の関与などを提案したが，こうした措置を強権的介入とみなし中国系住民が反発することを恐れた総督ウィリアム・ロビンソンをはじめ政庁上層部は，ローソンからみればより慎重な態度をとった。エアーズやローソンが提案した緊急対策のなかでも，とりわけ物議を醸したのが，ペスト感染者の病院船ハイジアへの移送・隔離だった。ハイジアとは，感染症患者隔離用に使われていた病院船である。衛生委員会において移送案は基本的には了承されたものの，ホー・カイからは，中国系住民によるこの措置への抵抗への懸念が示された。現に，ホー・カイの懸念どおり，東華医院側では反発が強まっていた。東華医院運営委員のなかでも当時委員長だったリウ・ワイチェン（Lau Wai Chuen 劉渭川，香港上海銀行買弁）らは政庁に協力する立場をとったものの，これまで政庁の干渉を受けず自律的に運営されてきただけに，多くの反対があり協議が長引いていた[28]。そしてその背後には，患者やその家族からの反発があった。当局による強制隔離への民衆の反発自体は香港特有の現象ではないが，植民地統治下であること，そして中国系民衆の西洋医への警戒感が，このとき事態を尖鋭化させたと考えられる。歴史

家エリザベス・シンが指摘するように，たんに「政府 vs. 個人」ではなく，「政府 vs.（華人）社会」という対立構図となりやすかったところに，このときの香港における事態の深刻さがあった[29]。

その後結局，政庁はハイジアへの中国人患者の移送強制はあきらめたため，反発は一旦鎮静化するかにみえたが，防疫措置を徹底するために政庁が衛生スタッフに加え警察・軍を動員して行なった中国人居住区における戸別査察が，再び反発を招いた。中国系民衆の不満は政庁のみならず，政庁への抵抗が手ぬるいとして，東華医院幹部をはじめとする中国人エリート層にも向けられた。治安は不安定化し，経済活動も沈滞する状況下で，ロビンソン総督や政庁衛生委員会は，戸別査察をより中国系住民の感情に配慮したやり方に改めたり，患者の故郷への帰還も認めるなど，妥協的な姿勢も示しながら，試行錯誤のなかで防疫対策を進めた。そして患者発生が散発化した1894年の夏以降，緊張状態は少しずつ緩和されることになった。

ローソンらの西洋医療急進派の目には，政庁首脳の対応は生ぬるい妥協と映ったようだが，市中の防疫のために衛生巡視員が増員されるなど，このペスト流行以降，政庁の華人社会への干渉度が高まったことはたしかである[30]。東華医院にかんしては，政庁医務局の医官（西洋医）を監督者としておくことが決定された。東華医院側でも，リウ・ワイチェンら基本的には政庁への協力姿勢をとる幹部による運営が続いた。そして，華人西医書院で西洋医学を学んだ中国人医師が医療スタッフに採用されるなど，東華医院の「西洋化」も始まり，政庁市民病院とともに政庁主導の公的医療システム形成の中核となっていく[31]。

明示的ではないものの，1894年ペスト流行を契機に，政庁は，中国系を含む全住民，とりわけ低所得層にたいする医療供給体制の整備により積極的な姿勢に転換したとみてよいだろう。1929年までに，政庁直轄の病院は7施設，さらにヴォランタリ・セクターの病院が東華医院のほかに8施設（中国医療系も含む）となった[32]。後者も，政庁医官の監督下に置かれ，ヴォランタリな拠出金による収入に不足が生じた場合には政庁からの補助金を得

ており，「政庁系病院」「政庁助成交付病院（subvented hospitals）」などと呼ばれる。香港の経済界の多くも，感染症流行をはじめとする住民の不健康問題が及ぼすビジネスへの悪影響（＝不経済）を懸念する立場から，ヴォランタリ・セクターへの拠出を続け，また政庁による保健政策の推進を基本的には望んでいた[33]。ペスト流行を機に，少なくとも政庁と実業界の主要部の間で，市民の医療へのアクセスを保障することは，香港経済が順調に発展するためには必要な措置であるという合意が形成されつつあったとみられる。

　この時期の政庁による公的医療拡充方針が，感染症患者を発見・管理する必要性を動機のひとつとしていたことを考えると，必ずしも市民権のために（市民の権利を第一義として）公的医療が整備されたとはいえない。20世紀前半の香港では中国人労働者によるナショナリスト的な反帝国主義運動が興隆するが，1920年代には，政庁に妥協的なビジネス・リーダーたちによって運営される東華医院も，攻撃対象となったことがあった[34]。しかし，中国系の市民・労働者が，いつまでも政庁系病院と対立的であったとみるのも正しくない。たとえば1930年代には，政庁市民病院にも多くの中国人患者が訪れ，入院部門では全員を収容しきれないほど，すでに中国系住民のあいだで西洋医療の病院に行くことは一般的となっていた。政庁の医務局長A.R. ウェリントンも，いまや抵抗なく西洋系病院を訪れるようになった患者数の多さを念頭に，20世紀最初の30年間における西洋医療にたいする中国系住民の態度の変化を書き留めている[35]。世代の経過とともに，行政や西洋医療の供給側に中国人スタッフが増えていたことも要因のひとつであろう。華人社会への介入・管理が動機となって拡充へと転換した公的医療だが，20世紀前半をつうじて，徐々に香港の市民生活の一部として定着していったものと考えられる。

(3)　香港版NHSへの模索：1945–1997年

　香港は第二次大戦中日本軍に占領され，民間人向け医療は人員削減を余儀なくされたり，病院施設が破壊・接収されるなどの縮小の憂き目をみ

た[36]。1945年にイギリス植民地政府が復帰するが，1940年代後半以降，人口流入も急激となり，すべての住民にアクセスを保障するだけの医療供給を整備することは困難だった。戦後も感染症の脅威が継続するなか，戦前からの暗黙の公的医療拡充方針は維持されていたはずだが，政庁の対応は場当たり的なものにとどまり，医療供給不足が深刻化した。

政庁が公的医療の計画的整備に明示的に言及するようになったのは，1960年代になってからである。まず「（政庁が）直接的あるいは間接的に，低額もしくは無料の保健医療サービスを，他の方法で医療にかかることのできない社会の大多数にたいして，供給する」ことを政府の基本政策とすることを確認した[37]。すでにイギリス本国では，政府セクター，ヴォランタリ・セクター，営利セクターを統合し，全国民に無料で医療供給する税方式の国民医療サービス（NHS）が1948年から始動しており，香港政庁もその理念を踏襲したものと思われる。これにもとづき，新たに結核病院などのおもに感染症対策としての病院建設が政庁によって進められる一方，政庁予算だけでの一般病院の増設までには至らず，政府から助成を受けたヴォランタリ団体が引き続きその間隙をうめる役割を担った。イギリスのNHSと違い，香港では医療供給における政府と民間の「混合経済」が維持されたわけである。1955年から1985年の間に，香港の全病院における総病床数は，4,880床から24,638床に増加した。セクター別にみると，政庁直営の病院における増加率が一番高く，それに政庁から助成金を受けているヴォランタリ・セクターの病院が次ぎ，1985年にはこれら政府系病院が総病床数の9割近くを供給していた（表3）。しかし，補助金を受けているとはいえ民間団体である助成交付病院の多くは経営が安定せず，また一方では人口増加・市域拡大による圧力のもと供給不足は継続し，1970・80年代をつうじて，より統合的な公的医療システム構築の必要性にかんする提言が繰り返された[38]。それにもかかわらず医療問題への対応が遅々としていた一つの理由は，人口増加への対応として，1970年代においてはまず住宅政策が喫緊の課題とみなされていたことも一因とみられる[39]。

表3 病床数のセクター別割合（％）

	1955 年	1985 年
政庁直営の病院	41.1	49.9
助成交付病院	37.9	39.1
民間営利病院	21.0	11.1
合計	100.0	100.0

出所：Gauld and Gould（2002），Table 3.2.

　1985年，政庁から委託を受けたW.D. スコットを主査とするオーストラリアの経営コンサルタント・チームが，病院サービス供給にかんする報告・提言を提出した（通称「スコット・リポート」）。このリポートは，実際に供給される病院サービスの量や質にかかわる問題というより，病院行政のあり方にかんするもので，香港全体の病院行政や個々の政府系病院経営における説明責任や効率性を重視するコーポレートガヴァナンス導入の必要性を強調した。このうち病院行政にかんしては，市民の要望に柔軟に対応するため，硬直的になりがちな官僚機構（Medical and Health Department 医療保健署）から切り離し，独立行政機関によって政府系病院（政庁直営病院と助成交付病院）を統括すべきであると提言した。これらの提言は多くの反対論をよび，すぐに実行には移されなかった。しかし，たとえば1988年には労働条件の悪さに不満をもつ政庁病院の医師がより待遇のよい営利セクターに流れる現象が顕在化するなど，利用者側のみならずスタッフ側にも不満が募る状況下で，改革の必要性が切迫し，1990年，「スコット・リポート」に基本的には沿うかたちで，病院管理局（The Hospital Authority 醫院管理局）が創設された。病院管理局議長には，立法評議会・行政評議会のメンバー（非官僚）として政治力をもつ実業家のS.Y. チャン（Sir Sze-yuen Chung 鍾士元）が就任し，政庁職員に加え病院関係者や地域代表などが運営委員会を構成した。すべての政府系病院（1991年時点では，15の政庁病院および23の政庁から助成交付金を受けている非営利ヴォランタリ病院）が管轄下に入ることになった。運営組織面では変化したが，財政面では政庁の一般財源か

らの支出が継続された[40]。

　病院管理局設立にともない，医療保健署は，病院管理局とそれ以外の旧医療保健署業務を引き継ぐ衛生署（The Health Department）の2つに分割され，両者とも新たに設置された食物及衛生局（The Food and Health Bureau）の管轄下におかれた。1次医療については，衛生署の所管となった。病院部門を分離して改革を先行させたために，1次医療にかんする問題への対処はいくぶん取り残された感がある。1980年代には政庁はすでに50カ所以上で外来クリニックを運営していたが，1次医療部門の圧倒的大部分は民間の開業医もしくは独立医療組織によって占められていた。1990年代以降，政府外来クリニックによる供給の質量の改善をはかる措置は進められたものの，政府クリニックと民間セクターとの関係，依然として多くの市民からの信頼が厚い漢方医療をどう位置づけるか，さらには1次医療と病院部門との連携をどうはかるかなど，統合的な医療システムへ向けた具体的な議論には至らなかった[41]。

　以上のように，アドホックな政策対応のくり返しをつうじて形成された香港の医療システムは，統合性という観点からは多くの問題を残したまま1997年香港返還を迎えた。しかし住民の医療へのアクセスの確保という観点からみれば，基本的にはまずまずの評価を得られるまでになっていたことは，上述した「ハーバード・リポート」（1999年）の記述にもみられたとおりである。返還後も，医療システムはそのまま継承され，残された課題や新たな懸案についての議論が続いている。

4. 展望：香港市民社会と公的医療

　香港で「市民社会（Civil Society）」というとき，非政府（NGO）・非営利（NPO）組織のことを集合的に指すことがある。民主主義的制度のない植民地支配下では，市民の「自治」が実現できず，統治側である植民地政庁と被統治側である一般住民が構成する社会との理念上の分離が近代以降も続

いた。それゆえに，市場では解決できない社会が直面する諸問題に市民自ら対処しようとするときに非営利の非政府組織が重要な意味を持ったし，現在でも大きな役割を担っている[42]。保健医療にかんしては，東華医院のような華人主導の病院が歴史的に重要な役割を担ってきたことはすでにみてきたとおりである。最近では，2003年の新型肺炎SARSが香港で流行した際，政府の対応が及ばない分野でNGO・NPOの活躍が顕著であったという[43]。

　経済的側面からみた場合，低税率の「小さな政府」が香港経済の特徴であり，社会的サービスの大きな部分が政府ではなくNGO・NPOにより担われている。ただし，本論で検討した病院医療の歴史から考えると，政府の果たすべき役割を看過してよいわけではないことにも留意したい。病院医療の供給において，ヴォランタリ・セクターが重要であったことはたしかだが，ヴォランタリ・セクターだけで低額もしくは無料の医療供給が維持できたわけではないこともまたたしかである。慈善寄付や自発的拠出だけでは財政的に不安定なことがあり，ヴォランタリ・セクターの病院は，政府からの補助金を受けながら，公的医療サービスの形成に貢献してきたのである。歴史的にみて，政府セクターとヴォランタリ・セクターが代替的・競合的というより補完的・協力的な関係に転じたときに，公的医療形成にもはずみがついたと考えられる。

　イギリスの社会政策学者トマス・マーシャルは，おもにイギリスにおける経験を念頭に，「市民社会」を構成する市民の諸要素を「市民権」「政治権」「社会権」の3つにわけて説明した。単純化してまとめれば，イギリスでは，19世紀初頭までに言論や思想信条の自由など基本的な市民的権利が原則上確認されたのち，19世紀から20世紀初頭にかけての選挙法改正により政治的権利が拡張された。そして20世紀になって，新たに政治権をえた人々の声を反映しつつ，貧困や疾病などにたいする福祉国家的な政策の推進をつうじて，経済的福祉と社会資本の分かち合いを保障する社会権の確立が進んだとするものである[44]。いま「政治権」と「社会権」とに注目すると，香

港ではこのモデルとは展開の順序が逆になっていることに気づく。植民地香港では，衛生委員会（のちに都市評議会）など一部例外をのぞき，公式の参政権は長らく制限されていた。1990年代のクリス・パッテン総督のもと，返還交渉の駆け引きのなかでようやく立法評議会に部分的な直接公選制が導入されたが，返還後も全面的な民主主義は実現していない。今もって，「政治権」が確立しているとはいえないのである。しかし一方で，香港の公的医療システムの存在を考えたとき，それにもかかわらず「社会権」の保障が進んだといえるだろう。

もちろん，すでにみたように，香港の公的医療整備は「社会権の保障」というようなきれいごとではなく，感染症流行時における住民の管理・監視を動機に本格化した。しかし時の経過とともに，香港社会の安定・繁栄のためには医療保障は必要であるという認識が，統治側でも住民側でも徐々に定着したものと考えられる。また，公式の参政権は制限されていただけに，街頭デモをはじめさまざまなチャンネルを通じた非公式な民意の表明が重要性をもったことも，香港の社会諸政策の展開における特徴として指摘できよう。

しかし，このような政策展開のあり方はもはや限界に達しているという指摘もある。これまで基本的には官僚主導でありながら，民意や利害関係者の意向を斟酌しつつ，できるだけ社会の各セクションからの抵抗がおきないですむように妥協的な政策決定が続けられてきた。しかし限られたなかでの資源配分のあり方をめぐる何らかの重大な政策決定を行なう場合，すべてのセクションを満足させることは難しい。民主主義がよく機能している場所では選挙という多数決で決着をつけることができるが，それが制限されている香港では，結局のところ妥協的な決着に終始し，重大な政策決定ができないという指摘である。以下でみるように，公的医療のあり方をめぐる近年の政策決定のあり方も，その典型であるという[45]。

とくに1990年代以降，社会の高齢化をにらんで，最大の懸念事項とみなされてきたのは，保健医療費の増加傾向であった。上述の「ハーバード・リポート」もその一つであるが，保健医療政策をめぐる諮問委員会によって，

医療費増大への対応策についての検討・提言がこれまで何度か提出されてきた[46]。それらが提示してきたおもな選択肢は，１）病院への補助金の削減，２）私費医療部分（たとえば入院の際の個室など）の拡張，３）任意保険加入の奨励，４）強制保険の導入，そして５）治療の重要性による予算配分の序列化，という５つである[47]。これらの選択肢は，いずれも「小さな政府」原則，すなわち医療費の増大は政府負担ではなく個人負担の増加によって賄われるべきであるという原則に沿ったものといえるだろう。

一方で，個人の自己負担増ではなく，公費によって低額・無料の公的保健医療を維持すべきだという民意には根強いものがある[48]。香港では昨今，社会保障費が膨張している。しかしその最大の原因は，高齢者のみならず現役世代の失業と低所得による生活保護者数の急増にある。格差社会が深刻化しているのである[49]。もし保健医療費の個人負担を増やせば，低所得層の生活がさらに苦しくなることはもとより，人々の受療を抑制し病気発見や治療が遅れ，罹患率さらには死亡率の上昇にもつながる可能性もある。世界最高水準の平均寿命に影響を及ぼすかもしれない。また病気の深刻化により働けなくなれば医療費が家計をさらに圧迫し，生活保護を受けざるをえない人々を増やしてしまうかもしれない。医療費の公的負担を抑制することが，かえって将来の社会保障費高騰につながる可能性もある。個人負担増は誰しも嫌であるという感情論や，「社会権」の侵害は望ましくないとする権利論のみならず，経済合理性の観点からも，医療費の個人負担増だけが選択肢ではないという見方がありうる。

これまで香港では，政府が最低限果たすべき役割の中に医療保障が含まれるというゆるやかな合意のもと，公的な保健医療がなんとか形成されてきた。しかし，ここにきて，医療費の個人負担を増やして「小さな政府」を堅持すべきだとする考えと，保健医療保障は政府が最低限果たすべき役割（すなわち「小さな政府」の範囲内）に含まれる（ゆえに，ある程度の公費増はやむをえない）とする考えとの対立が顕在化しているといえよう。ただし，基本的には親ビッグビジネス・自由主義路線をとる香港政府にとって，再配分の

強化につながる公的負担の増加は受け入れがたく，個人負担増が既定路線となっている。そうかといって，民意の反発を恐れる政府は，強硬にその路線を突き進むこともできないできた。

　2010年になって，政府はひとつの決断を下した。上記の選択肢のうち，3）任意の医療保険への加入を奨励するためのスキームを推進することを決定したのである。保険料の支払い能力がある中所得層以上にとっては保険加入が容易になり，受けられる医療の選択幅が広がる可能性があることから歓迎する向きがある一方，民間の任意保険はこれまでも存在していたわけであり，新規性のある抜本的な政策とは言い難いという批判的な評価が，個人負担増に賛成・反対双方の立場から寄せられている。結局のところ，個人負担増か公費負担増かの問題についての決着は再度先送りされたといえるだろう[50]。したがって香港における公的医療の行く末は，まだ予断を許さない状況にある。その行く末には政府と社会との関係のあり方が深く関わっており，今後も注視されるべきである。

【注】
1) UNDP, *Human Development Report 2011* (November 2011).
2) 厚生労働省『平成23年簡易生命表』(2012年7月).
3) 朝日新聞　2012年7月27日.
4) J.C. Riley, *Rising Life Expectancy: A Global History* (Cambridge, 2001). J. ライリー（門司和彦他訳）『健康転換と寿命延長の世界誌』明和出版, 2008年, 105-107頁.
5) 同上, 104頁.
6) Harvard Team, *Improving Hong Kong's Healthcare System: Why and For Whom?* (HK, 1999), 'Executive summary', 1.4.1.
7) Hong Kong SAR Government. Food and Hospital Bureau, *Health Facts of Hong Kong*, 2012 edition.
8) I. Holliday, 'Health policy', in I. Holliday and P. Wilding (eds.), *Welfare Capitalism in East Asia: Social Policy in the Tiger Economies* (London, 2003). イアン・ホリデイ「保健医療」 I. ホリデイ・P. ワイルディング編（埋橋孝文他訳）『東アジアの福祉資本主義』 法律文化社, 2007年, 98頁.

9) 1次医療（プライマリ・ケア）とは，患者がまず訪れる医療。外来の大部分（一般外来）がこれにあたる。1次医療では解決しない病状は，専門外来や入院部門へまわることになる。1次医療にかんする民間支出には，漢方医療への支出も含まれる。
10) 民間クリニックには非営利組織も多い。内田康雄「香港—公的医療部門の発展と民間部門の不調和」井伊雅子編『アジアの医療保障制度』東大出版会，2009 年，74 頁．
11) Hong Kong SAR Government. Food and Hospital Bureau, *My Health My Choice: Health Care Second Stage Reform Consultation Document* (HK, 2010), p.86.
12) S. Tsang, 'Government and politics in Hong Kong: a colonial paradox', in J.M. Brown and R. Foot, *Hong Kong's Transition, 1842-1997* (Oxford, 1997), pp.64-67; 帆刈浩之「近代香港社会の歩み—地域とネットワークの視点から」『歴史地理教育』（1997 年 7 月号），10-11 頁．
13) R. Gauld and D. Gould, The *Hong Kong Health Sector. Development and Change* (Dunedin, NZ, 2002), p.39.
14) E. Sinn, *Power and Charity: A Chinese Merchant Elite in Colonial Hong Kong* (HK, 1989, reprinted in 2003), p.21.
15) *Ibid.*, p.33.
16) An Ordinance enacted by the Governor of Hongkong, with the Advice of the Legislative Council thereof, for the establishing a Chinese Hospital to be supported by Voluntary Contributions, and for erecting the same into an Eleemosynary Corporation. 30th March, 1870.
17) たとえば Nam Pak Hong（南北行＝南北通商協会），Compradores（買弁協会），Piecegoods（反物商協会），Rice dealers（米穀商協会），Opium dealers（阿片商協会）などが多額拠出団体で，病院の運営委員会にも委員をだしていた。Sinn, *op.cit.*, p.74, Appendix 3, 4.
18) *Ibid.*, pp.69-71, 78; 帆刈浩之「フィランスロピーに関する研究動向の整理と文献紹介（2）：中国および香港—中国人社会の個性に注目して」『大原社会問題研究所雑誌』628（2011 年），10-16 頁．
19) Sinn, *op.cit.*, pp.45, 120.
20) O. Chadwick, *Report on the Sanitary Condition of Hong Kong* (London, 1882).
21) P.B.C. Ayers to J.G. Austin (Colonial Secretary), 19 Jan, 1874; 15 Apr, 1874, reprinted as *Appendix to Colonial Surgeon's Annual Report for 1894*, pp.482-485.
22) 衛生委員会は 1936 年都市評議会（Urban Council）と名称変更し，一部公選制は維持された。1994 年に全面的な公選制に移行。なお香港の国会にあたる立法評議会（Legislative Council）には 1880 年に初の中国人代表が任命されていた。ただし公選制の導入は 1991 年まで持ち越された。
23) G.B. Endacott, *Government and People in Hong Kong 1841-1962* (HK, 1964), p.149.

24) G.H. Choa, *The Life and Times of Sir Kai Ho Kai* (HK, 2000). この後ホー・カイは1890年に立法評議会メンバーにも任命され，中国人社会の代弁者として重きをなした。また，1887年には西洋医学にもとづく慈善病院，アリス・メモリアル病院（若くして亡くした妻アリスの名を冠する）の創設者となった。このほか，政治的には孫文の支持者としても知られている。
25) 'Dr. Ho Kai's protest against the Public Health Bill, submitted to the Government by the Sanitary Board, and the Board's rejoinder thereto', May 27, 1887, p.2.
26) T. Nagashima, 'Kitasato, Shibasaburo', in W. Bynum and H. Bynum (eds.), *The Dictionary of Medical Biography* (Westport, 2007), pp.735-740.
27) G.H. Choa, 'The Lawson diary: a record of the early phase of the Hong Kong bubonic plague 1894', *Journal of Hong Kong branch of the Royal Asiatic Society*, vol.33 (1993), pp. 129-145.
28) Sinn, *op.cit.*, pp.161-163.
29) *Ibid.*, p.165.
30) Hong Kong. Governor's Dispatch to the Secretary of State, June 20, 1894; *Colonial Surgeon's Report for 1894*.
31) Sinn, *op.cit.*, pp.206-208. その後，市域の拡大とともに設置された分院とともに，「東華三院」として，現在でも中核病院の役割を果たしている。
32) Gauld and Gould, *op.cit.*, p.42.
33) たとえば，商工会議所の幹部たちによる本国政府へのペスト対策嘆願書を参照。From the Humble Petition of the Undersigned Merchants, Bankers, Professional Men, Traders, Artisans, and others, inhabitants of the Crown Colony of Hongkong, to the Right Honourable Joseph Chamberlain, MP, Principal Secretary of the State for the Colonies, June 25, 1901.
34) Sinn, *op.cit.*, pp.210-211.
35) A.R. Wellington (Director of Medical Services), Memorandum 'Changes in the public health organisation of Hong Kong during the period 1929 to 1937', February 26, 1937.
36) Gauld and Gould, *op.cit.*, p.43.
37) *Ibid.*, p.46.
38) *Ibid.*, pp.45-49.
39) D.H. McMillen, *The Other Hong Kong Report* (HK, 1994), p.352.
40) Gauld and Gould, *op.cit.*, pp.58-68.
41) 1次医療にかんする報告書・提言としては，The Working Party on Primary Health Care, *Health for All* (HK, 1990) が重要である。Gauld and Gould, *op.cit.*, pp.75-93; 内田, 前掲論文, 74-75頁.
42) The Central Policy Unit, *Study on the Third Sector Landscape in Hong Kong*

(HK, 2004); 岡部一明「香港における自治と市民社会」『東邦学誌』35-1（2006 年），21-44 頁．

43) H. Wong and T. Leung, 'Role of the civil society in facing public disaster: NGOs in Hong Kong in responding to the SARS crisis', A paper presented at the Asia-Pacific Branch ICSD Conference in Pattaya, Thailand (October 2006); C. Loh and V. Galbraith, 'SARS and civil society in Hong Kong', *China Rights Forum*, 3 (2003).

44) T.H. Marshall, 'Citizenship and Social Class' (Alfred Marshall Memorial Lecture, Cambridge, 1949). T.H. マーシャル・T. ボットモア（岩崎信彦・中村健吾訳）『シティズンシップと社会的階級』法律文化社，1993 年．今やマーシャルの見解にはさまざまな解釈・批判・再検討論があるが，本稿では香港の特徴をとらえるためのモデルとしてのみ援用する．

45) M. Ramesh, 'The politics of health care reform in Hong Kong,' (A lecture presented at the Hong Kong Institute of Education, 2012).

46) Hong Kong Government, *Towards Better Health* (1993); Harvard Team, *Improving Hong Kong's Health Care System* (1999); Hong Kong SAR Government, *The Lifelong Investment in Health* (2000); *Building a Healthy Tomorrow* (2005); *Your Health, Your Life* (2008); *My Health, My Choice* (2010).

47) Gauld and Gould, *op.cit.*, p. 120.

48) G. Lieu, 'Voluntary health protection scheme: the right choice for the next step for Hong Kong's healthcare reform?', *Medical Bulletin*, vol.15, no.12 (December, 2010), p.25.

49) 飯島渉・澤田ゆかり『中国的問題群10　高まる生活リスク：社会保障と医療』岩波書店，2010 年，147-150 頁．

50) Ramesh, *op.cit.*; Lieu, *op.cit.*, p.26.

第5章
神戸医療産業都市と市民社会

高橋　誠

はじめに

　2011年3月11日(金)午後2時46分に気象庁観測史上最大のマグニチュード9.0の東北地方太平洋沖地震の発生を機に，東日本地域は未曾有の大震災に見舞われた。東北太平洋沿岸部を中心とした人々は震災・津波・火災・原発破壊・郷里離散の五重苦を負わされたが，「復興特別区」構想が持ち上がったのはその直後であった。村井嘉浩宮城県知事はいち早く復興特区構想を表明した一人であった。しかし，震災復旧・復興のための経済特別区の創設には前例がある。1995年1月17日(火)午前5時46分にマグニチュード7.3の兵庫県南部地震が発生したが，神戸市を法的主体とする「神戸先端医療産業特区」が阪神淡路大震災後に国際的ゼネコンとして著名なベクテル（株式会社ベクテル・インターナショナルシステムズ）の作成した「神戸医療産業集積形成調査」にもとづいて神戸市ポートアイランド第二期区画に設立されているのである。この経済特区は構造改革特区の第1号であった。その16年後に経済特区という同じ制度的枠組みを用いた「復興特区」によって東日本の復旧・復興と行政運営が実施されることになった。これは偶然の出来事ではない。今後，この地の復旧・復興を契機に，国内外の国際的ゼネコン資本の中長期的な戦略と動向が徐々に明らかになるであろう。

　そもそも「構造改革特区」は，第一次小泉純一郎内閣の初代・鴻池祥肇構

造改革特区担当大臣の指揮下，資本集積型（／海外直接投資型）構造改革特区と市民（社会）型構造改革特区を明確に区別することなく，一括して丸投げで立ち上げられた経緯がある。当然ながら，その主要な狙いは「神戸先端医療産業特区」などの資本集積型構造改革特区の開発にあった。

東日本大震災の後，復興特区，漁業協同組合の再編・企業化構想，さらには放射線医療特区，持続可能な低酸素社会および自立分散型エネルギー社会の実現をめざすとするスマートシティー（環境配慮型都市）構想，素粒子実験施設の誘致構想（「素粒子実験施設の誘致」，『日本経済新聞』2012年11月5日（月）朝刊），総じて国内外の国際的ゼネコン主導による開発復興構想か，あるいは自立した市民，市民社会主導の地方自治体による復旧・復興かがいま厳しく問われている。市民社会サイドからは10年間で200兆円を超える公共土木事業構想の誘惑に対案をもって対峙する必要がある。

世界銀行は1998年の東アジア金融危機の直後に，「ワシントン・コンセンサス」に対する批判や抵抗に直面して持続可能でより民主主義的な「ポスト・ワシントン・コンセンサス」への転換を図るが，その際の切札は市民社会との「連携」による「社会関係資本（ソーシャル・キャピタル（social capital）」の開発であった。

世界銀行・IMF体制のソーシャル・キャピタルに対する動向は，「公共圏の開発」という美名の下で開発資本の節約を図るために，本来は地域社会に累積されてきた社会的人間関係ネットワークである「ソーシャル・キャピタル」を千載一遇のチャンスとばかりに，国内外の国際資本連合に誘導されるスマートシティなどの開発に利用させ，その餌食にさせてしまう危険性を感じざるをえない。グローバル資本主義は改革疲れの隙間をぬって，このような復旧・復興危機対策をも可動させるのである。むしろ，その可能性は高まっていると見るべきであろう。21世紀グローバル資本主義における戦略的リーディングセクターと目されるエコロジー＝情報化社会のトレンドに便乗する国際資本の熾烈な階級同盟的な資本蓄積競争の圏域に再び引きずり込まれる可能性がますます増大していると思われる。

理念として究極的に労働力の等価交換を指向する時間銀行やNGOおよびNPOの試みを「現代版ユートピアン・ソーシャリズム」であると揶揄するだけで済ませてよいのであろうか。浜裕子は「里山資本主義」と共に，等価交換を指向する「生産様式」の空間を求めて，市民的自由市場である地域通貨圏に生じるある種の市民的等価性に期待を寄せる（浜矩子・高橋乗宣『2013年　世界経済総崩れの年になる！』東洋経済新報社，2012年，153，174頁）。あるいは宮脇昭は東北の約300～400kmにわたる海岸線に「鎮魂の丘」を含む幅50～100m，あるいはそれ以上の規模の「希望の森」防潮堤を全国民から基金を募る植樹によって造るボランティア型「森の長城」構想を提唱する（宮脇昭『「森の長城」が日本を救う─列島の海岸線を「いのちの森」でつなごう─』河出書房新社，2012年）。

われわれは東日本大震災による被災地，東日本の人々の復旧・復興にともなう困難さと「復興特区」制度に思いを致しつつ，市民社会の視座から神戸医療産業都市（Kobe Biomedical Innovation Cluster）の経緯と現状をそれと二重映しにして分析する必要がある。

1. グローバル資本主義とバイオメディカルクラスター

(1) 災害復興市場の開発と安全保障

アメリカ政府は2011年3月11日に発生した東日本大震災の直後に，米韓合同演習のために西太平洋を航行中の空母ロナルド・レーガン（排水量満載101,429トン，原子炉2基搭載）を主軸とする第七空母攻撃軍団（Carrier Strike Group 7）を三陸沖に派遣する「トモダチ作戦（Operation Tomodachi）」の遂行を決定した。震災後3日目に，艦艇10隻を三陸沖に派遣する素早い対応であった。この作戦はアメリカ合衆国海軍太平洋艦隊による海軍・海兵隊・空軍の統合作戦として実施され，同年の4月4日に終了するまでに将兵24,000人，航空機190機，艦艇24隻が投入された[1]。

アメリカ政府のこの敏感な対応は何を意味するのであろうか。天変地異は

偶然事ではあるが，太平洋艦隊は有事，紛争時のみならず，災害時にも常に出動できる緊急態勢下にあることが分かる。と同時に，アメリカ政府および軍はこの度，日本列島，すなわち三陸沖沿岸およびその周辺地域に関する安全保障上の有効かつ詳細な情報を獲得したことを充分に認識しておくべきである。さらに，報道によれば，中華人民共和国政府はアメリカ政府の行動に対して一部反応はしたものの，その軍事・安全保障上の牽制はきわめて形式的な表明に終わったことも銘記しておくべきである。

　環インド洋および環太平洋地域には巨大地震およびそれに伴う大津波などによる巨大災害の特異点が偏在する。21世紀はエコロジー領域の市場化が進展し，国際的なゼネコンによる公共土木プロジェクトの国際入札への参加が予測される。神戸市ポートアイランドの第二期区画に立地する先端医療産業特区のディベロッパーはアメリカの産軍複合体のベクテルであった。紛争地域における戦後復興市場のみならず，今後予想されるこれらの巨大災害地域における災害後の復旧・復興開発には巨大な利権が動くことは明白である。東日本における復旧・復興市場に対する戦略的国際入札を契機として，21世紀における巨大な災害復興・安全保障市場が開発される可能性は高いと見るべきであろう。

(2) グローバル資本主義におけるバイオメディカルクラスターの進展

　先端医療産業特区に立地する理化学研究所／神戸研究所は基礎研究の成果を臨床に応用するための橋渡し機能（トランスレーショナルリサーチ）を担う中核施設である。同研究所の網膜再生医療研究チームの高橋政代チームリーダーは，2013年中にもiPS細胞から作成した網膜細胞シートを患者の網膜に移植する「加齢黄斑変性」の臨床試験（治験）を実施し，世界初のiPS細胞の臨床試験になることが本命視されている[2]。

　京都大学iPS細胞研究所の山中伸弥所長はiPS細胞（induced Pluripotent Stemcell：人工多能性幹細胞…山中伸弥による造語）の開発者であるが，NHKの特別番組で，生命系をめぐる難問や特に社会的問題には

もはや生命科学の専門家集団のみでは対処できない段階に至った旨を語った。山中はiPS細胞の研究開発により世界の注目を集め，2012年度のノーベル医学・生理学賞をイギリスのジョン・ガードンと共同受賞した研究者である。受賞理由は「成熟した細胞を多能性をもつように初期化できることを発見したこと」である。山中の真意はこれらのさまざまな倫理的，哲学的，社会的問題群の国民的合意およびグローバルな合意とルールの形成には広範な市民の参加と関与が必須ということにあろう。研究当事者として，iPS細胞から作成した心筋シートが拍動する瞬間に立ち合うことになった山中と女性研究者は，そこに言い知れぬ自然の深淵性と人類の未来にとって重大な生命倫理上の問題の潜むことを直感したようである[3]。

顧みるならば，「生命倫理学」の構築を促した契機には，ドイツ第三帝国の医学的残虐行為に対する人類の反省がある。日本においては，旧陸軍七三一石井細菌部隊の忌まわしい過去の「犯罪」への猛省が大きく関わっているものと思われる[4]。人類は過去，そして今日もなお，人体実験のおぞましさはもちろんのこと，現代軍事技術の開発と先端生命科学の展開の中にある種の危うさを感じ，ありうべきネガティブ効果の市民生活への浸透に大いなる不安を感じている。したがって，現在，それらの問題を分析すること自体がきわめて重要となっているが，われわれは生命倫理の領域の分析にのみ止まることはできない。同時に，科学技術を取り巻く諸条件，特にグローバル資本主義の資本蓄積様式と生命科学の市場開発力との関係に分析を進めなければならない。

水野和夫は今後，グローバル経済における実物経済での利潤追求は中国，インド，あるいはBRICsでほぼ基本的に終焉を迎えるので，さらに高利潤を獲得し，資本蓄積を遂行しようとするならば，金融経済における投機的投資をするほかに方途はないという[5]。この認識は基本的には妥当といえようが，その過程で同時に，実にニッチな領域に利潤率低下傾向という基本的トレンドに抵抗する資本蓄積の領域が開発されているのである。証券化商品と同様に，究極の市場であるかに見える生命系，すなわちバイオ・医療・医学・

医薬における健康・長寿・不死という理念的な「付加価値」を追求する再生医療産業の領域である。再生医療などの生命系領域と海洋大陸棚資源などの開発未領域への資本の浸透は，世界資本主義システムの現代における資本の本原的蓄積（現代原蓄）である[6]。身体・生命系，さらにBRICsにおけるマイクロファイナンスネットワークなどの領域の開発は利潤率低下傾向にたいする利潤極大化をめざす資本の志向性ととらえる必要があろう。

究極，グローバルな資本蓄積なくして，果たして，これほどまでに急速なiPS細胞などの再生医療領域の研究開発が進展したであろうか。日本のバイオメディカル関連の研究開発費の年間予算額はアメリカの60分の1程度といわれる。2005年度の神戸理化学研究所の年間一人当たり予算額は約2,323万円と推定される[7]。山中伸弥グループにiPS細胞導出の貢献を祝福して決定された予算は2006年度単年度で147億円であるから，研究者と全スタッフが仮に約250人とすれば，人件費（常勤化対策費を含む）と研究費を含む年間一人当たり予算額は約5,800万円となる。対外比較で低いとはいえ，日本における他の自然科学系の研究者に比較してかなり優遇された予算といえる。

生命系の「科学技術」の急速な展開は世界資本主義システムにおける資本蓄積の異様な展開と無関係ではあるまい。生命系の潜在的な巨大市場に魅せられて，政府系ファンド，グローバルなバイオメディカル企業，多国籍製薬企業などの先行投資がなされている。カリフォルニア州は早くも2006年度に州独自に，10年間で1,000億円のバイオメディカル関連予算を計上している。「国際戦略総合特区」としての「神戸国際先端医療特区」と国際的ゼネコンのベクテルとアブダビ首長国による同特区内の「神戸国際フロンティアメディカルセンター病院」への100億円投資の関係図は，バイオメディカル産業を支える強靭なグローバルネットワークの存在の一端を示している[8]。したがって，国際戦略総合特区も環太平洋経済連携協定（TPP）との兼ね合いで分析する必要に迫られている。本来はこれらの作業を経てはじめて，市民および市民社会にとって生命系科学・技術の研究開発クラスターの

存在がいかなる意味と問題を秘めているのかが分かると思う。しかし，現段階では事態の推移を見守るしかない。

2. 神戸先端医療産業都市の沿革と構成

(1) 経済特別区の概念と概要

　国際労働機関／国連多国籍企業センターがおこなった1988年の共同研究の定義によれば，輸出加工区は国内の他の地域とは異なる特別な法・税制度で運営される外資導入による輸出志向型生産に特化した経済開発区である[9]。総称としての輸出加工区には狭義の輸出加工区，経済特（別）区，保税区，自由貿易区，飛び地的工業化／工業的飛び地（industrial enclave），エスニック的飛び地経済など，合わせて19種類の亜種が含まれる。通常，設立目的は外資導入，雇用創出，国際技術移転であるといわれるが，開発途上国・地域における究極の目的は，中華人民共和国の経済特区に明らかなように資本主義的市場システムの創出にある。

　世界における輸出加工区（／経済特区）の総数と雇用数の推移を示せば，以下のようになる。1975年に79ヵ所，54万8,344人（82万6,662人），1986年に176ヵ所，130万0,204人（192万1,759人），1997年に847ヵ所，約2,700万人，2003年に3,000ヵ所，4,300万人となり，2008年には135ヵ国において3,000ヵ所が設立され，6,800万人の直接雇用を創出している[10]。

　日本においては既に，1972年に沖縄振興開発特別措置法にもとづく沖縄のみを対象とする国内初の経済特区が存在している。その後，2002年に構造改革特別区域法にもとづく構造改革特区，2011年に総合特別区域法にもとづく国際戦略総合特区が設立された。そして，この度の東日本大震災後の「総合特別区域法に対する附帯決議」にもとづく「復興特区」の創設である。「復興特区」は大震災後の復旧・復興のための経済特区構想という意味では神戸市の構造改革特区としての「先端医療産業特区」と同様であるが，「復

興特区」の対象領域が東日本に限定されると明記されている点で異なる[11]。

(2) 沿革

神戸医療産業都市の地区および各施設は2003年4月に「構造改革特区」第1号の適応を受けて,「先端医療産業特区」に認定された。2008年11月には「先端医療開発特区」, いわゆるスーパー特区に, さらに2010年9月に「国際戦略総合特区」に認定されている[12]。この間の2008年9月には, 自由民主党と公明党の連立政権から民主党・社会民主党・国民新党の連立政権に政権交替が行なわれたにも関わらず, 一貫して経済特区という法的枠組みの網を掛け続けてきた事実は, 内閣府および総務省, 経済産業省などの各省庁官僚と経済界の経済特区制度に対する関心が深いことを示すものである。

(3) 医療クラスターの構成
① 三区画構成

ポートアイランド第二期区画を中心とした地区に産学官の連携による自立的な日本初のクラスターを創出することは地元, 神戸市民の悲願であった(「神戸医療産業都市構想懇談会報告書」〈1999年3月報告書提出〉)。クラスター開発はグランドデザインにもとづく誘導政策によって推進され, 研究開発エリア, 医療エリア, 教育エリアの三区画を配置し, 必要な機能集積を図ってきた。

中核となる医療エリアと研究開発エリアが重複する地域の各施設は以下の通りである。先端医療センター (IBRI) は造血幹細胞移植 (骨髄移植, 臍帯血移植など), 下肢の末梢血管再生, 心臓の血管再生などの医療・臨床研究で先行する病床数60床 (一般個室29室, 一般4床室3室, 無菌・準無菌室19室) のトランスレーショナルリサーチの中核施設である。

理化学研究所発生・再生科学総合研究センター (CDB) は発生・再生領

域における世界的研究機関であり，世界で最初にクローンマウスの作出に成功した若山昭彦によるクローンマウスの誕生メカニズムの研究やヒトES細胞はじめ幹細胞利用技術の開発で世界水準にある施設である。

神戸市立医療センター中央市民病院は，旧神戸市民中央病院から現在地に移転し，2011年7月4日に外来診療開始の運びとなった。病床数700床，災害時には別途300人程度の患者を収容できる1,000床規模の施設である。周辺医療施設との連携が機能的で，民間レストランやファーストフードも参入するモダンな病院であるが，神戸市民が適切に入院・治療のサービスを従来のように受けられるか注目したい。急性期医療に特化した医療機関として，一般の神戸市民のアクセスが拒否されることのないように願うものである。早くも，「実際には，一般の神戸市民は（当院への）外来診療や入院は容易にはできないのではないか」との疑念が囁かれているが，懸念される問題である。経済特区制度はそもそも両義的であるが，市民に対するメリットが減殺されてしまう可能性がある。

さらに，神戸キメックセンタービル（KIMEC），神戸バイオメディカル創造センター（BMA），神戸臨床研究情報センター（TRI），神戸バイオテクノロジー研究・人材育成センター（BTセンター）／神戸大学インキュベーションセンターが集積している。

重複エリア以外の研究開発エリアには注目の理化学研究所分子イメージング科学研究センター（CMIS），神戸健康産業開発センター（HI-DEC），神戸医療機器開発センター（MEDDEC），神戸国際ビジネスセンター（KIBC），神戸インキュベーションオフィス（KIO），神戸ハイブリッドビジネスセンター（KHBC），国際医療開発センター（IMDA）が配置されている[13]。

② スパコン「京」の官民共用化と大学の参入

大学の参入について見ると，神戸大学は医学部に加えて，2011年7月に「神戸大学統合研究拠点」を開設し，人文・人間科学系，社会科学系，自然科学系，生命・医学系を横断する境界領域の先端融合研究に専門化することによって，学際的な統合メリットを狙う。斬新な組織運営であるがゆえに，こ

のような拠点にこそ，神戸医療産業都市それ自体を学際的な先端融合研究の対象にするプロジェクトを編成し，そこに多くの市民も参加する徹底的な公開性と透明性にもとづいた討議デモクラシーによる検証機能の制度化を期待したい。医療の研究開発および産業化の対象領域・方向性・方法の選択を市民社会に開き，市民社会サイドからの生命倫理や医療産業に関する社会問題などへの疑問および懸念に対して受益当事者である一般市民も成員とする会議が必要に思われる。

　甲南大学は既に2009年4月に，スーパーコンピューター「京」に隣接したポートアイランドキャンパスにバイオテクノロジーとナノテクノロジーを融合した「ナノバイオ」技術に特化したフロンティアサイエンス学部・研究科を設立している。

　高度計算科学研究支援センター／兵庫県立大学などの大学研究機関もスパコン「京」との協調的利用を意図して参入している。既に一部稼働していた理化学研究所計算科学研究機構（高速コンピューター「京」）は2012年9月末から共用の本格稼働に入ったが，2011年6月と11月に世界のスーパーコンピューターの計算性能ランキングで世界第1位，2012年6月に同第2位になり，話題を呼んだ。生命科学領域での薬品開発，ナノテクノロジー領域での新しい半導体材料の開発，気象領域での台風の進路予測や集中豪雨の予測，ものづくり領域での自動車の衝突実験の解析などが期待され，まさに「製造革命」の到来が予測される。

　教育エリアは医療エリアの一部と重複するが，神戸学院大学，兵庫医療大学，神戸夙川学院大学，神戸女子大学，神戸女子短期大学が進出し，新キャンパスを設立している[14]。

　詳細は後述するが，隣接地に関西国際空港と伊丹空港が存在するにもかかわらず，2006年2月に滑走路2.5kmの神戸空港が三宮駅から南進するポートライナーの終着駅に開港されている。バイオメディカルクラスターと神戸空港の開港の関係は検討するに値する。

(4) 新設予定ゾーンの施設群

神戸市立医療センター中央市民病院の北側に道路を挟んでメディカルクラスターゾーン（高度専門病院群）が開発中である。

本年，2013 年 4 月には，合わせて 336 床 19 室を有する 4 つの高度専門医療機関が開設される予定である。「神戸国際フロンティアメディカルセンター病院」は肝臓疾患と消化器疾患の診断・治療に高度な医療技術とサービスを提供し，肝疾患末期患者に対する生体肝移植や消化器疾患患者にはがん内視鏡治療および鏡視下手術を実施する低侵襲治療に特化した病床数 120 床の医療機関である[15]。前述の通り，かつて，この医療機関はアラブ首長国連邦のアブダビ首長国から 100 億円の政府系ファンドを投資されたことで注目を浴びたが，アブダビ側の狙いは投資収益と研修医派遣による日本の医療技術の獲得にある。将来，アブダビに提携病院をつくり，中東全域からの患者も受け入れる構想もある[16]。国際資本の生命系領域への急速な浸透はここにおいてオイルマネーと再生医療の結合となって現象し，現代資本の究極の国際性を示している。

「神戸低侵襲がん医療センター」は放射線治療装置による低侵襲がん治療および抗がん剤による化学療法治療の併用を基本として，「切らずに治すがん治療」を目指す病床数 80 床の医療機関であり，「チャイルド・ケモ・ハウス」（仮称）は小児がん患者およびその家族のために 19 室を整備する滞在型施設であるが，診療所も併設する。これらの病院で高度専門医療を受けて急性期を脱した患者が回復期リハビリテーションの治療を受ける機関が病床数 136 床の「西記念ポートアイランドリハビリテーション病院」である。急性期医療を終えた患者 219 名に対して回復期リハビリテーション病院の病床数 136 床の確保はかなり充実しているといえる。2015 年度には「県立こども病院」が現在の須磨区高倉台から移転し，小児医療と周産期医療の兵庫県全域の拠点病院として病床数 290 床のままで変わらずに開院の予定である[17]。

疾病構造や医療ニーズの変化，施設の老朽化・狭隘化による移転といわれ

るが，一挙に，ポートアイランド地区に医療施設の集積を加速する行政当局に対して地元神戸市民の動揺はないのであろうか。医療産業都市のグローバルな機能と神戸市民のローカルな医療アクセスとの間に断絶はないのか気掛かりである。

神戸医療産業都市構想は神戸市中央市民病院の移転問題を契機に神戸市民を蔑ろにしているのではないかとの危惧がささやかれ始める中，2006年に「健康を楽しむ町づくり」構想，2007年には「神戸健康科学振興ビジョン」の提起が相次いだ。困難を極めるであろうが，市民社会の監視の下に幾分とも医療システムの核心部分を市民サイドに変容させることが重要であろう。

(5) 外資系企業の参入状況とクラスターの将来構想

国際的には経済特区は積極的な外資導入政策が一般的であるが，神戸医療産業都市は対内直接投資の倍増を謳った構造改革特区として発進したにもかかわらず，むしろ外資導入の少ないことが特徴になっている。進出企業は内外合わせて2012年9月30日現在，221社・団体，2012年6月現在，構想関連雇用者数は約5,000人である。主要な大企業は日本ベーリンガーインゲルハイムを筆頭に，カン研究所（エーザイグループ：医薬品のシーズ創出の基礎研究），日本メジフィジックス（GEヘルスケア），アスビオファーマなどが挙げられる。進出外資系企業は24社，全体の10.86％に止まる[18]。2005年6月22日の時点では進出外資系企業は14社で，全企業76社の内18.42％を占めていた。明らかに，外資系企業の割合は減少傾向にある。外資系の企業名と業種を一覧すれば，以下の通りである。

医薬品の研究開発の日本ベーリンガーインゲルハイム（独），放射性医薬品製造，販売の日本メジフィジックス（米），バイオ研究用試薬・機器の開発，製造，販売のベイ・バイオサイエンス（米），細胞分離装置（セルソーター）・試薬の研究・販売・サービスの日本ベクトン・ディッキンソン（米），医療機器のマーケティング，講習会などの実施のコヴィディエン・ジャパン（米），医師による医療機器の評価・改良，手術手技トレーニング・研修のセ

ント・ジュード・メディカル（米），手術・治療用機器の評価・改良，手術・手技トレーニングなどのジョンソン・エンド・ジョンソン（米），医療機器の輸入・販売，医療従事者への技術的情報とトレーニングの提供の日本メドトロニック（米），医療用画像診断装置の開発・販売・サービスのGEヘルスケア・ジャパン（米），医療用ソフトウェアの開発の10 DR・JAPAN（韓国），バイオ・製薬関連機器の輸入・販売，技術開発のIBPテクノロジー（ベルギー），機能性化粧品・医薬部外品・健康食品などの研究・開発および輸出入のBeauty & Health Innovation（中国），医療機器・体外診断用医薬品に関するコンサルティングのエマーゴ・ジャパン（米），医療機器および部品の研究開発・製造および輸入販売のHuBDIC-Global（韓国），レーザー回折式粒度分布測定装置などの分析機器の販売のスペクトリス（英），バイオ・理化学用バーコード保存容器のスキャナー機器の開発，販売の日本フルーディクス（英），医療機器などの取扱説明書のデザインおよび作成のエレクトロスイスジャパン（スイス），大型医療機器の販売，アフターサービスのシーメンス・ジャパン（独），各種ゲノム解析の受託事業と共同研究などのBGI・JAPAN（中国），整形外科用医療機器の販売・医療機器のコンサルティング事業などのトルニエ・ジャパン（仏），医療用画像処理ソフトウェアなどの開発支援・販売のマテリアライズジャパン（ベルギー），整形外科向け医療機器・器械の製造・輸入・販売のジンマー（米），整形外科用医療機器の物流のシンセス（スイス），画像診断関連医療機器開発などのMeVis Japan（独），以上の24社である。

　アメリカ系企業10社，ドイツ系企業3社，ベルギー系企業2社，イギリス系企業2社，スイス系企業2社，フランス系企業1社，韓国系企業2社，中国系企業2社である。一見して分かるように，バイオ医薬・医療の再生医療本体に関する外資系企業の参入は極めて少なく，医薬品の研究開発の日本ベーリンガーインゲルハイム（独）が際立つのみである。他は医療機器，医療診断機器関連企業である。

　関西は元来，神戸大学・京都大学・大阪大学の各医学部の医学・医療研究

開発と大阪市道修町周辺の製薬企業群に見られるように，武田薬品工業，塩野義製薬，田辺三菱製薬などの大手医薬品メーカーの一大集積地である。さらに，外資系のバイエル，アストラゼネカ，P&Gも関西を拠点とする。この利点を活かして，将来を展望した関西エリア全域にわたるライフサイエンス・スーパークラスター構想は，中核となる3大学の医学部との連携によって国際水準の研究および国際的なビジネスネットワークの構築を図り，研究シーズの事業化に狙いを定めている[19]。

3. 神戸医療産業都市のプロブレマティーク

(1) クラスターの経済・税収効果と推移予測

　神戸医療産業都市経済効果検討委員会は2010年度の神戸医療産業都市の経済効果を推計し，その分析作業を野村総合研究所に委託した。以下のデータは，この作業結果にもとづく[20]。

　神戸医療産業都市は2011年度末で参入企業数218社，雇用創出約4,900人を達成した。神戸市への経済効果額は，2005年度（平成17年度）に409億円，2010年度（平成22年度）には1,041億円（構想着手前からの効果も含めると1,437億円）である。5年で約2.5倍に拡大したことになる。2010年度の経済効果の内訳はポートアイランド（以下，PIと表記する）内医療企業192社3,286人で256億円，中核機関9施設1,027人で241億円，PI第二期区画内一般企業99社2,145人で256億円，市内医療企業17社1,504人で175億円，大学7大学の教職員583人と大学生3,212人で113億円である。そして，関西圏全体に対する経済効果は2,223億円に達するので，関係者は「関西イノベーション国際戦略総合特区」を牽引するクラスターとして今後ますます期待できると予想する。

　2005年度の進出企業75社の規模別割合は大企業26.7%（20社），中小企業18.7%（16社），ベンチャー企業54.7%（39社）である。2010年度の進出企業203社の規模別割合は大企業22.2%（45社），中小企業36.5%

(74社），ベンチャー企業37.9%（77社），大学3.4%（7大学）である。

2005年度の進出企業75社の事業形態別割合は研究開発型66.7%（50社），製造・サービス提供型18.7%（14社），営業型10.7%（8社），不明4.0%（3社）である。2010年度の進出企業203社の事業形態別割合は研究開発型46.8%（95社），製造・サービス提供型39.9%（81社），営業型13.3%（27社）である。

進出企業の規模別割合と事業形態別割合の変化は以下の通りであるが，特徴は2点に集約される。第一に規模別割合を見ると，ベンチャー企業の割合の減少（－14.1%）と中小企業の割合の増加（＋15.2%）が顕著である。第二に，事業形態別割合を見ると，研究開発型の割合は減少（－19.9%）と製造・サービス型の割合の増加（＋21.2%）が顕著である。

クラスター全体の構成比を見ると，研究開発型企業とベンチャー企業の割合が減少している。起業したベンチャー企業が事業規模を拡大していく一方で，ベンチャー企業のクラスター新規参入の勢いが逓減傾向にあることを示している。研究開発型が大企業に収斂していく中で，裾野産業としての中小製造企業や中小サービス業が展開していると思われる。しかし，研究開発型企業の割合の減少や外資系のバイオメディカル系企業の参入の頭打ちは，「経済特区」の典型とも異なるばかりではなく，大企業の割合が減少傾向にあり，一方で中小企業の割合が増加傾向にあるということは，域内における医薬産業の国内寡占体制が強化されている現れとも考えられる。むしろ，産業連関が固定化してきた可能性がある。

クラスターの経済・税収効果と推移予測をまとめてみれば，次の通りである。2010年度の医療産業都市事業費（決算額）の34億円，すなわち研究開発支援基金造成（先端医療振興財団）15億円，用地購入費9億円，用地賃借料3億円，補助金4億円，調査・広報費3億円に対し，2010年度の税収効果額は35億円とやや低調である。2010年度の神戸市の市税収入2,644億円に対して，1.3%に過ぎない。

神戸市は市内の経済効果を2005年度は約409億円，2010年度は約822

億円と推計し，さらに 2015 年度は約 1,625 億円と予測して，10 年間で 4 倍弱の経済効果を期待している。ポートアイランドの進出企業数は 2010 年度に約 220 社，2015 年度で約 300 社の予想である。神戸市の医療関連企業とポートアイランド内の一般進出企業を合わせた雇用者数は 2010 年に 5,600 人，2015 年には 9,800 人と予想されるので，5 年間で約 1.75 倍となる。

上記の経済・雇用を支える研究・技術開発のロードマップは以下の通りである。

細胞・遺伝子治療／再生医療は 5 年以内に皮膚，骨，軟骨，角膜，血管再生の高度専門病院群での臨床応用（先進医療）を達成する。その後 5 年を経て，10 年後までに心筋，神経，膵臓への再生医療の展開（先進医療）と高度専門病院群における治療や臍帯血・脂肪細胞などからの血液（赤血球）・血小板の培養を手掛ける。医療機器は 10 年以内にイメージング技術を活用することによって，患者の身体的負担を軽減する治療装置およびデバイスの開発を達成する。さらに，海外製品の国内治験の支援および事業化のスキーム作りを図る。

臨床試験（治験）／臨床研究支援は今後 10 年以内に臨床医，患者団体，ボランティア，企業の資金助成による治験実施ネットワークの構築を皮切りに，分子イメージングや新規の治験施設などによる創薬ベンチャー企業の創出および支援の段階を経て，コンピュータ上における生態シミュレーションと生体モデルの構築などが終盤のロードマップの内容である[21]。

理化学研究所は東京大学，慶応大学，京都大学とともに，iPS 細胞の研究開発拠点に指定されている。前民主党政権は京都大学 iPS 細胞研究所に今後 10 年間で 200〜300 億円の予算を計上するが，この財政出動とは別に，以上の 4 拠点には各年度に 50 億円の予算を計上し，支援すると公表した。その後，政権交代が行なわれ，2013 年早々に自由民主党政権は iPS 細胞の研究開発費に 2,000 億円の予算を組むと表明した。山中伸弥の意図とは異なり，iPS 細胞の研究開発が資本の論理にとり込まれる危険性が明確になってきた。

(2) 神戸先端医療産業都市の公共性

① 神戸市民および市民社会に対する公開性と透明性

　神戸市役所は神戸医療産業都市構想の経過および結果を公開しているが，その試みの中で行政主体が市民および市民社会との関係をどのように考えているかが分かると思う。したがって，以下，市民社会に対する公開性と透明性という観点から，市民向け講演会の実施状況と内容について検討する。

　最近に開催された神戸市医療産業都市推進本部主催の「神戸市医療産業都市一般公開」における講演会の題目を掲げれば以下の通りである。

　2011年度（2011年11月5日）の講演会の題目は，（財）先端医療振興財団再生医療研究部の田口昭彦部長による「脳梗塞に対する再生医療の現状とその未来」，神戸大学医学研究科東健教授による「医療機器開発が育む消化器内視鏡先進医療：食道がん・胃がん・大腸がんに対する内視鏡治療」，そして神戸市立医療センター中央市民病院眼科の栗本康夫部長による「ヒトの視覚と眼科治療のフロンティア：神戸発！iPS細胞による加齢黄斑変性の再生治療プロジェクト」であった[22]。

　田口昭彦の講演は市民向けではあるが，脳梗塞に対する再生医療の最新，最先端の研究成果を専門性を避けることなく説明し，患者当事者を思うその真摯な態度は納得のいく内容であった。栗本康夫の講演も市民向け講演にしては惜しみなく先端の医療情報と医療の内部状況を伝え，丁寧かつ水準の高い内容に思われた。それぞれ納得のいく講演であるが，講演者の個人的責任範囲を超えた医療と市民社会という観点からいえば，講演の後に，広く市民および患者・家族本人に専門性を踏まえた医療情報を提供し，合意形成の機会を探る相互交流の場の設定があっても然るべきと思われる。今後に残された問題といえよう。医療の研究開発・治験・臨床・医療（治療・回復期リハビリテーション）・情報提供とありとあらゆる場面で，医療専門家と市民との間で徹底した平等性のもとに公開性と透明性が貫かれなくては，高度医療における現代型医療疎外は解決する事なく，牙を剥出しにすることであろう。徹底した討議デモクラシーが医療現場と市民社会の間で貫かれねばならな

い。不慮の事態を防ぐにはこれしか方途はないと思われる。

　2012年度（2012年10月20日）の講演会題目は（公財）先端医療振興財団細胞療法開発部門の川真田伸副事業統括による「神戸医療産業都市で行なわれる最先端の再生医療（iPS細胞）の現状と今後について」と同財団映像医療研究開発部門の千田道雄部門長による「アルツハイマー病の画像診断の現状と今後について」であった[23]。

　②　審議会・審査委員会への市民の参加問題

　「生命倫理審議会」は2001年9月に設置されたが，目的は「センターで取り扱う研究等に関する基本的な倫理指針に係わる審議，分野別審査委員会における審査結果に端を発する倫理的な重要事項の審議，センター内関係者に対する，国際的なバイオエシックス及びわが国の医療の倫理の在り方に関する情報提供」である。

　委員会構成は「審議事項に応じ，生命倫理の専門家，倫理・哲学者，法学者，弁護士，医師会関係団体や一般市民の代表などから構成」され，「生命倫理審議会の委員の中に，分野別審査委員会委員長等を入れることにより，センター全体の整合性を確保」すると謳われている。

　「生命倫理審議会名簿」を掲げれば以下の通りである。

　会長は奈良県立医科大学特別顧問・吉田修である。審議委員は以下の13名である。圷光子（シルバーインフォメーションルーム代表），置塩隆（神戸市医師会副会長），加茂直樹（京都教育大学名誉教授），斎藤英彦（名古屋セントラル病院院長），佐藤友美子（公益財団法人サントリー文化財団上席研究フェロー），中岡成文（大阪大学大学院文学研究科教授），西森三保子（神戸大学大学院保険学研究科非常勤講師），長谷川京子（弁護士），藤原信子（兵庫県人権擁護委員連合会副会長・事務局），丸山英二（神戸大学大学院法学研究科教授），盛岡茂文（神戸市立医療センター中央市民病院地域医療センター長・治験審査委員会／医薬品等臨床研究審査委員会委員長），森田隆司（医療法人医仁会武田総合病院院長），山岡義生（財団法人日本バプテスト連盟医療団理事長〈再生医療審査委員会委員長〉）である。

第 5 章　神戸医療産業都市と市民社会　125

　討議デモクラシーの必要性が叫ばれる今日，しかも「一般市民」こそが，再生医療などの先端医療の恩恵に与るか，あるいは不幸にして不利益を味わうことになるかも知れない当事者，消費者である。生命・身体性の「一般市民の代表」とは実際には誰を意味するのか分からない。市民・市民社会の側からは，上記の委員会構成メンバーでは「委員会構成は……一般市民の代表」も含まれると謳われているが，違和感を感じざるをえない。名簿の中のどこに「一般市民の代表」が存在するのだろうか。身体・生命系のデリケートな問題はスペシャリストだけで審議，結審して良い領域では決してない。
　分野別審査委員会は「治験審査委員会」(2000 年 11 月設置)，「映像医療審査委員会」(2001 年 8 月設置)，「医薬品等臨床研究審査委員会」(2002 年 11 月設置)，「再生医療審査委員会」(2002 年 12 月設置) の 4 委員会があるが，「先端医療センター治験審査委員会名簿」を掲げれば，以下の通りである。
　委員長は神戸市立医療センター中央市民病院地域医療センター長・盛岡茂文である。委員は盛岡茂文を含めて 11 名である。織野彬雄（財団法人神戸在宅ケア研究所神戸リハビリテーション病院病院長），片岡和三郎（武庫川女子大学薬学部教授），佐藤俊哉（京都大学大学院医学研究科・社会健康医学系専攻医療統計学分野教授），高梨敦子（神戸市婦人団体協議会事務局次長），長田淳（財団法人神戸市地域医療振興財団常務理事），白鴻泰（神戸市医師会理事），橋田亨（神戸市医療センター中央市民病院薬剤部長），藤森真理（先端医療センター病院看護部門長），丸山英二（神戸大学大学院法学研究科教授），盛岡茂文（神戸市立医療センター中央市民病院地域医療センター長），山平晃嗣（財団法人先端医療振興財団常務理事）である[24]。
　市民的感覚からは「生命倫理審議会名簿」と「先端医療センター治験審査委員会名簿」の中に「一般市民の代表」がいるとは思えない。神戸市においては市民グループの不満や疑念に耳を傾け，啓発，公報活動がこの 2，3 年本格化してきたように思われるが，一方，市民側の対応が情報の非対称性の中にあって生命系科学技術の進展に追いつけないのか，不十分であるような

印象を持つ。一人神戸市民だけの問題ではなく，国民的問題であるが，神戸市民にとっては，神戸医療産業都市は自らの医療現場そのものでもある。

原子力エネルギーの「解放」は平和利用ではなく，軍事利用によって始まり，広島および長崎に原爆が投下され多くの人命が奪われた。今日，ノーベル賞受賞を手放しで喜ぶ素朴な時代は既に終わっている。否，本当は素粒子物理学がノーベル賞受賞の対象になった段階で終わっていたのである。パグウォッシュ会議の創設はそのことを暗示している。神戸市民のみならず，人類はこの認識の地平と同一レベルのパースペクティブから，既に「パンドラの箱」を開いて実現しているキメラ（異なる遺伝子が交じった生物）の問題，あるいは人間と動物のキメラ，そしてありうべく人間クローンの出現に準備し，対処しなければならない。

今もなお，行政主体の神戸市担当職員が研究者の「研究の自由」の名のもとに，人類史上かつてこの宇宙に存在したことのないウイルスや細菌を創出しうるラボラトリーに入ることができないのであれば，生命系科学の技術者・研究者を生命倫理に対する気高くも厳格な法的規制の網の目の中に制約すべきである。

山中伸弥のiPS細胞は日本発信である。本来，この日本の地において，世界に向けてiPS細胞の生命倫理に関する国民的合意を形成すべく一大論争があって然るべきである。山中伸弥の思いもそこにあろう。

結論

神戸空港はなぜ，滑走路が2,500メートルであるのか。単純な疑問であるが，この問いは重大な問題を明るみに出す契機となる。仮の移転先・岩国基地から本格的移転先の沖縄普天間基地へのオスプレイの2012年秋の移動行動は疑問視される必要がある。

当初，中近東，東南アジアおよび台湾，そして将来の，つまり10年後の今日の中国沿海部における主要各都市の富裕層の自由診療を目的とする先端

医療患者受入構想の背後に見え隠れした重大事，すなわち紛争地域から高速垂直離着陸ヘリのオスプレイによって負傷兵を沖縄・岩国経由で，あるいは沖縄から直接に神戸（国際）空港へ搬送し，神戸先端医療センターで先端高度医療の「治験」や治療を受けるという構想が現実味を帯びてくるのである。

　本来なら，地元神戸市民が医療特区制度の枠内で健康保険適用により先端医療を受益できることが望ましい。しかし，医療へのアクセスが不利になるのでは，せっかくの「健康を楽しむまちづくり」構想が台無しになる。医療内需ではなく，「医療外需」を期待する「神戸国際先端医療特区」構想の本音が露出してくる。

　2012年10月1日の岩国基地から沖縄普天間基地へのオスプレイの移転再配備は，来るべき有事の逆バージョン，オスプレイの沖縄普天間基地から岩国基地・神戸国際空港への飛来の実験である可能性が高い。さらに，2012年12月19日付報道によれば，日本の次期政権への移行期に当たる時期，同18日に，パネッタ国防長官は2017年に米軍が最新鋭ステルス戦闘機F35を米軍岩国基地に配備する方針であると明言した（「F35，2017年岩国基地配備　最新鋭ステルス機米軍，国外で初」，『日本経済新聞』，2012年12月19日朝刊）。一般には，中華人民共和国航空機による沖縄県尖閣諸島上空の領空侵犯や朝鮮民主主義人民共和国による事実上のミサイル発射などは，東アジア情勢における流動化の兆しへの対応と考えられている。がしかし，かつて，危惧したことではあるが，決してアメリカの世界戦略に乗ってはならない。

　国際階級同盟による紛争地域における負傷兵の治療最前線基地としての医療特区の役割が明確になってくる。軍事上，軍事機密の保持，国軍兵士の生命という大義のもとに「特区」ではかなり特別な先端医療が行なえるはずである。ここに，「有事立法」の問題が再浮上してくるのである。

　しかも，そこに尖閣諸島をめぐる日中間，竹島をめぐる日韓間の外交軋轢が関わる。日米外交関係において，これは時期的にもアメリカに有利に作用している。

前後して,『日経』の報道によると,朝鮮民主主義人民共和国は 2012 年 9 月 26, 27 日に北京で中朝境界地域に設けた北東部の羅先(ラソン)と北西部の黄金坪(ファングムピョン)および威化島(ウィファド)の 2 ヵ所に関する投資説明会を開催した(『日本経済新聞』2012 年 9 月 28 日(月)朝刊)。

　北朝鮮の張成沢(チャンソンテク)国防副委員長と中国の胡錦涛国家首席(当時)は経済特区の共同開発を積極化する方針を確認したが,いうまでもなく,北朝鮮は中国企業を中心に外資誘致を活発化して,政治体制を維持しつつ,市場経済の展開による経済再建を図る狙いがある。投資説明会では,機械・鉄鋼・資源分野などの中国企業約 200 社に投資環境や関連法の整備状況を説明し,実際に個別に商談を進めたという。

　われわれはこの事実を見誤まってはならないであろう。なぜなら,朝鮮半島の市場化は米中,特にアメリカの参加なしには成立しない。米中の経済・貿易における密接な関係を抜きにしては展開しえないのである。

　つまり,アメリカは一方で,日本には中華人民共和国の資本主義大国化と軍事大国の脅威を必要以上に強調し,沖縄基地問題の本質を避けて牽制し,他方で中華人民共和国とは,第二列島線を目安としてアジア・太平洋地域の勢力均衡を企り,階級同盟関係を成立させようとしつつある。

　iPS 細胞——先端医療産業都市・理化学研究所——岩国基地・オスプレイの連関はこの実相を開示する。したがって,先端医療産業都市は,アメリカの世界軍事戦略に利用されてはならないし,それを防ぐためにも,討議デモクラシーによる透明性と公開性を備える市民的医療クラスターに切り換える必要があると思う。

【注】
1) 新聞各紙,および報道各機関の情報に依拠する。
2)『神戸医療産業都市』神戸市企画調整局医療産業都市推進本部,2012 年 10 月,21 頁。
　『Newton』ニュートンプレス,2012 年 12 月号,38〜39 頁。
3) NHK 編著『生命の未来を変えた男　山中伸弥・iPS 細胞革命』文芸春秋社,2010 年,61〜63, 88〜93, 177〜93。

4) アーサー・カプラン「悪の倫理学－ナチスの医学実験がもたらした課題と教訓－」, W・ラフルーア, G・ベーメ, 島薗進編著, 中村圭志, 秋山淑子訳『悪魔の医療史－人体実験・軍事技術・先端生命科学－』勁草書房, 2008 年, 83～96 頁。常石敬一「七三一部隊と一九八九年に発見された多数の遺骨－医学者たちの組織犯罪－」, 同上書, 97～110 頁。フレデリック・ディキンソン「バイオハザード－七三一部隊－戦後日本の国民的『忘れやすさ』の政治学」, 同上書, 111～133 頁。
5) 水野和夫『人々はなぜグローバル経済の本質を見誤るのか』日本経済新聞出版社, 2007 年, 67～94 頁。同「グローバル・インバランスとドル」第 60 号, 日本国際経済学会, 2009 年, 32～42, 44～49 頁。
　同『世界経済の大潮流－経済学の常識をくつがえす資本主義の大転換－』太田出版, 2012 年, 123～28, 136 頁。
6) 現代原蓄については, 望月清司「本原的蓄積論の視野と視座－『資本論』原蓄章を読む－」, 『思想』1982 年 5 月号を参照のこと。
7) 拙論「神戸先端医療産業構造改革特区」, 『専修総合科学研究』第 13 号, 2005 年, 38 頁。
8) 「アブダビ政府系ファンド, 日本の医療特区に投資」, 『日本経済新聞』2008 年 6 月 13 日朝刊。
9) ILO, Labour and social issues relating to export processing zones:Report for discussion at the Tripartite Meeting of Export Processing zones opelating Coutries, ILO, 1998, p. 3. 輸出加工区の詳細については, 拙著『世界資本主義システムの歴史理論』世界書院, 1998 年, 133～330 頁を参照のこと。
10) OECD, Special economic zones: Performance, lessons learned, and implications for zone development. 2008, p. 7. ILO, ILO database on export processing zones (Revised), 2007, pp. 1-2. ただし, 括弧の中の数値は輸出加工区並みの条件を提供する海外生産施設の雇用数を示している。
11) 西村俊輔「復興特区の可能性」, 中村研二・寺崎友芳『東日本大震災　復興への地域戦略』第 5 章, エネルギーフォーラム新書, 2011 年, 231 頁。
12) 神戸医療産業都市構想研究会『神戸医療産業都市構想』神戸市企画調整局医療産業都市構想推進室, 2011 年 2 月。『神戸医療産業都市』神戸市企画調整局医療産業都市推進本部, 2012 年 10 月, 41 頁。
13) 『神戸医療産業都市』神戸市企画調整局医療産業都市推進本部, 2012 年 4 月, 3～8 頁。
14) 『神戸医療産業都市』神戸市企画調整局医療産業都市推進本部, 2012 年 10 月, 9 頁。
15) 『神戸医療産業都市』神戸市企画調整局医療産業都市推進本部, 2012 年 10 月, 34 頁。
16) 「アブダビ政府系ファンド, 日本の医療特区に投資」, 『日本経済新聞』2008 年 6 月 13 日朝刊。
17) 『神戸医療産業都市の進捗状況』神戸市企画調整局医療産業都市推進本部, 2012 年, 2 頁。

18) 『神戸医療産業都市の進捗状況』神戸市企画調整局医療産業都市推進本部, 2012年。参入企業の一覧表は同, 最後部に掲載。
19) 本節の全般にわたり, 以下の文献・資料を参照した。文部科学省iPS細胞等研究ネットワーク『再生医学研究の最前線　文部科学省iPS細胞等研究ネットワーク第4回合同シンポジウム／再生医療の実現化プロジェクト（第II期）第5回公開シンポジウム報告書』2012年10月発行。「神戸医療産業都市特集」,『日本経済新聞』2009年9月24日（月）朝刊。「神戸医療産業特集」,『日本経済新聞』2010年9月30日（月）朝刊。「特集　神戸医療産業」,『日本経済新聞』2011年9月26日（月）朝刊。『KOBECCO』神戸っ子出版, 2011年2月号（特集「医療研究未来へ」）。
20) 加藤恵正『報告：神戸医療クラスターの経済的インパクト－経済効果推計－』神戸医療産業都市経済効果検討委員会, 2012年6月14日, 2, 7〜10, 14〜15, 17頁。『神戸医療産業都市』神戸市企画調整局医療産業都市推進本部, 2012年10月, 5頁。『神戸医療産業都市の進捗状況』神戸市企画調整局医療産業都市推進本部, 2012年, 1頁。
21) 『神戸医療産業都市』神戸市企画調整局医療産業都市推進本部, 2012年4月, 13頁。
22) 『神戸市医療産業都市・京コンピューター一般公開』神戸市企画調整局医療産業都市推進本部, 2011年11月5日。
23) 『神戸市医療産業都市一般公開』神戸市企画調整局医療産業都市推進本部, 2012年10月20日。『理化学研究所一般公開』独立行政法人理化学研究所, 2012年10月20日。
24) 財団法人　先端医療振興財団のホームページ（http://www.ibri-kobe.org/moral/moral.html）

【図表－1　神戸医療産業都市関連年表】

年月	事項
・1962年	ジョン・ガードン氏, オタマジャクシの核の初期化に成功
・1995年　1月	阪神淡路大震災（17日）
・1996年　7月	イアン・ウィルマット氏, 世界初のクローン羊「ドリー」の生誕に成功
・1998年　9月	神戸市, 神戸医療産業都市構想の検討を表明
・　　　　10月	神戸医療産業都市構想懇談会（座長：井村裕夫神戸市立中央市民病院院長〈当時〉）の設置（11年3月に報告書提出）
・1999年　8月	神戸医療産業都市構想研究会の設置
・　　　　12月	「先端医療センター」,「理化学研究所　発生・再生科学総合研究センター」設立の予算化
・2000年　2月	国の「新産業構造形成プロジェクト関連の復興特定事業」に選定
・　　　　3月	財団法人先端医療振興財団の設立
・2001年　8月	国の「都市再生プロジェクト」に選定
・2002年　1月	先端医療センター, PET検診を開始
・　　　　4月	文部科学省「知的クラスター創成事業」に選定
・2003年　3月	理化学研究所発生・再生科学総合研究センター（CDB）の全体完成
・　　　　4月	構造改革特区第1号として「先端医療産業特区」に選定

・	4月	先端医療センター（IBRI）の全面開業
・	7月	神戸臨床研究情報センター（TRI）の開設
・2004年	3月	神戸バイオテクノロジー研究・人材育成センター（BTセンター）／神戸大学インキュベーションセンターの開設
・	4月	健康を楽しむまちづくり懇話会の設置（2005年7月報告書提出）
・	5月	神戸バイオメディカル創造センター（BMA）の開設
・2005年	8月	神戸健康科学（ライフサイエンス）振興会議の設置（2007年3月にビジョン提出）
・2006年	8月	山中伸弥氏，マウスのiPS細胞の作製に成功
・	2月	神戸医療機器開発センター（MEDDEC）の開設
・		ポートライナー延伸，「先端医療センター前」駅開業，神戸空港開港
・	7月	「こうべ『健康を楽しむまちづくり』構想～安心で健やかな地域社会をめざして～」，国の地域再生計画に認定
・	7月	先端医療センターの固形がんに対する強度変調放射線治療，先進医療に認定
・	9月	理化学研究所分子イメージング研究開発拠点（MIRP）の開設
・	10月	神戸健康産業開発センター（HI-DEC）の開設
・2007年	11月	山中伸弥氏，ヒトのiPS細胞の作製に成功
・	3月	次世代スーパーコンピュータ，ポートアイランド（第2期）に立地決定
・	6月	文部科学省「知的クラスター創成事業（第Ⅱ期）」に選定
・	7月	文部科学省「橋渡し研究支援推進プログラム」に選定
・2008年	1月	先端医療振興財団，京都大学，三菱重工業株式会社との共同研究開発による高精度放射線治療装置に対する薬事法に基づく製造販売承認の取得
・	6月	上記高精度放射線治療装置，産学官連携功労者表彰の経済産業大臣賞を受賞
・	9月	自由民主党公明党連立政権から民主党・社会民主党・国民新党へ政権交替
・	10月	神戸医療産業都市構想10周年記念式典・シンポジウムの開催
・	11月	先端医療振興財団所属の研究者を代表とする提案2件，先端医療開発特区（スーパー特区）に採択
・2009年	6月	文部科学省・経済産業省「産学官連携拠点（グローバル産学官連携拠点）」に選定（大阪府等との連携拠点）
・2010年	9月	「国際戦略総合特区」として「神戸国際先端医療特区」の提案
・2011年	3月	東日本大震災（11日）
・2012年	10月	京都大学iPS細胞研究所の山中伸弥所長，2012年度のノーベル医学・生理学賞を受賞
・	10月	理化学研究所先端医療センターの高橋政代，加齢黄斑変性にiPS細胞シート利用の年内申請予告，2013年4月にも臨床試験（治験）に入る予定

（出典：『神戸医療産業都市』神戸市企画調整局医療産業都市推進本部，2012年4月，14頁，その他。）

【図表−2　神戸医療産業都市の概念図】

クラスターの拠点
—神戸ポートアイランド地区—

❶ 先端医療センター(IBRI)
❷ 神戸臨床研究情報センター(TRI)
❸ 神戸バイオメディカル創造センター(BMA)
❹ 神戸バイオテクノロジー研究・人材育成センター(BTセンター)／神戸大学インキュベーションセンター
❺ 理化学研究所 発生・再生科学総合研究センター(CDB)
❻ 理化学研究所 分子イメージング科学研究センター(CMIS)
❼ 神戸健康産業開発センター(HI-DEC)
❽ 神戸医療機器開発センター(MEDDEC)
❾ 神戸キメックセンタービル(KIMEC)
❿ 神戸国際ビジネスセンター(KIBC)
⓫ 神戸インキュベーションオフィス(KIO)
⓬ 神戸ハイブリッドビジネスセンター(KHBC)
⓭ 国際医療開発センター(IMDA)
⓮ 市民病院前ビル

■神戸市立医療センター中央市民病院

■高度計算科学研究支援センター 兵庫県立大学

■理化学研究所 計算科学研究機構(AICS)
（京速コンピュータ「京」）
(→P.7参照)

(出典:『神戸医療産業都市』神戸市企画調整局医療産業都市推進本部、2012年4月、2頁。)

第Ⅲ部

東アジアにおける産業構造の変化と市民社会形成

第6章
市民社会における中小企業の役割
― 日本の場合 ―

黒瀬 直宏

1. はじめに——本稿の狙いと「市民社会」の概念について

　本稿は日本の市民社会の成長・発展に中小企業がいかなる役割を果たしうるかを論じる。そのため，最初に，中小企業と市民社会の基本的な関係について述べておく。これは本稿における「市民社会」の捉え方を示すものでもある。

　マルクス＝エンゲルスによれば，市民社会とは「直接に生産と交通から発展する社会組織」（マルクス＝エンゲルス［1956］：49）である。これは人類社会のどの歴史段階にも存在するが，市民社会の中でも分業と私的所有が高度に発展し，商品交換なしには人々の交通（物質的，精神的結びつき）が不可能になっているのが，近代市民社会である。この市民社会創出の主体は，封建社会の胎内から現れた独立の手工業者や商人，つまり現代でいえば中小企業だった。中小企業の祖先こそが市民社会の母体である。ところが，後述のように今日の市場経済では，私的所有者の中でも巨大資本に経済権力が集中し，圧倒的多数を占める中小資本は従属化，周辺化されている。このため，現代の中小企業は市民社会改革への強い動機を持つ存在でもある。

　ところで，中小企業は以上のようなマルクス的な市民社会だけでなく，市民の形成する文化的・政治的空間，J. ハーバーマス流に言えば，「市民的公共圏」のアクターでもある。この「市民的公共圏」も本稿では市民社会に含

め，マルクス的な市民社会を「経済的市民社会」と呼び，市民社会は「経済的市民社会」と「市民的公共圏」からなるものとする。「経済的市民社会」と「市民的公共圏」がどのような関係にあるかが問題となるが，本稿では前者が「土台」，後者はその上部構造と捉える。マルクス達の言うように生産と交通の社会組織は人類史の真のかまどであり，社会の「土台」をなす。この「土台」の上に上部構造が形成される。その一つが「市民的公共圏」である。この考えは吉田傑俊から示唆を受けている。吉田は従来のマルクス主義の通説では，「土台」と上部構造の関係は，主として生産関係と法律的・政治的上部構造や社会的意識形態が対応することが強調され，「土台」と上部構造を媒介する様々な「生活過程」（社会的生活過程，政治的生活過程，精神的生活過程）としての市民社会，ソシエテ・シヴィル（société civile）が考察されることが少なかったとし，これを「上部構造的市民社会」と捉えた（吉田によれば「生活過程」としての市民社会概念はマルクスの中期の著作『経済学批判』以降に形成される。吉田［2005］：78-82）。ハーバーマス流の「市民的公共圏」はこのような「上部構造的市民社会」と位置付けられる*。

＊ハーバーマスは「市民社会という語には，労働市場・資本市場・財貨市場をつうじて制御される経済の領域という意味はもはや含まれていない。……《市民社会》の制度的核心をなすのは，自由な意思に基づく非国家的・非経済的な結合関係である」とし，例として，教会，文化的なサークル，学術団体，独立したメディア，スポーツ団体，レクリエーション団体，弁論クラブ，市民フォーラム，市民運動，同業組合，政党，労働組合，オールタナティブな施設を挙げた（ハーバーマス［1994］：xxxviii）。このように，彼は，スミス，ヘーゲル，マルクスと継承され，彼自身も受け入れていた伝統的市民社会概念の否定にいたったが，本稿は伝統的な市民社会概念を堅持したうえ，ハーバーマス流の「市民的公共圏」をも含む複合的な市民社会概念を構成しようとしている。

この「社会的生活過程」としての「上部構造的市民社会」の好事例が，100万人都市，江戸における「江戸しぐさ」である。「江戸しぐさ」を現代日本に復活させようとする越川禮子によると「『江戸しぐさ』は江戸の町衆(町

人のリーダーのような人) たちが，商売繁盛のために，知恵を絞り，工夫して築き上げた人間関係を円滑にするためのルール，商人道の教えだ。根底に大事なものを共有し，刻(時間)さえも共有する共生の思想があった」(越川［2001］：106)。「肩引き」(狭い道ですれ違うとき，肩を引きあって胸と胸を合わせる形で通りすぎる)，「傘かしげ」(雨のしずくがかからないように，傘をかしげ合って気くばりして往来する)というようなマナーとしても現れるが，その根底にあるのは，対等(相手尊重)と共生(互助)を柱とする実践哲学であり，講と寺子屋を通じ口承されたという。

　対等と共生を示す哲学の一つに約束の遵守がある。越川によれば「『江戸しぐさ』では人間の約束は必ず守るものとされている。その中でみんなの前で約束した公約は，最上級の約束で，それを果たさない者は最下級の人間の罪とされた。文章にしない密約にしても，いったん約束したことは，絶対に守った。／契約書をかわさなくても，いったん口に出した約束の言葉は言の端ではなく，人間そのものとされていた。いったん結んだ約束はきちんと守る。守れないのは死んだときだけというのがお互いの暗黙の合意だった。『死んだらごめん』と許された。転じて『死んだらごめん』といったら，必ず約束を守るということになった」(越川［2001］：166)。これは，商品交換における契約の遵守という，市民社会の基本的正義のルール化であり，トマス・ホッブズの「契約者の正義」を秩序原理とする市民社会概念に通じる (田中［1994］：100)。

　この例のように，「繁盛しぐさ」とも呼ばれる「江戸しぐさ」は商品交換関係の円滑化を目的とする人間関係のルール化であり，「経済的市民社会」という「土台」の上に存在する「生活過程」の秩序化である。同時に，それは単なる商品の代理人ではない人間同士の関係を問うことにより，商品関係がもたらす人間関係の非人間化＝物象化の暴走を防ぐ機能も持つように思われる。商品の交換可能性の実現＝貨幣の獲得からは，抽象的・観念的な人間の共同性しか得られない。その共同性を，個々の特殊な人間個体同士の関係に戻そうとするものである。自立化する商品関係を人間関係に再包摂する試

みと言ってもよい。

　このように「江戸しぐさ」は，商品所有者間の生活上の「共通善」であり，「上部構造的市民社会」の秩序原理と言える。それは「土台」の反映ではあるが同時に「土台」への反作用を持つものでもある。そして，この「江戸しぐさ」普及の中核に各種の講や寺子屋という，「市民的公共圏」にふさわしいアソシエーションが形成されていたことも注目される。

　ハーバーマスの言う「市民的公共圏」はおそらく重層的なもので，「上部構造的市民社会」が基底に位置し，その上に，「経済的市民社会」からの規定性を薄めつつ，他の市民社会諸アクターが積み重なっていくという構造のものと，理解したい。

　中小企業はこのような「市民的公共圏」のアクターでもある。越川によると「江戸しぐさ」は，1度目は明治維新により，2度目は軍国主義により，3度目は戦後の高度成長により消え去ったという（同書：159）。しかし，現代の「町衆」，中小企業経営者は別の形で「上部構造的市民社会」を形成している。彼らはアソシエーションを結成し，相互学習により経営哲学や実践知を創出する一方（文化的空間の形成），「経済的市民社会」における不利を他の市民に訴えつつ国家にその是正を要求する社会運動も実践している（政治的空間の形成）。中小企業が今日の「経済的市民社会」において従属化・周辺化されていることに対する異議申し立ては，「経済的市民社会」の内部では限界があり，「市民的公共圏」を足場に他の市民の理解を得つつ，それを国家に突き付ける必要があるからである。国家とは「支配階級の諸個人が彼らの共通利害を主張する形態」（マルクス＝エンゲルス［1956］：94）であり，今日では巨大資本の共通利害を主張するものである。だが，巨大資本は「経済的市民社会」における支配的地位維持のため，中小企業の要求に譲歩する可能性を持つ。中小企業の市民的公共圏における社会運動は，「土台」たる「経済的市民社会」に深く規定されつつ「土台」を規定しなおそうとしている。

以上，本稿では市民社会を「経済的市民社会」と「市民的公共圏（上部構造的市民社会）」からなる複合的なものとし，中小企業を両社会の住民と位置づける。そして，中小企業がそこでいかなる活動を行い，市民社会の内実形成と変革に参加しているか，日本を舞台に分析する。

2.「経済的市民社会」を人間化する中小企業：市場経済内側からの変革

(1) 人々の相互無関心性と相互手段化

私的所有に基づく社会的分業が拡大し，商品生産が発展することにより，諸個人が対等な所有権者，同格市民として自由，広範に交通しあう関係が現れる。同格市民関係は近代市民社会において初めて現れるわけではないが，その普遍化は商品生産が全面化する近代市民社会固有のものである。それにより封建的共同体における隷従を伴う狭い人格的依存関係から多数の個人を解放し，拡大した社会的交通関係を生み出す。その限りでは人間の共同的本質の普遍化と言える。

だが，私的所有に基づく商品生産は，生産における共同性を排除し，「私的生活の排他性と相互的無関心性」（平田［1969］：76）を一般化する。そこでは，人間の共同性は商品交換を通じてのみ実現する抽象的，客観的存在でしかない。商品交換は人間の共同性を抽象的，客観的にのみ普遍化する。また，商品交換においては他人は商品の買手としてのみ，つまり価値実現の手段としてのみ関心をもたれる。そのため，人間の共同性は人間の生存そのものであり，それ自体で意義のあるものだが，「経済的市民社会」における共同性は，生存のための手段でしかなくなっている。

このような人々の相互無関心性と相互手段化が「経済的市民社会」の特徴だが，分業の範囲がある地域で完結し，生産様式が小規模な段階では，人と人の直接的なつながりもまだ維持され，その中に商品交換関係が包摂されている。「江戸しぐさ」は商品交換関係を人間関係の中に包み込もうとする努力であり，江戸期の限られた規模の「経済的市民社会」においてはそれがま

だ可能であったことを示している。しかし、産業革命による資本家的生産様式の確立・直接生産者の賃金労働者化が進み、商品生産が全面化すると、人と人の関係は商品と商品の関係の中に消え失せ、人々の社会的交通関係における相互無関心性と相互手段化が全面化する。同時に資本家的生産様式の確立は、人々の労働を自己実現の場から資本家による不払い労働（剰余価値）取得の場へと変え、その遂行のために企業内では資本家による専制支配が貫かれることになる。

このような社会的交通、生産における人間関係の非人間化は、資本の集積・集中により大企業体制が確立し、商品生産とその交換関係が巨大システム化するにつれますます強く自己を貫徹する。日本では1950年代半ばに、敗戦により弱体化した大企業体制が復活し、重化学工業化を急速に進めた。巨大な生産力を持つ重化学工業は交通インフラの整備拡大、都市への人口集中と相まって商品流通を全国化した。商品流通の全国化は農産物も巻き込み、地元産品さえ中央卸売市場から還流するようになった。また、重化学工業化とともに労働手段は分割不可能な巨大設備体系となり、労働者の部分労働者化と設備への付属化が徹底された。この結果、社会的交通、生産における人間関係の非人間化が進み、越川の言う「江戸しぐさ」の3度目の消滅が起きた。

(2) 中小企業による「経済的市民社会」の人間化
①交換関係の人間化

しかし、「経済的市民社会」の非人間化が一方的に進むのではない。それに抵抗する動きも出ている。その担い手が中小企業である。まず中小企業は商品交換関係の人間化に寄与している。それは、どういうことか、具体例で説明しよう。

(a) 三重県伊賀市に「モクモク手づくりファーム」というのがある（2010年取材）。このファームの源流は豚肉の輸入自由化に対処する「伊賀豚」の開発にある（1983年）。木酢液を混ぜたえさで育てた豚で、肉の臭みがなく脂分が少ないという差別化商品だった。自分たちのブランドで売るため、

小売りに適するようスライスや角切りなどの精肉にし，扱ってくれる地元スーパーで自ら宣伝した。養豚業者が消費者の反応を知ることができたのはこれが初めてだった。ハムやウインナーソーセージの手づくりも始めた（1987年）。当時，水や添加物で肉を増量させてハムを作るようなことが行われていた。異物を加えない，安全で素材のよさを活かした製品を作った。すぐに売れたわけではないが，消費者に製品の良さを理解してもらい，会員制組織にするなどして販売を拡大した。ウインナーの作り方を教えてという声に応えたウインナーの手づくり体験教室も評判を呼び，製品が知られるようになった。1994年には地域の荒廃農地を活用した米，麦，野菜の生産も始めた。

　このように消費者と直結する事業を行う中で，消費者には農・畜産業をよく知りたいという思いのあることがわかってきた。生産者としても手づくりの場に消費者に来てもらい，情報を共有してほしい。こうしたことから，自然・農業・手づくりをテーマにした「ファーム」を構想（1989年），1995年オープンにこぎつけた。ここには現在，手づくり工房，レストラン，食品販売所のほか，消費者の協力（出資）で創った温泉施設まである。一次産業（養豚，農業）を基本に，二次産業（食品加工），三次産業（レストラン等）も包含した，いわゆる「六次産業」の創出である。来園者は年50万人に達するという。

　以上からわかるように，「モクモク」の発展基盤は消費者との直接的関係である。この直接的関係の中で，消費者の食品に関する真のニーズをくみ取ってきた。それは「心と体と自然にやさしい食品」というニーズであり，その提供を彼らの使命としている。そのため，「モクモク」のスタッフは「消費者とは商品でつながっているのではなく考え方でつながっている」，あるいは「商品を売るのではなく考え方を売っている」と言う。すなわち，消費者との間の直接的な精神的交換があり，その結果として商品の提供と受領がある。生産者と消費者をつなぐ主人公は商品ではなく「考え方」であり，両者の間に食生活に関する理念的共同性が成立している。

理念的共同性の下にある消費者は，「モクモク」にとって理念推進のパートナーであり，単なる価値実現の手段ではない。消費者からの意見を載せた便りが毎年1万通も来る。「モクモク」からの「ゆうメール」の袋が返信用封筒になるよう工夫されている。「モクモク」の通販カタログは商品を買わせるものではなく，コミュニケーション事業と位置付けられている。価格を上げなくてはいけない事情も公開する。値上げ反対の意見も載せる。パートナーだから来園者には「いらっしゃいませ」ではなく「今日は」とあいさつする。生産者と消費者の人間的な関係に基づく新たな「しぐさ」が生まれていると言える。

　(b) 香川県高松市の㈲スカイファーム（2010年取材）の経営者，川西裕幸（当時28歳）は子供のころから好きだったイチゴの栽培を行っている。だが，初めのうちはイチゴを農協の集荷場に"どさっと"持ち込むだけで，消費者の反応はわからない。イチゴは単なる交換物で，苦労して創り出した品質で人に「役立っている」という実感は消え失せていた。単価も下がる一方で，将来への希望がだんだんなくなっていった。

　転機になったのは香川中小企業家同友会での経営方針作成の勉強会だった。ここで，顔の見えるお客の要望に応えることが商売の原点であることを知らされ，イチゴを直接お客に売ることを決断した。「顔の見えるお客様に，美味しいいちごを食べて笑顔になってほしい。……育てる人と味わう人は顔の見える関係でなければならない。一粒のイチゴに夢と感謝の気持ちを込めてお届けいたします。」――これが同社ホームページに書かれている経営方針で，消費者との直接的関係を復活させたいという望みがよく込められている。

　スカイファームでは畝の代わりに長い棚の上に盛った土の上でイチゴを育てている（高設栽培）。枝の先のイチゴの実は棚の外側に垂れ下がり，土に触れないため清潔で病気になりにくい。日光もよく浴びることができ，粒が大きく，甘い。収穫はすべて枝つきで行う。手間はかかるが，実に直接触れないので傷まない。農薬も極力控え，生物農薬や土中の病原菌の繁殖を抑える納豆菌などで対応している。イチゴの実は朝日の出る頃にパンパンに膨ら

む。昼の間に日光を浴びて葉でつくられた栄養分が夕方から夜にかけ，ゆっくりと実に転流するからだ。一日のうちで一番艶とハリのあるおいしい朝採りイチゴを，昼からイチゴのビニールハウスの横，地元の産直販売所，百貨店の地下などで販売するようにした。

次に，地元のレストラン，ケーキ屋，和菓子屋，パン屋への販売も始めた。レストランにはシェフの好みの形，大きさのイチゴを選ぶ。レストランの方は地元の食材を使っているというアピールができる。さらに，力を入れ始めたのがイチゴを使ったスイーツの販売。イチゴの生産は6ヶ月で終わる。1年中収入が得られ，地元の人が夏も働けるようにしたい。そこで着色料の入っていない丸ごと粒々イチゴのカキ氷を開発した。イチゴを使ったソフトクリーム，クレープ，ジュースも開発した。素朴だけどほんまもんの味というのがコンセプトで，親子連れや若い女性に人気がある。

食品材料の生産者という受け身型の農業者が，消費者と顔の見える関係を創り上げ，かつては集荷場にイチゴを大量に運び込むだけだったが，ひと粒ひと粒を大事にお客に提供するようになった。単なる交換価値でしかなかったいちごは今や人に対する直接の「役立ち」を回復している。生産者と消費者の間で，希薄化・抽象化していた人間の共同性の復活が見られる。

(c) 消費者との直結という点では個人サービス業に大きな可能性がある。京都市の㈱「旅のお手伝い楽楽」は，高齢者や障害者の旅にスタッフが同行し，介助者と添乗員を兼ねるというサービスを提供している。体が不自由な人たちにはもう何年も温泉に入っていない人が多い。家族は連れて行ってあげたいが世話が大変である。そういう家族のために，旅の計画も立て，実際に同行して入浴やトイレも手伝う。この事業の鍵を握るのはスタッフである。社長のブログによると，「なんだか新しく，家族ができたみたい」と同行するスタッフが言われるそうである。家族みたいだと言われるほど質の高いサービスは命令や管理からは生まれない。スタッフ自身が使命感を持ち，内面から沸き起こる主体的な意思があってこそ生み出せる。あるスタッフは，孫夫婦が祖母にプレゼントする温泉旅行を台無しにしてはいけないと「ああ

でもないこうでもないと，あらゆる起こりうる可能性を想定し，いろいろなパターンを用意して当日に臨んだ」。このスタッフは家族みんなが喜んでくれたことに感激して帰ってくる。サービスが売れたことを喜ぶのではなく，顧客への直接の「役立ち」を喜んでいる。自己の労働を客観的に観測して初めて社会的労働の一環であることを確認できるのではなく，自分の身体を通じて，直接，社会的労働であることを確認できている。抽象化されていた人の共同性が具体化して現れている。

　ブログからは，社長がこのスタッフの主体的な姿勢に感激し，感謝していることがよくわかる。代表者とスタッフが利用者の喜ぶ顔を見たいという思いで結ばれているこの企業は，使命を共通にする人間の直接的結合体のような組織で，資本・賃労働関係は後景に退いているに違いない。同社のサービスは口コミで広がり，利用者は年々増え，現在年間約350組が利用している（「旅のお手伝い楽楽」に関しては，星和ビジネスサポート発行『経営情報』2012年7月号を参照した）。

　(d)　製造業の例も出しておこう。香川県さぬき市の徳武産業㈱は，歩行に不安がある高齢者向けの靴，ケアシューズを製作している。つまずきを防ぐため，つま先に緩いカーブをつけたり，開口部を広げられるようにして履きやすくするなど，高齢者のニーズを取り入れた靴となっている。しかも，左右のサイズが違う靴や片方だけの靴もそろえている。なぜ，そんな常識はずれのことを始めたのか。

　あるとき，老人ホームを運営する知人から「高齢者が転ばない靴を作ってほしい」と頼まれた。調べると履物が足にフィットしていないことが転ぶ原因の一つだった。筋肉の衰えや病気などが原因で左右の足のサイズが違う人も少なくなく，片足を引きずって歩くため，片方の靴だけ傷みが早かったりする。足に合った靴を履きたいというニーズは根強いものがあった。それに対応するには，左右サイズ違いや片足分を揃える必要があった。

　当初，販売は順調とは言えなかったが，やがて購入した人が宣伝塔代わりになってくれ，次々に注文が入るようになった。販売が軌道に乗り始めたと

ころで，社長は利用者の要望がサイズだけでなく多岐にわたっていることに気づいた。「左右の足の長さが違うので，左だけ靴底を低くしてほしい」「右足がむくんでいるので，右だけ横幅を広げてほしい」……。個別に別料金で対応していたが，システム化した方が効率的と判断。2001年に「パーツオーダーシステム」をスタートさせた。これは靴の品種ごとにパーツを選べるもので，靴底の高さなら5ミリ単位で，足のサイズなら1.2センチ単位で変えることができる。また，靴のベルトについても長さなどを選べるようにした。それぞれを定番化し，注文書1枚で注文できるようにし，コスト増を抑えながら多様なニーズに合うようにした。

この企業のホームページには，顧客から次のような要旨の感謝のメッセージが載せられている。

「脳梗塞の後遺症で足が不自由になった父親が，がんばって毎日散歩に出かけていた。しかし，靴が引っ掛かり，アスファルト道路に顔を打ち付けて血まみれで帰ってきたり，田んぼに転げ落ち，泥まみれで帰ってきたこともあった。母親がこの企業の靴を履かせてからはもう靴が引っ掛からないと言って喜び，亡くなる前日まで散歩を続けることができた」。

顧客から返ってくるアンケートはがきは年2万通にもなり，感謝の言葉や意見がびっしり書き込まれたものが多い。これが同社の宝だという。1995年にスタートした累計販売足数は2011年に500万足を達成した（徳武産業については，星和ビジネスサポート発行『経営情報』2012年5月号を参照した）。

ここにも顧客が喜び，それを見て商品の提供者も喜びを感じるという精神的交換が見られる。その基礎にあるのが，顧客一人ひとりの足の状態に合うような，多様な製品の品ぞろえである。大企業が自分のシステムに合せた商品を大量生産し，顧客の需要を操作することにより自らのシステムに合せようとするのに対し，中小企業は顧客ニーズの多様性に即した，多品種少量の製品を生産できる。このため，中小企業は製品の「役立ち」による消費者への貢献ができ，消費者との直接的人間関係を復活させている。

以上のように，中小企業は人々の相互無関心性と相互手段化が支配している「経済的市民社会」の中にあって，消費者との精神的な交換，すなわち生活価値観の共有や問題解決による喜びの共有を実現している。そこでは消費者は生産者にとって交換価値実現の手段ではなく，満たされていないニーズを持つ具体的な，個性を持つ人間である。生産者にとって消費者は生産者の労働能力をその個性的心身によって（単なる対価の支払いによってでなく）確証してくれる人である。一方，消費者にとって生産者は自分の個性的な生活を物的，精神的に支え，実現してくれる人である。このように，生産者と消費者の間で製品の「役立ち」を媒介とする相互依存関係＝共同性が復活し，個人は共同性の中に自分を見出している。いわば排他的（私的）個人性ではなく共同的個人性が復活している。生産者と消費者とは商品交換によってつながってはいるが，その交換関係は人間的要求にリードされ，商品関係を人間関係が包摂している。

「経済的市民社会」において中小企業がなぜこのような関係を創出しうるのか。大企業との比較で考えよう。

第1の理由は，中小企業経営者は競争の強制により人格化された資本としてふるまわざるを得ない一方，個性的，具体的な人間としての意思も持っていることである。「経済的市民社会」において中小企業経営者が生き残るには，生産物を「抽象的な価値量」＝貨幣に転化しなくてはならない。しかもその価値量を絶えず増加させなくてはならず，それができることが競争主体としての自己確証となる。しかし，抽象的な価値の取得に励まざるを得ない中小企業経営者も，個性を持った具体的人間であることをやめたわけではない。自己の固有能力の発揮自体に喜びを感じ，また，その能力の共同社会への「役立ち」に喜びを覚える人間としての本性が消失したわけではない。この中小企業経営者の二重性が商品関係に支配されながらもそれを人間関係によって再包摂しようという行動を引き起こす。しかも，中小企業経営者は資本所有者であるがゆえに集中した権限を持つことができ，組織も小さいから，人間的本性に根ざすその意思を企業に徹底しやすい。資本所有者である

ことが企業の非資本家的行動を可能にする。

それに対し，現代の大株式会社では資本所有者＝株主は株券を所有してはいるが，現実資本（企業資産）については間接的に所有しているだけで，現実資本を直接に所有しているのは「会社それ自体」であり，しかも株主の分散化とともに株主の間接所有の実質も失われ，「会社それ自体」による直接所有の実質が拡大している（北原［1984］：第3章）。資本増殖の担い手，つまり資本家の役割を果たすのは「会社それ自体」であり，「会社それ自体」の資本増殖運動を代行する経営管理組織は，個人的資本家と違って資産を私的消費に充てることはなく，いわば純粋に資産を資本として運動させ，その頂点に立つ最高経営責任者は資本所有者ではないが純粋の資本家としてふるまう。最高経営責任者は「会社それ自体」の資本所有を権原に強力な経営支配力を持つが，それは価値増殖運動の枠内でのことであり，仮に，そういう自分のあり方に人間として疑問を持ち，「使用価値志向」に動こうとしても，その「暴挙」には，企業管理への参加が形骸化している分散株主でさえも立ち上がるだろう。結局，最高経営責任者は抽象的価値量の世界に没入することになる。

第2の理由は，中小企業の生産様式にある。大企業では設備体系とそれを運営する組織が巨大化・自立化し，人がそれに付属している。巨大設備・組織が提供する製品は規格化されたものであり，一見多様に見えるものでも表面的な違いに過ぎない。大企業の提供物と消費者需要の差異は，大企業の大規模な販売努力が消費者需要を操作することにより解消される。大企業は個々の需要家の顔を見た事業は不可能で，抽象的な価値量を目的にせざるを得ない。それに対し，中小企業の多くは機械制小工業であり，設備を道具的に使い，組織も単純である。設備や組織を人が支配しているのが中小企業であるため，設備・組織を個性を持った個々の需要家のニーズに柔軟に対応させることができ，使用価値志向で需要家と直結した事業が可能となる。

とはいえ，このような中小企業の特性が「経済的市民社会」における相互無関心性と相互手段化を根本から覆すと考えるのは幻想である。中小企業経

営者が上記のような人間的意思を持ったとしても，多くの中小企業は消費者との直接的関係を回復するには困難があり，その意思を挫折させられることだろう。また，意思の貫徹に成功したとしても，「経済的市民社会」において周辺化された中小企業に市民社会の秩序原理を根底から変える力はない。ただ，そうだとしても，この中小企業の働きを認識し，活かすことは，「経済的市民社会」を生活の「土台」とせざるを得ない我々が，少しでも人間らしい生活を追求する上で重要なことである。

②生産過程の人間化

次に，中小企業は生産過程の人間化にも寄与している。資本家的生産様式が確立しても資本家的市民と労働者は，商品交換関係においてはあくまで対等である。しかし，労働力という商品を資本家に販売したとたん，労働者は資本家に剰余労働を提供する材料でしかなく，労働に対する指揮権を持つ資本家はその権力を剰余労働吸収のために行使することになる。といっても労働者の身体が生産の主体である手工業段階では，たとえ大規模なマニュファクチュアの場合でも資本家の指揮権は制約を課せられる。そこでは，労働者は資本家のために働くという形式が成立しているだけで，資本家のもとへの実質的包摂は完成していない。労働者の実質的包摂を可能にするのが技術進歩である。すなわち，機械制大工業への進歩は生産の中心を労働者から機械体系と科学的知識に移し，労働者を機械の単なる付属物にする。これにより資本家の労働者に対する指揮権が確立し，資本家は剰余労働吸収のために専制的な権力を持つことになる。

しかし，このような資本家的生産様式は大企業において典型的に成立するが，中小企業の場合には次のような企業が見られる。

義農味噌㈱（従業員75人，愛媛県伊予郡松前町）は愛媛県特有の麦みそを作っている。創業は1953年，100年以上の歴史を持つ企業も少なくない業界では新参組だが，売上高では四国一である。この企業の社長室に案内されて最初に目に入ったのが，机の上に大事に置かれていた社員からの社長夫

妻に対する表彰状だった。

その要旨は、「社長は経営理念の実現に尽力され、種々の製品の開発から販売にいたるまで大きく貢献されました。そして農水省の賞や県知事賞を獲得し、企業のイメージ向上にも貢献されました。これは社長のたゆまぬ努力の賜物であり、社員の模範とするところです。また、取締役（妻）はご家庭を商品開発の研究所として提供され、商品開発に全面的に協力されました。その献身的な働きは社員の模範とするところであります。おふたりの行動は私たちの誇りであり、ここにその栄誉を称え表彰いたします。社員一同」というもので、表彰状の表題には「積小為大」（小を積み重ねて大を為した）が掲げられていた。

この表彰状の意味することを考えたいが、そのためにはこの企業がどのようなことを行っているのか、紹介の必要がある。この企業は業界では後発組だったが、先代社長は3年間各地の味噌企業からうまい味噌の作り方を学んだ。自分で食べたくなる製品をモットーに、機械化・近代化によって失われそうになる手作りの味を維持し、市場を拡大していった。味噌製品のバラエティーも増やし、200種類に及ぶようになった。現2代目社長となる息子が製品開発の中心となっていた。ただ、製品開発に問題がなかったかというとそうではなかった。現社長は開発が趣味だったので、次々に新製品を打ち出した。開発しては社員に「売ってこい」。社員は「売れませんでした」と帰ってくる。このような調子だったので、年に20アイテム開発してもヒットするのは1つぐらいだった。

このような独断専行的な行き方がまずいことを、加入していた愛媛中小企業家同友会から教えられ、2002年に全社員参加の商品開発会議を立ち上げた。終業後の5時30分から1回目の会議を開いた。残業代は付かないので、何人来てくれるか心配だったが、10人来てくれた。しかし、社員たちは色々しゃべっているだけで、何一つ決まらない。思わず口を出したくなったが、しゃべってはいけないとアドバイスされていたので、じっと我慢。決まったのは次回の日程だけだった。だが、やがてこの会議が機能し始めた。

現社長が宮崎県の冷汁のようなものを開発したらどうかと提案した。それに対し，ある社員が，それならば，同じ味噌仕立てでも薩摩汁の方がよい。自分のおばあちゃんが作っている。もともと愛媛県の中予，南予地域の名物料理だったが，わずらわしいため家庭で作ることが少なくなっていた。ということは製品化の可能性があるということだ。おばあちゃんに作ってもらったものを食べて，これで行こうということなり，2年かけて商品化した。

かつて，年20の新製品を企画していたが，現在では年2つになった。しかし，企画したものはすべてヒットするようになった。

社長夫妻に対する表彰状は，このような製品開発活動をバックにしている。この表彰状からわかるのは，社員が社長夫妻を製品開発のためのパートナーと見ていることである。パートナー関係になるのは，製品開発に関する情報を相互交換し，労働者も社長も同じ情報を持って開発活動を行っているからである。生産の中心が科学的知識になったことが資本家の労働者に対する指揮権獲得の契機になったように，私的所有権を別にすると，権限の最大の源は情報の独占である。そのため，情報が共有されると人の間で支配・従属という関係は後退し，対等なパートナー関係に近づく。

この企業では，半年ごとに開く経営計画会議にも全社員が参加するように，開発活動だけでなく，情報共有が全経営の柱になっている。日本の中小企業経営者の間では「ガラス張り経営」という言葉が定着しているが，情報共有を組織運営の柱にしている企業は珍しくはない（多いとまでは言えないものの）。たとえば，企業の重要事項は毎年2回の全員泊まり込み会議で決定する企業，経営理念・最高経営戦略・部門別計画・決算内容・従業員個々のアクションプランを手帳型の事業計画書にまとめ，従業員が常時携帯している企業などがある。以上は，通常は経営幹部が独占している情報（上部情報）を一般労働者も共有する例だが，こういう企業はその他に，一般労働者が持っている情報を経営幹部が共有する仕組み，労働者同士が情報を水平的に共有する仕組みも意図的に築いていることが多い。つまり，情報共有のループが縦（往復），横に張られているのである（詳しくは黒瀬[2012]）。

しかし，ここでは特に上部情報の労働者による共有が重要である。これは資本家と労働者の関係をパートナー関係に近づけるが，それは資本家の下への労働者の実質的包摂を犠牲にするものではなく，包摂の一つのあり方なのである。中小企業は機械を道具的に使用する機械制小工業が多いから，大企業のように労働者を機械に付属化して労働指揮権を獲得することはできない。この資本家の指揮権限の不足を補うのがかつては家父長制的関係であり，日本では経営家族主義と呼ばれるものだった。しかし，高度成長期における労働力不足，民主主義の一定の発展を背景に家父長制的関係は崩壊してゆく。それに代わったのが民主主義的な観念を持ち，「人間尊重経営」を重視する中小企業経営者による情報共有的組織運営である。これは経営理念，経営戦略を労働者と共有し，労働者の共感を勝ち取ることにより労働者を活性化させるものである。労働者の主体性を活かしつつ労働者を企業と一体化させる。いわば，労働者の資本家への自立的包摂と言える。

労働者を自立的に包摂するからと言って，資本制的取得法則，すなわち，資本家の「蓄積された不払い労働」による不払い労働の取得という法則が影響を受けるわけではない。しかし，その法則の枠内ではあるが，一定程度，労働の尊厳の回復が見られる。すなわち，情報を共有し，自己の労働の意味に納得した労働者の労働では，資本家の下での「強制労働」，単なる欲求充足の手段としての労働，総じて言えば，「労働者に属していない疎遠な活動としての彼自身の活動にたいする労働者の関係」＝生産行為における労働者の自己疎外（マルクス［1964］：93）が緩和され，生産行為における主体的な労働，労働それ自体に意味を求められる労働という側面が復活する。

このように，中小企業は生産過程においても人間化の作用を持っている。それは，第1に，中小企業の機械制小工業という生産様式が，労働者を実質的に包摂するために情報共有的組織運営を必要とすること，第2に，日本では中小企業家同友会（後述）に見られるように，情報共有化がもたらす労働者のパートナー化を「人間尊重経営」として，積極的に評価する中小企業経営者の経営哲学が存在するからである。

以上，中小企業による交換関係と生産過程における「人間化作用」を述べた。「人間化作用」と言っても，それを目指す中小企業経営者の意思は商品交換関係のもたらす客観的作用や資本制的取得法則により，その貫徹には限度がある。仮に貫徹されたとしても，中小企業は「経済的市民社会」においては従属的・周辺的存在だから，「経済的市民社会」全体への影響は限られる。しかし，それでも筆者はこれら「人間化」を志向する「人間志向型中小企業」が，限られた範囲にせよ，社会的に共感を得ている現実に注目する。しかも，このような中小企業層の厚みは増しつつある。それは，彼らが市場競争においても情報参入障壁で囲まれた「独自市場」の構築に成功し，存立の地歩を確保しているからである（「独自市場」については黒瀬［2012］：69-78 を参照）。つまり，競争主体としても合理性を発揮しているのである。この点の具体的分析は紙幅の関係で別の機会に譲るが，筆者は，「人間志向型中小企業」の厚みは日本社会の「反大量生産」志向の流れに乗って，今後も増し，ある限界内だが「経済的市民社会」の「人間化」に貢献すると考える。

3．市場経済を民主化する中小企業：市場経済外側からの変革

（1）　巨大企業支配の問題

　「経済的市民社会」は封建的共同体における人格的従属関係から人を解放し，私的所有者同士の対等な関係と個人の能力の自由な発揮をもたらす。この「経済的市民社会」の肯定的側面もやがてその反対物に転化する。市場競争は弱小の資本家的市民を没落させつつ大企業そして巨大企業を成立させる。巨大企業は寡占的取引力により中小企業から価値を収奪し，経営諸資源の優先吸収により中小企業を経営資源不足に追い込み，中小企業分野への進出などにより中小企業の市場を奪う。中小企業はこのような巨大企業の行動により資本蓄積を妨げられる。また，巨大企業は中枢産業部門の寡占的支配を通じ，国民経済全体の再生産を自己の経営計画に従属させる。以上のとおり，今日の「経済的市民社会」ではもはや私的所有者同士の対等な関係は見

られず，巨大企業による支配が出現している。

　そこで，中小企業は「上部構造的市民社会」，すなわち市民的公共圏から，大企業に対する不利是正の要求を国家に向けて起こすことになる。この中小企業経営者による社会運動分析の手始めとして，本稿では，中小企業家同友会の運動を取り上げることにする。

(2) 市民的公共圏からの経済民主化：中小企業家同友会の運動

　中小企業家同友会の歴史は古く，その前身は1947年発足の全日本中小工業協議会（全中協）である。全中協は当時の中小企業運動高揚の中で生まれた中小企業経営者の団体の一つで，中小企業への資材，資金の公正分配，中小工業専管機関の設置などを要求し，大衆運動を展開した。政府はこのような動きにおされ，中小企業庁設立へ向かうなど，政策にも少なくない影響を与えた。1957年，全中協のうち「中小企業団体法」の統制的性格に反対する中小企業経営者が，東京で日本中小企業家同友会（後，東京中小企業家同友会）を結成，その後各県で結成が進み，2005年，秋田県での結成を最後に全都道府県で設立された。1969年には都道府県の同友会の協議会として中小企業家同友会全国協議会（中同協）も設立されている。全国の会員数は42,336企業経営者，その平均従業員規模は30人である（2012年11月1日現在）。

　同友会は外部からの一切の支配・介入を排するなど自主・民主・連帯の精神を運営の基本にし，「よい会社を目指す」（労使対等・人間尊重経営など），「よい経営者になる」（科学性・社会性・人間性を備えた経営者を目指すなど），「よい経営環境をめざす」（産業構造や政治・経済の仕組みの改革など）を目的に，相互学習や各種の運動を展開してきた。

①「金融アセスメント法」制定運動

　近年の同友会の注目すべき運動として，第1にあげられるのが，「金融アセスメント法」制定運動である。この法案の目的は，中小企業や地域への金

融の円滑化と金融機関による不公正な取引慣行（例えば連帯保証人の要求）の是正である。金融機関を評価する機関を設け，金融機関の地元貸出比率や中小企業向け貸出比率，また，金融機関が一方的に貸付条件を押しつけていないかなどを評価する。評価機関は評価結果をランク付けして公表し，金融監督機関は評点の悪い金融機関に対し支店の新設などを認可しない──というものである。アメリカの「地域再投資法」を範としている。

　制定運動は1997年，98年に横行した中小企業に対する金融機関の貸し渋り，貸し剥がしへの反撃として始まった。2000年，福岡中小企業家同友会が「金融アセスメント法」制定の署名運動を開始，2001年中同協でも「金融アセスメント法推進会議」を設け，9月，法制定を求める国会請願署名活動を始めた。中小企業経営者だけでなく，社員，家族，取引先，一般市民にも賛同を求め，わずか半年後の2002年3月末に70万名もの署名を携え，第一次国会請願活動を行った。他方，国会では民主党が参議院に「アセスメント法」と同趣旨の「地域金融円滑化法案」を2001年6月20日に提出したが廃案となり，翌02年2月6日一部修正して参議院に再提出した。「金融アセスメント法」には信用金庫や信用組合も共感を示し，さらに地方議会からも「金融アセスメント法制定促進」決議・意見書を採択するところが続出した。運動は拡大し，ついに2003年2月5日には100万名署名突破を確認，3月6日に第二次国会請願運動を行った。また，2003年12月4日現在，「金融アセスメント法制定促進」決議・意見書を採択した自治体議会は738議会（全自治体の22.8％，25都道府県にわたる）にも及んだ。北海道では道議会をはじめ全自治体213議会で意見書が採択された。

　2002年末民主党の法案は廃案になったが，このような広範化した市民レベルでの運動を政府も無視できず，金融審議会金融分科会第二部会報告「リレーションシップバンキングの機能強化に向けて」（2003年3月28日）では，リレーションシップバンキング強化のためには中小・地域金融機関が地域貢献に関する情報を自主的に発信することが有効で，その情報は将来，中小・地域金融機関の地域貢献について第3者機関が利用者の立場から評価

する際に活用することも考えられるとし、リレーションシップバンキング推進という文脈の中で「金融アセスメント法」の発想が取り入れられた。また、信用保証制度における第3者保証人徴求の原則廃止も、この運動の成果と言える。

　国吉[2003]によると、中同協が1987年に売上税反対運動に取り組んだときの署名数は13万名であった。売上税反対は中小企業者や消費者にはわかりやすいスローガンであるのに対し、「金融アセスメント法」理解のためには学習が必要である。それにも関わらず、100万名を突破する署名が集まり、多くの地方自治体議会の賛意を勝ち取ったことは、中小企業の置かれている不利と中小企業の権利獲得の必要性を人々が理解しているからに他ならないとしている。中小企業経営者は「市民的公共圏」において支持獲得に成功し、一定の成果をあげたのである。

　「金融アセスメント法」制定運動は、中小企業に対し販売寡占的な地位にある金融機関を社会的に規制することにより、中小企業や地域へ貢献するよう仕向けるもので、金融機関の優越的地位と大企業への優先的資金供給という金融システムの構造を転換させるものである。単なる物取り主義ではなく、「経済的市民社会」の構造改革を要求するものだから「市民的公共圏」においても支持を得た。

②「中小企業憲章」「中小企業振興基本条例」制定運動

　中小企業家同友会の「経済的市民社会」改革運動は「中小企業憲章」と「中小企業振興基本条例」制定運動へと発展する。EU理事会は2000年に「欧州小企業憲章」を採択した。そこでは前文で「小企業はヨーロッパ経済のバックボーンである」とし、「小企業は仕事を生み出す源泉、ビジネス・アイディアを育む大地。(だから)新たな経済へ向かおうとするヨーロッパの努力は小企業をそのための最重要の課題とすることによってのみ成功するだろう」とし、2002年のEU報告書「ヨーロッパ小企業憲章の実行に関する報告」は、「小企業を第一に考える (think small first) ことこそ, EUの企業政策のエッ

センス」としている。このように中小企業を高く位置づけ，それに基づく政策実施を各国や EU 政府に義務づけている。これに触発された同友会は 2003 年から中小企業憲章制定を運動方針に掲げ，会内での学習活動を通じ，「私たち日本国民は，国民一人ひとりを大切にする豊かな国づくりのために，日本の経済・社会・文化及び国民生活における中小企業の役割を高く評価（する）」という書き出しで始まる中小企業憲章案を作成した。この運動が民主党に影響を与え，2007 年に同党も「日本国中小企業憲章（案）」を作成，2009 年衆議院総選挙のマニフェストに憲章制定を掲げた。政権交代の結果，中小企業庁が憲章制定の作業に入り，2010 年 6 月 18 日に閣議決定された。そこでは，「中小企業は，経済を牽引する力であり，社会の主人公である」と高く位置づけた上，政府は「どんな問題も中小企業の立場で考えていく」としており，同友会の憲章案を強く反映している。

　一方，「中小企業振興基本条例」は県，市，区といった地方自治体が制定するもので，1979 年の東京都墨田区での制定を最初に，徐々に広まり，80 市区町，21 道府県で制定されている（2012 年 10 月 12 日現在）。その内容は，中小企業の重要性をうたい，中小企業の自助努力の必要と共に中小企業の振興は行政の長の責務であり，住民もまた中小企業振興に理解・協力すべきことを述べたものが多い。これにより自治体行政の中核に中小企業振興が位置づけられ，中小企業もまたその施策に積極的に協力する道が開かれる。

　同友会は中小企業憲章の精神を地域レベルで具体化するのが中小企業振興基本条例と位置づけ，各都道府県同友会が地元自治体に制定を呼び掛けた。たとえば，熊本県中小企業家同友会では，会員が手分けして県下の全 45 市町村の首長に会いに行き，基本条例と中小企業憲章を考えるシンポジウム（2011 年 2 月 25 日開催）への参加を要請した。基本条例を知らない市町村の首長もおり，会員が必要性を説明した。その結果，全 180 名の参加者のうち 46 名は行政関係者で，内訳は 30 市町村 39 名，国 3 名，県 4 名となった。このように，中小企業経営者が行政をリードしていることに注目したい。

　中小企業憲章と中小企業振興基本条例は，周辺化・従属化されている中小

企業の現実とは別に本来あるべき中小企業の位置づけを宣言し，中小企業の優先的振興をうたっている。大企業が経済的・政治的権力を保持している中で，実際に政府，特に中央政府がこの方針を貫けるか，疑念があるものの，「金融アセスメント法案」制定運動とあわせて，中小企業経営者達の「市民的公共圏」を拠り所にした「経済的市民社会」改革の運動が一定の成果をあげていると言える。

　①②のような「経済的市民社会」の改革を，経済民主化と呼びたい。私的所有に基づく社会的分業関係を基礎に商品所有者が対等な関係をとり結び，自由に能力を発揮するのが，近代市民社会の積極的な側面である。だが，大企業体制の成立している今日ではもはや私的所有者同士の対等な関係は見られず，巨大企業による「経済的市民社会」の支配が出現している。巨大企業や銀行など経済の中枢を支配する企業が市民の要求に沿って社会的に規制され，企業間関係においては対等な取引・競争関係が実現されている市場経済が民主的な経済，つまり経済民主主義である。中小企業家同友会の運動は近代市民社会の積極的な側面を取り戻すための経済民主化運動と規定できる。

　以上，高度に資本主義が発展した日本の市民社会における中小企業の役割を述べた。本稿では，東日本大震災をきっかけに新たに見えた中小企業と市民社会の関係も述べたかった。また，経済的に統合されつつある東アジアベース市民社会と中小企業の関係も述べたかったが，紙幅の関係もあり，他日を期すことにしたい。

【参考文献】
北原勇［1984］『現代資本主義における所有と決定』岩波書店
国吉昌晴［2003］「『金融アセスメント法』制定運動の軌跡——中間的総括試論」『企業環境年報第8号』中小企業家同友会全国協議会企業環境研究センター
黒瀬直宏［2012］『複眼的中小企業論〜中小企業は発展性と問題性の統一物〜』同友館
越川禮子［2001］『商人道「江戸しぐさ」の知恵袋』講談社
田中正司［1994］『市民社会理論と現代』御茶の水書房

ハーバーマス, J. [1994]『公共性の構造転換』細谷貞雄・山田正行訳, 未来社
平田清明 [1969]『市民社会と社会主義』岩波書店
マルクス, K. ＝エンゲルス, F. [1956]『ドイツ・イデオロギー』古在由重訳, 岩波書店
マルクス, K. [1964]『経済学・哲学草稿』城塚登, 田中吉六訳, 岩波書店
吉田傑俊 [2005]『市民社会論』大月書店

第7章
21世紀における中国の産業政策の展開
―産業発展と和諧社会の形成―

大西 勝明

1. はじめに

　中国は，21世紀に入り，突出した外貨準備高に象徴されるように，国際的な政治，経済動向に大きなインパクトを与えるほどの巨大なパワーを持つに至っている。中国産業の躍進は，世界経済と密接な関係を有し，中国を含む東南アジアは，21世紀の世界経済を構成する重要な一極となっている。当然，日本の経済，産業，企業の動向とも密接な内的関連を有しており，中国の経済発展と中国企業の動態の分析は，21世紀の世界経済や日本の産業，企業研究にとって欠くことの出来ない作業となっている。もちろん，中国の産業，企業は，特異な展開をしており，特に，中国は基本的に社会主義国であり，計画経済を基盤としてきた。ただ，1978年の改革開放以来，市場メカニズムを導入し，市場経済化を推し進めてきている。つまり，中国は，社会主義国ではあるが，市場経済化を推進しつつ，急速な経済発展を実現している。従って，政府が立案，遂行しようとする中国の産業政策は，特別な役割を担うことになる。中国の産業動向の考察には，中国の産業政策の対象や役割の変化の検討が不可欠である。政府の意図，産業政策が，中国の産業や外資系を含む多様な企業の動向に重大な影響を及ぼしている。
　そこで，本章では，まず，情報産業に重点を置き，計画経済体制を基盤にしていることを意識しつつ中国の産業政策や外国資本誘致政策の推移を確認

することにしたい。産業政策,外資導入,輸出拡大こそが,中国の産業発展を支えた主要要因と理解しているからである。特に,産業政策は,産業構造の変革を目指す政府の重要な施策であり,産業組織の高度化,国際競争力の強化,産業間バランスの調整等を具体的な政策課題としてきている。政府の経済計画において基本的な方向性が示され,産業発展,国際競争力の強化,産業間の資源配分等が重要な政策課題とされてきた。その後,中国では,産業政策と市場経済化が相携えて進展することになるが,政策の重点や市場経済の導入の程度は大きく変化してきている。一般に市場経済においては,市場メカニズムを通して,資源が産業間に配分され,市場での需給状況に対応して産業間,企業間に比較優位が形成されることになる。だが,計画経済体制を基盤としてきた中国の産業政策は,市場メカニズムの導入といっても,他国と比較して政府の政策的意図がより強圧的なものであった。政府の意図が,産業の在り方,産業構造に直接的な影響を与えてきている。もちろん,市場開放の進展と連動して中国における産業政策の決定や実施が,徐々に市場経済的特質を強く有するものに移行しつつある。そして,外国資本の誘致とか,国際競争力の強化に関して,中央政府も,地方政府も,適宜,諸計画を策定し,法律を改定して,国内および国際的な経済環境の変化に対処しようとしている。

　以下において,まず,中国における産業政策の推移を具体的に確認して,産業発展の中国的特異性を明確にすることにしたい。特に,中国の産業政策の段階的進展,政策の重点等の変遷を明示することにしたい。さらに,連動する中国のGDPの成長や国民1人当たりの所得の増大,国民の経済的豊かさの実相と問題点について言及している。産業発展にもかかわらず,格差拡大等深刻な問題を無視することが出来ない。中国の産業発展の現況を再検討することにしたい[1]。

2. 産業政策の役割と展開

(1) 市場経済化指向

まず，産業発展を主導してきた21世紀までの中国の産業政策の推移を考察しておきたい。中国の産業は，21世紀に突入しても急成長を遂げており，その躍進は，世界に大きなインパクトを与えるほどになっている。日本との関連でも直接投資の相互浸透の他，主要部品の日本からの輸入拡大等両者は一層分かちがたく連携している。もちろん，日本のみでなく，アメリカ，EUとも韓国とも深い関係を築き，G20等の会議でもその存在を誇示している。中国は，先進国の成熟化と新興国の台頭と関連して，BRICsを代表する位置を占めているという点でも注目されている。

ただ，これまでの展開パターンは大きな転換点に直面している。もはや，現代中国を計画経済体制を基盤としていることを強調してのみ理解することは適切ではない。もちろん，2001年のWTO加盟後においても，中国は，第11次5カ年計画（2006～2010），第12次5カ年計画（2011～2016）に至るまで，適宜，5カ年計画を策定し，産業運営等に関する重要な指針を明示している。直接介入や間接誘導が試みられ，国有企業数の減少が顕著であるが，国有企業のウエイトは依然として大きい。しかし，それ以上に市場経済化が進行しており，国際競争力に力点を置く等，産業政策を含む国および地方政府の政策は，より柔軟なものに，また，地方の自主性を認めるものに，政策を変化してきている。そして，産業政策の実施に際して，中央政府が総括的な役割を果たし，地方政府等は，中央政府の方針に順応しつつ，他方では，独自性を持って具体的な課題に対処している。たとえば，広東省の省政府等は，地方独自の権限の発揮に固執している。こうした傾向と連動しつつ，市場経済化の拡張や産業の国際競争力強化などが，追求されている。

（2） 改革開放以降の産業政策

　中国の産業動向に決定的な影響を与えたのは，1978年に開始された改革開放政策である。具体的に，1978年には，改革開放政策を進めながら，従来の軍需，重化学工業重視路線のみでなく，工業化政策の重点を，消費ニーズに即応する軽工業にシフトさせている。また，1979年には「中外合資経営企業法」を公布して，軽工業への外資導入を促進するための体制を整備している。同年，国務院は，経済改革措置として15項目にわたる「対外貿易を大いに発展させ，外貨収入を増やす若干の問題に関する規定の通知」を発表し，外資導入に依存した輸出指向的工業化による経済成長を課題としている。外資，ないし，外国の優れた技術を導入して国内の遅れた産業の現代化を実現するよう消費財産業の振興策が展開されることになる。軽工業の優先的発展と鉄鋼業，機械，電気機械工業等の育成方針とが調整され，家庭用電気製品はじめ消費財の生産が拡大している。繊維，衣料品，食品の他，特に，4大件とされた腕時計，自転車，ミシン，ラジオの消費が拡大し，消費ブームが生起し，民需産業が経済を牽引している。関連して，深圳等経済特区を設置し，沿岸都市を外国資本に開放し，国内の安い労働力を生かした輸出産業を強化しようとしてきた。他方，この「規定の通知」の13項目には，国外に中国企業を進出させる方針を明確に示している。ただ，この時期は規制が厳しく，企業の国外投資案件の総ては，国務院の許可を得る必要があった。そして，対外直接投資が可能な企業は，貿易権を持つ輸出入公司，あるいは，対外経済貿易省直轄の経済技術合作公司に限定されていた。

　1980年代には，外資導入による輸出指向的工業化の推進を軸に対外直接投資をも射程において，関連する制度整備を進めている。特に，1988年には国家計画委員会に中国の産業政策に関する研究，その制定，実施を担う組織として「産業政策司」が設置されている。1989年には天安門事件が勃発しているが，同年，国務院は，「当面の産業政策に関する要点の決定」を発表し，産業政策を政府の重要な施策として明確に位置づけている。そして，生産，基礎技術，技術開発，貿易等各分野で，優先的に育成する産業を重点

とした政策展開を試みており，機械工業，電気機械工業，ハイテク産業等が，優先的発展産業として掲げられている。

　中国の産業政策が，長期的視野の下に一層ダイナミックな展開を遂げるのは，日本のバブル経済の崩壊に重なる 1990 年代に入ってからである。1992 年には南巡講話があったが，この頃から，市場経済が軌道に乗り始め，市場メカニズムを重視し，対外直接投資に関する規制が一層柔軟なものとなっている。対外進出が，中央政府の各部門，地方政府，大型国有企業にとって，重要な課題とされ，関連企業の対外進出が奨励されている。さらに，1994 年，「90 年代中国国家産業政策要綱」が発表され，機械工業，電子工業，石油化学工業，自動車工業，建設業が支柱産業（リーディング・インダストリー）とされている。この要綱では，90 年代の中国の産業発展のマクロ的なガイドラインを示し，産業構造の調整，産業の高度化，産業組織，産業技術，産業の分布等について発展の目標を明確に示している。また，1994 年には，労働関係を全面的に再調整しようとする労働法 (95 年施行) が制定されている。そして，1996 年には，全国人民代表大会で，第 9 次 5 カ年計画（1996〜2000）が発表されており，2010 年までの長期目標を掲げ，ここでも支柱産業が明確にされている。機械工業，電気機械工業，石油化学工業，自動車工業，建設・建材工業，軽工業・紡織工業の 6 業種の発展を軸とする重点施策が提示されている。情報，電子，宇宙工業の高度化，産業構造調整の推進と国防力を担うハイテク，ニューテク産業への国家による投資の拡充が政策目標とされている。

　アジア通貨危機が勃発する 1997 年まで，中国の輸出指向的工業化政策は，輸出拡大をもたらし，90 年代中葉の輸出部門の従業者数増加率は，国内最終需要部門の増加率を上回っていた。当然，国内市場の拡大や国内最終需要部門の雇用の増加をも随伴していた。だが，アジア通貨危機を契機に，中国では，大規模なリストラクチャリングが追求され，国内最終消費財部門を担う国有企業や集団所有企業が徹底的な合理化を追求している。加えて，1998 年の第 9 期全国人民代表大会では，地方国有企業を中心に非効率企業

の抜本的なリストラクチャリングについての実施方針を明示している。輸出部門は生産性を上昇して雇用増加に貢献してきたが，社会全体の雇用の持続的増加を担うるほどの状態にはなかった。1998年以降，約2,900万人以上の労働者が，リストラクチャリングによって職を失っている[2]。

1997年の第15回中国共産党全国代表大会では改革路線が確認され，1999年の全国人民代表大会で憲法改正が採択されている。そして，第14期中央委員会第3回全体会議後，中小国有，集団所有企業の民営化や大型国有企業の株式会社化が開始されている。全国人民代表大会での憲法改正では，経済体制改革に関し，社会主義初級段階での公有制を主体とし，多様な所有制経済を共に発展させるという基本的経済制度の堅持を盛り込んでいた。また，従来，社会主義公有制の補完物とされていた非国有の民間企業（個人企業・私営企業）を社会主義市場経済の重要な構成部分という位置づけに改めている。従来差別的な待遇を受けがちであった民間企業を正式な体制内の存在に昇格させ，経営の安定と投資の活性化を図ろうとしている。さらに，1999年第15期中央委員会第4回全体会議での「国有企業の改革と発展の若干の重要な問題に関する中共中央の決定」の採択は，国有企業改革の重要性を強調し，改革にあたって，堅持すべき10項目の方針を掲げている[3]。特に，①公有制主体を維持しつつ公有制の多様な実現形態を模索し，非公有制を含む，様々な所有制の発展，②国有経済の戦略的調整の推進，③企業内党組織の強化等3項目が重視されている。まず，国有経済の戦略的調整という点に関して，国有経済が掌握すべき国家の安全にかかわる業種，独占的業種，重要な公共財，サービスを提供する業種，支柱産業とハイテク産業のうち重要な主力企業での対応策を明確にしている。そして，情報化とイノベーションの促進のため，知的財産権保護制度の強化，資源，環境と調和した持続可能な発展が目指されている。また，戦略的見地から国有経済の配置の調整と国有企業の改組を進めている。国有経済を全体として活性化するという観点から国有資産の合理的な流動化と再配分を通して，国有経済の配置と構造を再調整しようとしている。大型企業，大型企業集団の大規模な再編成や

第 7 章　21 世紀における中国の産業政策の展開　　165

発展,国内外での大型企業集団の上場等が追求されている。それのみでなく,中小企業の自由化や活性化をも課題にしている。

　1999 年,党中央が第 14 期中央委員会第 3 回全体会議,第 15 回中国共産党全国代表大会（1997）で提示した改革路線のこうした決定の再確認は,地方政府レベルである程度,自発的に推進されてきた民営化,混合所有化等を含む多様な所有制度改革の試みの妥当性を帰結することになった。すなわち,同年の第 15 期中央委員会第 4 回全体会議決定を契機に,中央,地方のレベルでの企業制度改革が本格化している。すなわち,中小国有,集団所有企業の民営化が進展しており,従来は小型企業が主体であった民営化の対象が,中型企業にも及んでいる。中央政府は,鉱工業の規模別分類基準を改定し,大型,中型の基準を引き上げ,民営化の範囲を拡大し,支援対象を明確にしようとしている。北京,上海,天津等主要都市の地方政府はこの決定を重視し,中小企業分野や競争的業種から国有資本を順次,退出させ,一層広範な民営化を進め,他方,重要部門への資本の集中化を図っている。

　国有資本の退出や国有資本の再配置は,民営化を促進し,上場企業の国有株の売却を伴っていた。従来,上場企業の株式のうち 3 分の 1 は,国が保有するとしていたが,国有企業等法人の保有を含めた広義の国有株比率は,約 60％に達するとされていた。しかも,国有株の市場流通は原則禁止されており,資本市場の資金調達,企業統治両面の機能を強化するうえで,大きな障害になっていた。こうした事態を踏まえ,一般業種の国有持株比率を 51％に引き下げることが当面の目標とされてきた。

　20 世紀末,こうして中国においては,大型企業集団の再編を軸に企業再編成が進展している。大規模な企業再編成の実施と共に,国内外で大型企業集団の上場が進んでいる[4]。他方,民営化の推進により,多くの合併,経営不振,破産が起き,企業淘汰が進み,年間に鉱工業部門の約 1 万社の国有企業が減少している。もちろん,利子率の引き下げや輸出好転などにより,一部の国有企業の業績は改善している。

　また,WTO 加盟との関連で,注目されていた中国電信は,固定電話,移

動電話,衛星通信,ページングの四大業務に対応して4社に分割され,ページング事業は,聡通公司(第二電電に相当)に移管されることになる。関連して,政府は,WTO加盟に向け,外銀支店設立の地域制限や業務規制の緩和,流通業への外資参入規制の緩和,WTO加盟後5年以内の保険参入規制撤廃など,サービス分野を中心に外資に対する規制緩和措置を打ち出している。他方,中小企業政策が導入され,中小企業信用保証制度の整備が進み,信用保証機構が設置される等,政治,政策環境の大幅な改善により,民間企業が急速な発展を遂げている。私営企業数(従業員8人以上の民間企業)は,1999年6月末時点で128万社,従業員数1,784万人,前年同期比で,25%以上増大している。

　なお,1999年より,中央直属国有企業が共産党および3省庁の共管に移行している。企業側の経営自主権を拡大しつつも,モニタリング体制を強化しようとしている。重点国有企業(1999年307社)の経営自主権の拡大と党組織を組み込んだ企業統治を構築するため,監査特派員の派遣が進められている。経営自主権の拡大を意識しつつ,企業制度の近代化や企業統治の構築を指向しているのである。

3. 21世紀における中国の産業政策

(1) 国際協調と和諧社会の建設

　2001年,中国は,WTOの143番目の正式メンバーとして加盟を承認されている。中国経済は,WTOに加盟し,経済の自由化とボーダーレス化に直面し,一層の市場経済化を進めることになる。世界的規模での経済と金融の連鎖の深まり,国境を超える資源取引の増大等生産要素の高度な国際的調達メカニズムの進展に,中国の産業や企業が包摂されている。つまり,21世紀的な環境下での中国の産業政策は,新たな国際戦略を展開することになる。科学的発展観や和諧社会論(2002年胡錦濤政権の成立)を基盤とした産業政策が追求されている。まず,グローバリゼーションに対応して市場開

放，自由化を余儀なくされ，経済体制改革や法整備が進行している。単なる受動的対処にとどまらず，中国は，特に，2002年よりASEAN等とFTA（自由貿易協定）を積極的に締結している。また，先進国とは対話を通して貿易摩擦回避につとめ，途上国に対しては援助と投資を拡大して安定した外交関係の構築を試みている。そして，2006年の第11次5カ年計画頃から，一国を中心としてきた伝統的な産業政策が，グローバル時代の国際協調的産業政策に転換したとされている。

　また，中国国内では，科学的発展観を基盤にした調和のとれた新しい社会建設を目指している。具体的に，和諧社会の建設が目指されている。和諧社会とは中国共産党が2004年に発表した各階層間で調和のとれた社会を目指すというスローガンのことである。中国では改革開放政策による躍進の一方で，官僚や共産党員の腐敗，階層間，地域間の格差の拡大，環境汚染が深刻化している。そのため，和諧社会というスローガンを打ち出すことによって社会不安の鎮静化を意図することになる。もちろん，民衆の不満のはけ口となるスローガンにとどまらず，共産党指導部にも警鐘を鳴らすものとされている。共産党指導部は，毛沢東が想定していた共産主義に回帰することも鄧小平が先導した改革開放を阻止することも出来ず，改革開放の是正を選択したとされている。つまり，和諧社会論は，胡錦濤を中心とした政府主導部が中国社会の矛盾の克服策，所得再分配策を内実とする21世紀のスローガンであった。そして，2002年の第16回中国共産党全国代表大会で，江沢民は，情報化の進展の中で，科学技術の発達，教育振興を軸とした新しいタイプの工業化についての報告をしている。情報化を高度なものとし，イノベーションを促進するため，知的財産権保護制度の強化，資源，環境と調和した持続可能な発展を目指そうとしている。やはり，2006年の第10期全国人民代表大会で採択された第11次5カ年計画の「要綱案」では，年平均7.5％の安定成長を確保しつつ，投資主導から消費主導の成長に移行するためにハイテク産業，新型工業化を重視した経済構造の構築を目指している。

(2) 情報産業の戦略産業化

21世紀，中国は，製造業のデジタル化，知能化の推進を課題とし，情報産業を単なるハイテク産業としてではなく，戦略的，基盤的産業としている。情報産業，ネットワークとサービス業の発展が，先の新型工業化を推進する重要な一環とされている。情報技術，情報産業の発展は，従来の経済成長パターンを転換していく重要な手段とされ，情報産業には，多くの政策支援，資源支援が提供されることになる[5]。また，中国経済が，自主創新能力を強化するため，今後15年間における科学と技術の発展を促す全面的な計画を策定している。2007年，国務院は「国家中長期科学と技術発展企画要綱」を公布し，科学技術を基軸とした創新的（創造的）な国家を目指す戦略的国策を宣言している。賃金の上昇や既存産業での過当競争等新たな局面に直面し，共産党，政府は，技術力強化による自前の技術革新能力を育成することをこれまで以上に重視している。2006年の研究開発費は対GDP比で1.4%にまで増加していたが，第11次5カ年計画では，この比率を2010年までに2%にまで引き上げようとしている。創造的な産業強国，中国の産業構造の高度化が目指されている。世界知的所有権機関（WIPO）の統計によると，2006年中国企業による国際特許出願件数は前年比56.9%増となる等，技術力の躍進がうかがえる。さらに，経済だけでなく，環境保護，社会保障等社会政策に関する課題にも力点を置き，社会政策関連目標を法的拘束力のある目標とし，それぞれの関係省庁と地方政府にその達成を義務付けている。そして，特定の課題，目標，プロジェクトに関し，具体性，実効性を重視した記述を求めている。

他方で，産業政策に市場経済化の進展に適合するよう基本的に強制力を持たせないとの方針を一層推し進めていることがある。産業政策の重点が競争促進にシフトしている。市場経済化を進めながら，私営企業の市場参入領域を広げ，投融資，租税，土地使用，対外貿易等で私営企業にも国有企業と同等の競争環境を準備しようとしている。そして，私営企業家を包摂して，経済体制の改革を進めようとしている。第9期全国人民代表大会第4回会議

(2001年)において「中華人民共和国国民経済および社会発展第10次5カ年計画要綱」が承認され，国家戦略と社会発展についての方針が示されているが，この方針は，従来のように国有部門への国家投資を通して必ず達成せねばならない奮闘目標といったものではなく，企業に方向性を与える指導的意見と位置づけられている。第11次5カ年計画も，構想，ビジョンとされ，指令的な計画と異なるものになっている。つまり，産業政策が，指令からビジョン的なものに変質している。

　他方では，国家発展改革委員会の権限を強化しようとする試みが認められる。国家発展改革委員会は，2005年，鉄鋼等主要業種を対象とする産業政策において規制を強化している。国務院，国家発展改革委員会は，産業構造調整の促進に関する暫定的規定を承認し，公布しているが，市場メカニズムによる基本的な資源配分機能を強調しつつも，国家の産業政策による合理的な誘導を強化し，資源配分の最適化を実現しようとしている。国家発展改革委員会は，行政改革により，旧国家計画委員会時代のような産業政策に関する権限を持つことになり，投資過剰や生産過剰問題はじめミクロな経済活動の調整に関与しようとしている。そして，国有資産監督管理委員会は，国有企業改革のために主導的役割を果たそうとし，中央直轄159社の経営を直接監督しようとしている。産業政策をビジョン的ものに変質させながらも，中枢的な部門への政府の関与を強化しようとしている。結果として，寡占化，独占化により，一部の国有企業は，高収益を確保しているが，地方国有企業等は，経営悪化，資産売却，破綻処理を迫られることになっている。そして，中小企業中心に民営化を推進することは既定路線となっているが，民営化の範囲，方法と対象について，明確な合意形成なしに推移する。

　さらに，国際競争力向上のための一層の構造調整，企業改革を進めていることがある。21世紀，中国は，国際的な現代的国家建設の基礎が出来，経済社会が新しい段階に入ったとしてきたが，産業政策も，新しい役割を担うことになる。中国は，新しい社会像を示し，市場経済化を重視し，支柱産業，ないし，戦略産業を重点的に育成していくために，産業構造と企業改革を積

極的に推進しようとしている。特に，2001年の第9期全国人民代表大会第4回会議において承認された「中華人民共和国国民経済および社会発展第10次5カ年計画要綱」を画期に，「戦略的な構造調整」を課題としている。この計画要綱では，まず，以下のような外部環境の変化が確認されている[6]。①経済のグローバル化の深化，②科学技術革命の進展，③産業の構造調整の加速化，国際競争の激化等である。そして，重大大型企業，インフラ，重要自然資源等に係る企業の統括は中央政府が担当し，その他の国有企業に対しては，地方政府が分担することになる。地方政府による外資をも対象にしての国有資産の売却，私営企業の市場参入規制領域の緩和，民営化を推進している。産業構造調整では，電気機械工業を重視し，ハイテク産業化，伝統産業のハイテク化によるレベルアップやIT産業等の振興が目指されている。構造調整のために経済効率を優先している。そして，国際競争力を向上するために国民経済の構造調整，産業の構造調整，地域間の構造調整，企業組織の構造調整，製品の構造調整と多層にわたる抜本的な構造調整が追求されることになる。

4. 企業改革の進展

(1) 国有企業改革

　1996年来，金融改革，国有企業改革，行政改革という三大改革を課題とされてきたが，国有企業改革の推移が重要である。国有企業数は，1998年の約28万8,000社から2007年の約11万6,000社にまで整理統合されており，関連して，国有企業の従業員は，1,000万人以上削減されている。国有企業の中でも，国有資産監督管理委員会直属の中央企業は，2003年末196社，2006年末159社，2008年1月末には150社にまで減少している。大型国有企業の大規模な再編，リストラクチャリングが進展している。

　特に，WTOに加盟し，国際的な競争圧力の強まりに直面し，国家重点企業は，電信を含む独占，寡占業種に多いのであるが，基幹産業，ハイテク産

業等業種，企業数，重点企業等政策課題を明確にして一層の国有企業改革を進めている。国有大企業の一層の集約，再編を推し進める方針を明示し，一定規模以上4万社の0.04％，総資産12.20兆元，上場企業の42％を占める圧倒的存在である159社の直轄企業につき，企業数を2008年までに再編統合により80〜100社にするという方針であった。最終的には，翼下企業を国民経済の根幹と安全保障にかかわる業種を中心に数十社に絞り込むことを目指している。重点企業に関しては，債務，株式転換による金利負担の軽減等手厚い支援策が実施されている。

また，前述したように，重要視している通信部門で旧中国電信の4分割を実施し，固定電話を主要業務とする新中国通信と携帯電話を主要業務とする中国移動の二大通信会社を設立している。中国移動の香港上場子会社である中国移動（香港）は中国移動から国内の主要移動電話網を買収し，市場シェア50％を超える国内最大の携帯電話事業者となっている。そして，第二電電に相当する中国聡通は2003年に香港，ニューヨークの両株式市場に同時上場し，中国企業としては，過去最高の60億ドルの国外調達を果たしている。新中国電信も国外上場を指向し，大規模な人員削減を進めてきた。だが，国内の通信部門の高料金，非効率は批判されており，WTO加盟後，市場開放と一層の効率化を迫られている。大型国有企業の国外上場は，資本調達と経営効率化の両面で意義がある。こうした事例を含め，中央委員会第4回全体会議決定をうけ，国有企業の民営化を規定路線とし，国有企業株の売却を進め，市場競争の激しい低収益分野では，企業規模の大小を問わず，全面的民営化を進めようとしている。196業種のうち146業種から段階的に国有企業が退出している。ただ，旧国有企業が大半を占める上場企業の株式の総量の3分の2は，政府が所有する非流通株となっており，売買の対象になっていない。そのため市場取引を通じて流通株を購入した株主が経営の最終意思決定権を行使することは事実上困難で，これが企業改革を拒んでおり，国有株放出が停滞している。

他方，2003年に設立された国家国有資産監督管理委員会や第16期中央

委員会第3回全体会議では，国有企業改革を実現し，投資主体の多様化を実現し，株式制度を公有制の実現形態としている。ここでも，国有企業の株式会社化を進める方針が再確認されている。国家国有資産監督管理委員会主導の大型国有企業再編政策は，巨大な独占企業を生み出す可能性を有している。すなわち，独占企業の形成は，市場競争の促進や民間企業支援と矛盾する可能性を有する。国有大企業の集約，再編は，国有資本の投資効率という観点からして合理的であるが，独占や寡占による弊害をもたらす恐れがあるのである。

(2) 対外政策の変化

2004年頃から，中国は重点国有企業の絞り込み，重点施策を追求する一方で，国内市場開放，規制緩和，外資による投資対象業種を拡大する等民営化を進め，グローバル化に向けて，法規，体制を整備している。すなわち，第一に，国内的な産業調整，競争環境が再編成されている。国務院，国家発展改革委員会は，「産業構造調整の促進に関する暫定的規定」を発表し，国家の産業政策による合理的な誘導策の導入と市場メカニズムを通しての基本的な資源に関する配分機能の強化を目指している。国家発展改革委員会は，業種別に特定の品目，設備，生産技術等を奨励類，制限類，淘汰類の三つに区分して租税や投資認可で差別的政策を駆使した産業構造調整ガイドラインを発表している。そして，投資についての地方政府の認可権限を，奨励類（認可類），制限類に関し，それぞれ，1億ドルと5000万ドルに引き上げ，拡充したものにしている。

また，中国では，1995年の「外国投資の方向についての暫定規定」と「外資直接投資方向の目録」を公布して，外資に対処してきた。さらに，1989年の「当面の産業発展条例目録」では明確にしていなかった部分を詳細に規定した「国家重点奨励産業目録」（2007年改訂）が公表されている。この二つの産業目録は，リストアップ方式を採用し，現在に至るまでの産業政策の主軸になっている。21世紀に入り，中国政府，地方政府は，中国企業の

発展を促進するために，伝統的な外国資本政策の転換を発表している。中国は，低賃金労働力の存在を示して外資を導入し，世界の工場としての役割を果たしてきた。全国人民代表大会常務委員会は，合作企業法，全額外資企業法の改正を可決し，外資全額出資会社に対し，製品輸出義務，原材料の国内調達優先義務，外貨バランス義務などを課す条項を削除し，外資導入環境を整備している。だが，近年，中国においては，最低賃金の引き上げやインフレーションにより賃金の上昇が進み，また，中国企業は，中国ブランドの確立や研究開発指向を強めてきている。こうしたことから，外資の積極的受け入れを指向しつつも，労働集約型工場を制限し，ハイテク企業を重視する等外資に対し選別政策を展開するようになっている。他方，外資による大手中国企業の買収の増大があり，中国市場での外資による独占的地位の構築が脅威とされている。28の主要産業のうち外資参入を認めている21業種において，上位5社は外資が占めるという事態となり，外資による特定業界支配を規制する方針が出されている。商務部は，「外国投資家の国内企業買収合併に関する暫定規定」を公布し，株式交換による買収を認める等一部自由化を進めながらも，重点産業に属する企業や著名ブランドを有する企業の買収，安全保障にかかわる企業の買収については商務部の審査，認可を義務付け，商務部の認可権限を実質的に強化している。

　中国政府は，市場経済化を進めつつ，先端技術産業化を目指しており，外国企業による低賃金指向の中国進出を牽制し，他方で，外資支配を制限しようともしている。こうした外資に対する差別待遇は，WTOのルール違反との批判もあるが，産業政策による誘致産業の選別，産業構造の高度化と国内産業の育成強化は，中国の外資政策の大きな転換を意味する。

　さらに，2006年には改正会社法が，施行されている。12年ぶりの全面改訂であり，最低資本金の大幅引き下げ，一人会社設立の自由化，株式会社設立の準則主義採用，法人格否定の法理，企業統治制度の整備をしつつ会社設立の自由度を高める内容となっている。そして，民間資本の参入を奨励し，民間資本に全ての業種を開放している。都市部では，大中型企業の技術革新

を促進し，制度的に譲権放利により，企業の経営自主権を拡大し，輸出産業等の国際競争力を強化していく育成政策を充実している。共産党，政府は，国有大企業の集約，再編を進めながら，他方では，民間企業の発展を奨励し，過当競争の是正と競争の促進を内容とする企業改革を進めているのである。2006年末には，私有企業数は，2000年の約3倍の498万社，就業者数は6,586万人となっている。関連して，労働力コストの上昇への対応を意図して，2008年には，終身雇用規定を組み入れ，労働者の待遇改善を目的とした労働契約法や就業促進法が制定されている[7]。外国企業に本格的に国有企業の株式の購入機会を提供し，外資との合弁，買収に関する法制化を進めている。なおも，中小企業政策や中小企業促進法の制定準備を進展させている。

次に，中国の対外戦略と輸出入，直接投資等対外関連政策が大きく変化している。中国の産業発展とともに，貿易黒字が拡大し，特に，アメリカとの間で巨額な対中貿易赤字を生みだし，アメリカの貿易赤字の3割を占めるような事態を形成してきた[8]。EUでも中国からの輸入は増大している。こうした輸出拡大の結果，2007年には，世界全体の輸出額のうち中国が占める比率は9％を超えるような状態になり，年末には中国の外貨準備高は，1兆5,282億ドルに達している。それだけに，貿易摩擦が深刻化している。具体的に，アメリカが，中国政府による半導体産業に対する付加価値税優遇策を，WTOに提訴するとか，アメリカ国際貿易委員会が，中国製カラーテレビのダンピングを最終認定するといった事態が生起している。長虹など，輸出大手が課徴金により被った損害は，数億ドルになるとされている。経常収支と外貨準備の拡大は，中国が，改革開放以来，一貫して掲げてきた対外政策であったが，こうした局面で貿易摩擦回避や対外不均衡是正を主張することになる。経常収支拡大と外貨準備の急増，通商摩擦の激化，元切り上げ要請に直面し，通商政策は新展開を遂げ，これまで維持してきた輸出拡大優先の対外政策を転換せざるを得なくなっている。つまり，第11次5カ年計画では，国際収支の均衡を図る方針を明確にし，為替レート，元切り上げと輸入拡大が公式の政策課題と位置付けられている。

2008年には，元の低下という事態が生じているが，それまでは，軽工業品の輸出増値税の還付率を引き下げ，一部のハイテク製品の輸出に対する輸出増値税の還付率を引き上げている。欧米での相次ぐ輸入制限の動きに，中国は，反対しつつも，自主規制による摩擦の鎮静化策を展開している。輸出数量制限，輸出総量を抑制しつつ，品目構成の高度化を図る方針を打ち出している。また，二国間協議で国内メーカー優遇廃止を約束し，2004年には，訪米団を派遣し，22億ドル強の電子機器，通信機器購入契約に調印している。

　他方，1979年から外資導入が開始されており，輸出拡大のみでなく，対内直接投資の拡大が待望されている。そして，外資を導入し，輸出加工型工業化を推進するため，中国は，税の減免等外資に優遇措置を講じている。また，1998年以降，中国政府が奨励策を一層明確化したこともあり，国外で生産拠点や販売ルートの構築を目指す中国企業の対外直接投資や企業買収が増大している。さらに，2000年，第15期中央委員会第5回全体会議で，公式に対外促進政策，「走出去」(国外進出)政策を打ち出している。政府は，国外に進出する企業を支援し，中小企業，郷鎮企業，そして民営企業もが対外直接投資を実行することになる。とりわけ，2004年のレノボによるIBMのPC事業買収以降，特に，対外直接投資が活発化している。資源確保や新興国，開発途上地域への積極的な投資が注目されている[9]。

　さらに，2008年，リーマン・ショック後，中国の国内投資は，世界的な景気変動の調整弁として大きな役割を担うことになる。中国は，金融危機に対処するため，財政資金や国有銀行の融資を主な財源として，高速道路等インフラ整備や不動産投資，企業の設備投資など事業規模で4兆元(当時のレートで約56兆円)の投資計画を実施してきた。この結果，09年の銀行の新規貸出総額は，08年の2倍近くになり，関連して，固定資産投資の伸び率が3割増になっている。2009年の経済成長は，外需の減少にもかかわらず，それを上回る固定資産投資の増加分により維持され，経済のV字回復が称賛されることになる。しかし，景気悪化に対する過剰防衛とされるほどの巨額な国内投資は，不動産や高速鉄道，自動車，太陽光発電パネルなどの分野

で過剰投資を招き，景気鎮静化のために，中国政府は，09年後半から引き締めに転じている。だが，2011年の中国の分野別固定資産投資で，不動産投資の増加率は28％であり，高水準を維持していた。製造業の投資も前年比，32％と高いものであった。こうした内容の中国の市場拡大が，2008年リーマン・ショック後の世界経済を支えていたのであるが，他方では，欧州危機の影響により輸出の伸び率の低下が起き，国内投資を抑制することになる。

5．中国における格差拡大と民主化問題

(1) 深刻な所得格差

　中国経済は，投資と輸出主導で成長を達成してきた。中国のGDPは，2007年14.2％，08年9.6％，09年9.2％，2010年10.4％，11年9.3％といった成長を続けている。いまや，こうした驚異的な中国の経済成長が変調をきたしている。中国国家統計局によれば，2011年の中国のGDPは47兆2,881億元，1人当たりGDPは，5,417ドルとされている。ところが，2012年のGDPの成長率は実質7.8％増となり，09年第一四半期以来，8％を割り込んでいる。第12次5カ年計画では，経済発展方式の転換，内需拡大への構造改革が課題とされている。近年，消費拡大路線が重視されているが，2012年にはその消費が落ち込んでいる。輸出も低迷している。それゆえ，消費拡大と適度の投資規模を維持しての安定した経済運営が目指されている。不動産への投機的投資を抑制し，投資を安定させ，内需を拡大し，一定の成長を維持しようとしている。所得分配の構造調整，住民の購買力を高めようと，最低賃金ベースの引き上げ，養老年金制度の全国的普及，医療制度改革が試みられている。

　成長率の鈍化是正と経済構造の改革が，中国にとって差し迫った課題となっているが，この課題解決を阻んでいるのが所得格差の拡大である。現在の中国は，異質の国の合成物とされるほど格差が大きく，中国の格差問題は深刻である。市場経済化による急速な経済発展は，都市と農村との，都市内

部の深刻な格差をもたらしている。所得分配の不平等さを示す指標，ジニ係数は，1に近づくほど格差が大きいとされ，2009年世界銀行の調査では，欧州0.24，日本0.36に対し，中国は0.40の警戒水準を超え，0.47に達している。フィリピン等を超え，アジアでも高水準にある[10]。不平等と格差の是正，調和のとれた社会，まさに，和諧社会の建設が最大課題なのである。1978年の改革開放政策当時，都市部と農村部の所得格差は約2.6倍であった。その後，農村改革により，80年代初頭，この格差は約1.7倍に縮小している。だが，80年代後半から都市部と農村部の所得格差が，また，拡大している。都市部と農村部の所得格差拡大に伴い，農村から都市へと住民の流入が生じ，都市での低所得者層の増加，階層化が起き，所得格差問題を複雑にしている。1986年から2006年まで，中国のGDP成長率は年平均9.7%であったが，都市部住民の所得増加率7.1％に対し，農村部住民のその増加率は4.4％にとどまり，所得格差を拡大させてきた[11]。

　なおも，公共投資，国有経済の拡大は，格差を深刻化する可能性がある。地方政府や役人はこれまで農民から土地を収奪し，開発によって得た利益を地方政府，開発業者とが，ぶんどりをしたとする指摘もある。内需拡大のためのインフラ整備，公共事業が，一部の関係者の利権の場と化す可能性は少なくない。地方政府に土地を取り上げられた農民が，頻発する暴動の主体となっている。内需拡大のための大規模公共事業が，農民の収奪と格差拡大の誘発を伴っている。また，大学卒業者の就職率は60数パーセントにとどまっている。こうした諸要因が，都市部での学生や労働者を中心にしたデモ発生の基盤となっている。富の偏在化，資源配分の不均衡の進行は，中国社会に深刻な問題を内在させることになる。

(2) 民主化の進展

　中国の激しい所得格差の進展は，中国の民主化と連動している。急速な市場経済の浸透，中国的産業発展は，格差拡大を招き，中国の国民の政治への参画に不満を募らせることになっている。世界の工場，中国での労働争議の

増加が認められる。急速な産業発展は，格差の進展と民主主義的政治過程の未成熟を随伴している。そして，経済的な躍進の他方で，企業内で，さらに，中国共産党の一党独裁的な政治支配に対抗する広範な規模での民主化運動が展開されている。既に，1970年代，文化大革命後の1978年に北京の春とされた自由化運動が生起している。中国の近代化のために，保守的な共産党に対抗し，労働大衆による権力の掌握を主張した魏京生の「第5の現代化」宣言を契機に民主化運動が起きている[12]。

1980年代には，ベルリンの壁の崩壊とも関連するが，経済的な混乱，汚職の増大等に抗議し，1989年に天安門事件が起きている。だが，抗議活動は中国軍により鎮圧されることになり，民主化運動は衰退している。民主化運動に対して中国政府は，インターネットや他のメディアの活動を制限し，民主化を訴えることを禁じるという厳しい抑圧政策を強行している。他方で，世界の中国人学生活動家を中心に，多様な民主化支援団体が組織化されている。そして，国外に拡散した運動家らによって民主化運動が継続されている。なおも，活動家の中から，その後，中国のICTの担い手たちが生まれてきている。

21世紀に突入し，法輪功のような宗教を真似た活動の他，2008年には著名人など約300人が民主化を求めて署名した『零八憲章』声明が「世界人権宣言」60周年と関連させて発表されている。だが，劉暁波ら起草した者は中国当局に身柄を拘束され，処罰されることになる。それ以後，外国の要人の訪中や人民代表大会会期中，彼らは自由を失い，電話，インターネットによる交信を遮断されている。

また，2010年には，中国政府の政策に強い影響力を持つ北京大学国家発展研究院副主任の姚洋教授が，米外交専門誌『フォーリン・アフェアーズ(Foreign Affairs)』に中国の経済成長維持には民主化を進める以外に道はないといった論旨の論文を発表している。北京大学国家発展研究院は共産党が進めてきた市場経済化路線を理論的に支えてきたシンクタンクであり，体制内学者が米誌で民主化を呼びかけたことで，波紋が広がっている。なおも，

第 7 章　21 世紀における中国の産業政策の展開　179

　2010 年 10 月にノーベル賞委員会が，中国における基本的人権のために長年，非暴力的な闘いをしてきたことを授賞理由に劉暁波にノーベル平和賞を与えることになる。この劉暁波へのノーベル平和賞の授賞後，国内国外で民主化運動が盛り上がりを見せている。つまり，平和賞の授与を機に，世界で活動している中国人民主化活動家 (民主中国陣線，中国民主団結連盟)，チベット独立派，ウイグル人独立運動家らが 2010 年にオスロ市庁舎でのノーベル平和賞授賞式典にあわせてオスロに集結し，連携を誓う「オスロの誓い」を公表している。各団体はこれまでに主導権争いなど内部対立問題を内在してきたが，オスロでの会談を契機に運動の統一化に動いている。ニューヨーク在住の胡平 (雑誌『北京の春』編集長) は世界中に拡散していた中国の民主化推進勢力の結集を確認している。そして，スイス在住のチベット独立運動家ロブサン・シチタンやウイグル独立ペンクラブ会長カイザー・ウーズンらが中国人活動家らとの連携を指向している。
　こうした動向に対し，中国政府は，劉の受賞はノーベル平和賞を冒涜するものであり，中国とノルウェーの関係に弊害をもたらすと批判し，在北京のノルウェー特命全権大使に対して劉のノーベル平和賞授賞に強く抗議している。そして，中国国内でのノーベル平和賞授与に関連する一部のニュース番組を報道させなかった。その後も，インターネット上でのメール検索の遮断等が行われた。人民日報系の環球時報ではノーベル平和賞は西側を利する政治的な道具となり，平和賞を利用して中国社会を分断しようとしていると抗議している。また，世界各国での受賞への賛同意見に対し中国外務省は定例会見で中国への内政干渉，中国の主権侵害を認めないとの立場を明示している。そして，2010 年には劉暁波の釈放を求める署名活動を行っていた崔衛平北京電影学院教授が拘束されている。また，アメリカ合衆国で起きた 9.11 攻撃後，中国でも反テロ法を通過させている。
　以上みてきたように，中国政府は，経済成長を最優先し，そのことを前提に政治の安定の必要性を認めている。つまり，経済成長を政治的自由に優先させてきている。民主主義は経済成長に欠落することが出来ない要因とする

反体制活動家や重要な役割を担った一部の関係者に対し，安全保障を脅かすとか国家機密を漏洩したとして厳罰に処している。さらに，西側諸国で有名な反体制活動家を国外に追放してきている。

また，チュニジアのジャスミン革命に触発され，2011年にはインターネットを通じてデモが呼びかけられ，中国各都市で集会が開催されたが，直ちに中国人民武装警察部隊等によって鎮圧されている[13]。中国当局は，国内主要メディアに対し，ジャスミン革命と中国とを関連づける報道を禁止することになる。中国政府は，デモ規制，情報統制，ネット規制を強化し，中国の治安を動揺させるようなアフリカや中東のデモに関する書き込みを削除している。また2009年ウイグル騒乱以降は，フェイスブックの利用も出来ないような状態である。

6. 今後の課題

中国は，世界に注目されるほどの経済的躍進を遂げてきた。持続的な経済成長を続け，今や，GDPは世界第2位となっている。政府による産業政策が，主導的役割を果たし，戦略産業が育成され，世界の工場となり，巨大企業が誕生し，近代的な経営と先端技術を指向することになっている。ただ，21世紀に突入し，中国は大きな転換点に直面している。世界的な不況に影響されての成長の鈍化，インフレーションの進行，最低賃金の引き上げ，雇用慣行の変革，経済摩擦の深刻化等に瀕している。なおも，看過出来ない問題に所得格差の深刻化と民主化問題がある。21世紀，中国の産業発展は，特に，この2つの問題に阻まれている。

都市化により，都市と農村では，経済成長の過程で，非常に大きな所得格差が生まれている。都市における農村からの人口の流入が増加し，都市においても格差が生まれている。つまり，農村，都市住民，流入住民といった三層の格差が生起しているのである。そして，内需拡大，農村の工業化，インフレーションの進展等は，格差解消ではなく，格差を拡大させる傾向を有す

る。

　なお，経済の低迷と民主化運動とが同時に進行している。つまり，市場経済の発展と共産党の独裁体制との矛盾が明らかになってきており，更なる産業発展は，民主化問題の克服を回避することが出来ない。中国の産業発展は，やはり，大きな曲がり角に直面しており，即物的な市場経済化を優先し，民主化を据え置いてきた政府主導の中国式統治モデルが行き詰っている。中国製品の安全性問題などに見られるように中国の未成熟な権利意識が，民主主義の定着を遅らせている側面がある。というより，中国は，民主主義の未成熟と成長戦略で躍進してきた。中国が進める成長戦略が，人民への平等な富の配分と政治的権利の侵害を内在させてきた。それ故，国民の政治参加を推進しての政治改革が不可避となっている。21世紀，国民の権利意識の向上を阻止することは不可能で，民主化の前進を無視しえず，中国政府は早晩，民主化への一層積極的な対応を迫られることになる[14]。政府の腐敗を訴える陳情者に応え，無用な賄賂を取り締まり，富を平等に分配していくメカニズムの再構築が課題となる。そして，政府と国民との間の情報格差の是正に必要なのは，情報の占有ではなく，政府による情報の徹底的な開示である。そして，透明度の高い政党のガバナンスの確立や十分な情報伝達，主体的な政治参加を可能とする仕組みを形成することが重要になる。公開性や透明性に充ちた自立的で安定したメカニズムを基盤とした民主的なガバナンスが構築されなければならない。中国経済が，不均等，不調和，持続不可能といった問題を解決し，ほんとうに和諧社会を実現することになれば，世界経済は，革新的展望を持つことになる。

【注】
1) 中国の産業政策の動向の考察に当たり，国家統計局『中国年鑑』各年版,中国研究所『中国年鑑』各年版を参考にしている。そして，特に，アジア経済研究所『アジア動向年報』各年版に依拠して，中国の産業政策の変遷を確認している。
2) アジア経済研究所編『アジア動向年報』(1999年) 89頁。

3) アジア経済研究所編『アジア動向年報』(2000年) 92頁。
 4) 金堅敏『中国の有力企業・主要業界』(日本実業出版社, 2010年) 104～115頁。海爾集団, 海信集団, TCL集団等家電メーカーの動向が示されている。
 5) 大西勝明『日本情報産業分析—日・韓・中の新しい可能性の追究』(唯学書房, 2011年) 221頁。
 6) アジア経済研究所編『アジア動向年報』(2002年) 98頁。
 7) 賈曄「労働契約制度に向かう中国の雇用政策」(古賀義弘編『中国の製造業を分析する』)(唯学書房, 2011年) 89頁。
 8) 21世紀中国総研編『中国情報ハンドブック』(蒼蒼社, 2010年) 378頁。貿易依存度等が示されている。
 9) 大橋英夫・丸川知雄『中国企業のルネサンス』(岩波書店, 2009年) 144頁。国際化の問題点を指摘している。
10) FFG調査月報「中国における所得格差問題」ふくおかファイナンシャルグループ (2010・12年) 16頁。
11) 陳喬之他「経済のグローバル化と中国社会の格差問題—改革開放の先頭に立つ広東省を例として—」(立命館大学人文科学研究所紀要・92号) (2009年) 195頁。
12) 中国の民主化運動に関し, http://ja.wikipedia.org を参考とした。
13) アジア経済研究所編『アジア動向年報』(2011年) 100頁。
    中国でのジャスミン革命の去就を指摘している。
14) 李妍焱『中国の市民社会—動き出す草の根NGO』(岩波新書, 2012年) 190頁。

第8章
市民社会におけるソーシャル・ビジネスの役割[1]
―フェアトレードによる商取引の民主化―

神原　理

1. はじめに

　本稿の目的は，市民社会においてソーシャル・ビジネスが果たす役割について論じることにある。詳細に言えば，グローバル経済の進展によって市場（企業）の力が益々増大していく一方，市民社会の構成要素のひとつであるソーシャル・ビジネスが，国家（政府）や市場（企業）に対する対抗的補完関係を形成することで，互いのあり方を模索し再定義する存在として発展していくことの可能性や課題について検討することにある。

　現在，環境問題や経済格差，社会的弱者の支援など，近代社会がもたらした様々な社会・経済的課題に対して，NPO（民間非営利組織）やNGO（非政府組織）を中心とした市民団体による自発的で集団的・組織的な取り組みが世界各国で盛んになっている。日本では，1990年代以降，地域の社会・経済的課題に取り組む市民活動は増加の一途を辿り，2010年にはNPO法人（特定非営利活動法人）の数が4万を越えるまでになった。こうした活動のなかでも，ソーシャル・ビジネス—社会・経済的課題の解決をミッションとして掲げ，社会性と事業性と革新性を有する事業活動—の台頭は著しいものがある。ソーシャル・ビジネスには，民間企業から非営利組織まで様々な組織が関わっているが，事業型のNPO法人が中心的な存在となっており，行政や企業との協同事業や連携を進めている[2]。こうした動きは，国家や市

場でもない第 3 の生活領域として存在する「市民社会（市民セクター）」の拡大・発展として捉えられ，社会・経済的課題に対する活動の場としての「市民社会のあり方」が改めて注目され，その役割が問われてきている[3]。

　市民社会における NPO などの活動については，政府の失敗や市場の失敗を補填し，社会・経済的課題を解決する役割として一般的に期待が寄せられている。地域社会では，都市型生活の進展にともなう社会的紐帯の希薄化が進むなかでの相互扶助的機能（互酬関係）を果たす役割が求められている一方で，グローバル経済における先進国と途上国との格差の拡大を解消するための役割，即ち「より民主的な商取引（貿易）」のあり方を実現する存在としても期待されている。そのなかでも，収益事業を展開する事業型 NPO は，政府や企業からの助成金や補助金を受け，市民の寄付やボランティアを動員し，時に企業活動と対抗し，時に補完し合いながら市民社会と市場の双方にまたがる活動を展開している。とりわけ，フェアトレード団体などの途上国の支援に携わる事業型 NPO は，グローバル経済における主要なアクターの一員として，国家や市場と対峙するというよりも，相互補完的な関係－互いの役割を補いながらも時には牽制し合う関係－を築きながら地域社会（コミュニティ）における社会・経済的課題に取り組む存在となっている。

　現在のグローバル経済においては，一国の政治・経済動向が地球規模で様々な国に影響を及ぼし合う関係にあり，かつ国家の存在（国家的権力）を凌駕するほどの力をもつ市場（グローバル企業）の存在がある。そうしたなか，市民の自発的・自律的な力にもとづくアンチテーゼやオルタナティヴがソーシャル・ビジネスという形で国家や市場に対して提示されている。そこでは，「個人」を起点として市民の権利拡大を掲げる「国家と市民社会」という「二元論」ではなく，「国家，市場，市民社会」の「三元論」ないしは「国家，市場，家庭，市民社会」の「四元論」が基本的な認識となっており，かつ，国家と市場と市民社会は相互に対抗的補完関係にあるのが近年の特徴といえる。ソーシャル・ビジネスは，社会的弱者の支援や経済格差の是正といった社会・経済的課題の直接的な解決だけでなく，互酬と協同の関係性や資源の

再配分機能を果たすとともに,「人々の労働と生活（社会的関係）のあり方」をめぐる根源的な問いをとおして既存の社会にアンチテーゼやオルタナティヴを提示する存在である。国家と市場と市民社会との対抗的補完関係のもと, ソーシャル・ビジネスがもたらす資源の配分機能と社会構想によって民主的な商取引が促進され, 現代的な市民社会のあり方が再定義されていくのではないだろうか。

以上の考えから, 本稿ではまず, 現代における市民社会の概念を整理し,「市場と市民社会」との関係について論じていく。そして, ソーシャル・ビジネスとしてのフェアトレードが商取引のあり方や市民社会の形成に果たす役割について検討していく。

2. 市民社会の定義と概念

(1) 市民社会とは

市民社会とは非常に複雑な概念であり, 幅広い意味で用いられているため, 共通の定義や概念を設けることは非常に難しい。こうした点を含め, 市民社会論に関する史的変遷や概念的な諸類型については, 既に他の章で十分に論じられているので, 本稿では現代の日本の社会特性を踏まえながら最大公約数的な概念を示すに留めておく。

おおよその共通した認識として, 市民社会とは「家庭や国家, 市場の外部にあり, 共通の関心を高めるために, 個人および集団的な活動や, 組織, 団体によって創り出される領域[4]」であり, 共通の関心や目的, 価値にもとづいて自発的で集合的な活動を行う様々な非政府で非営利の組織や団体（civil society organizations）によって構成される概念といえる[5]。ここでは,「個人」を起点として市民の権利拡大を掲げる「国家と市民社会」という「二元論」ではなく,「国家, 市場, 市民社会」の「三元論」ないしは「国家, 市場, 家庭, 市民社会」の「四元論」が基本的な認識となっている。

こうした考えは, 基本的に Jürgen Habermas による「市民的公共圏」の

概念にもとづいている[6]。それは、市民が自由なコミュニケーションによって議論し、公共的意見を形成していく場、即ち「公衆として集合した私人たちの生活圏」であり、市民社会とは「自由意志にもとづいた非国家的・経済的な共同決定および連帯的結合」をいう。そして、協会や文化的サークル、学術団体、独立したメディア、スポーツ団体、レクリエーション団体、弁論クラブ、市民フォーラム、市民運動、同業組合、政党、労働組合などが市民社会の担い手とされている。

　市民社会は、国家、市場、家庭から独立した存在ではあるが、各セクターとは相互に作用しているため、現実的には各セクター間の境界は複雑で漠然としている（図表1）。

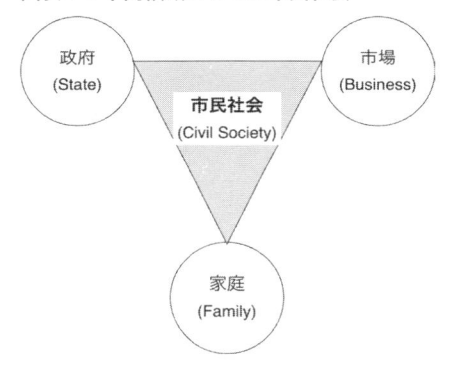

図表1：中間領域としての市民社会

```
    政府              市場
   (State)         (Business)
        市民社会
      (Civil Society)

           家庭
         (Family)
```

Thania Paffenholz and Christoph Spurk (2006), "Civil Society, Civic Engagement, and Peacebuilding", Social Development Papers: Conflict Prevention and Reconstruction No.36, Social Development Department, The World Bank, p.3 より加筆修正

　市民社会は、とりわけ国家や政策的領域に関心が向かっており、これらの領域とより密接に相互作用しているが、これらのセクターに取って代わるものではなく、むしろこれらの領域の有効性と反応性を高めることが目的となっている。市民社会の役割は非常に多様で複雑で、論争を招くものであるが、右派から左派、その間に存在するすべての視点に立つ政治家や思想家たちは、社会、経済、政治的課題に対するひとつの解決策として市民社会をみ

なしている[7]。

　市民社会の領域と特徴に関しては，上記の概念規定によっておおよその共通理解が得られるであろう。では，市民社会は国家や市場とどのような関係性にあるのだろうか。坂本義和（1997）は，国家と市場，市民社会との関係を「相対化」という視点から捉えることで，それぞれの関係と市民社会の役割について以下のように述べている[8]。ここでいう相対化とは，原点喪失という意味ではなく，可変性または比較・置換・選択可能性という枠組みで意味づけすることを指す。

　市民社会とは，「人間の尊厳と平等との相互承認に立脚する社会関係がつくる公共空間」であり，「不断の歴史的形成の過程そのもの」である。それは，経験的に存在する社会関係だけでなく，「人間の尊厳と平等な権利とを認め合った人間関係や社会を創り，支えるという行動をとる市民の社会関係」をさす。そうした規範意識をもって実在している人々が市民であり，彼らが創った社会の在り方や自分自身の在り方を創り変え，「市民自身が再定義していく歴史過程」が市民社会である。

　市場は「世界化（globalization）」を進めることで国家と市民社会，或いは人間をも相対化している。他方，市民社会は国家権力への抵抗を通じて国家を相対化してきたという長い歴史をもっており，現在は貧困や失業，格差や環境破壊への抵抗を通して世界化した市場の相対化を目指す挑戦を世界各地で始めている。それは即ち，「市民社会の普遍化（universalization）」である。市場も市民社会も，国家からの自立を志向し，その自律的発展に必要な秩序の維持を国家の役割として限定している。しかし，市場化は基本的に人間の社会関係の商品化（commodification）に立脚しているのに対して，市民社会は社会関係と歴史過程の人間化（humanization）を基本的な役割としている。市場による相対化は，それ自体が相対的な手段価値の追求でしかないが，市民社会による相対化は，「人間の尊厳と平等な権利」という普遍的な目的価値へのコミットメントを原点とすることで成り立っている。

　つまり，近年の世界的な経済環境の変化である市場のグローバル化にとも

なって，国家と市民社会のあり方も，またそれぞれの関係性も変化・変容してきているといえる。現在のグローバル経済においては，一国の政治・経済動向が地球規模で様々な国に影響を及ぼし合う関係にあり，かつ「国家権力」と同じく自律した「経済権力」，とりわけグローバル企業がもつ市場や社会全体への多大な影響力が存在している。そうした状況のなかで，市民の自発的・自律的な力にもとづくアンチテーゼやオルタナティヴがソーシャル・ビジネスという形で提示され，国家と市場と市民社会との関係が再定義されつつあるのが近年の特徴といえる。

(2) 日本型市民社会の特徴

現在の日本における市民活動は，1995年の阪神淡路大震災におけるボランティア活動の台頭や，1998年の特定非営利活動促進法（NPO法）の制定を契機として進展してきた。それ以前にも，1960年代以降の消費者運動，公害問題や環境問題に対する市民運動など，国家や市場のあり方に対して異議を唱え，是正や変革を求めるカウンターパワーとしての市民運動（市民社会）は存在していたが，国家や市場に対抗するセクターとしての存在感は乏しいものと言わざるを得なかった。

椎木哲太郎（2003）によれば，日本の市民活動は，律令制度（660年代以降）における貴族や大名，商人による神社仏閣への「寄進」や，各地における「講」組織の活動，明治期の報徳社運動と協同組合運動などに源流をたどることができ，大正デモクラシーを契機とした社会事業や協同組合運動，企業フィランソロフィーなどが市民活動の萌芽形態であるとしている[9]。そして，1960年代後半以降の市民活動は，都市型社会への移行を基盤とし，世界的な脱産業主義，反権威主義，反官僚主義，脱イデオロギー的潮流を背景に台頭した市民の自発的・組織的社会参加活動，とりわけ社会的課題の解決に取り組み，新たなコミュニティ形成への展開を内包した諸活動であると述べている。

谷本寛治（2002）は，1970年代以降の日本のNPOの活動の変遷について，

次のように述べている[10]。1970年代以後，伝統的な慈善型NPOは，ボランティア活動に支えられて公共的な問題を自発的に担う存在として大きな力をもつようになった。他方，企業活動を監視・批判するNPOや，より積極的に企業に政策提言するアドボカシー型のNPOが「市場社会における牽制力」として台頭し始めた。80年代半ば以後は，小さな政府を進める政策のもと，助成金や寄付金に依拠するNPOだけでなく，多様なソーシャル・サービスを有料有償で行う「事業型NPO」が増えてきた。こうした変遷を踏まえて，谷本は，「新しい社会経済システムをつくっていく方向を模索する存在」としてNPOの役割を指摘している。

NPOによる近年の市民活動は，都市型生活の進展にともなう社会的紐帯の希薄化や，少子・高齢化にともなう相互扶助のあり方，経済のグローバル化にともなう格差の拡大などを背景とし，国家や市場に対して対峙するというよりも，政府や企業とともに国家や市場のあり方を模索し，ひいては市民社会のあり方を再定義する存在となっている。とりわけ国家的・国際的レベルで活動するNPOやNGOは，グローバル化する経済社会のなかでの主要なアクターの一員として相互補完的な関係を築きながら社会・経済的課題の解決に取り組む存在となっている。

こうした日本型の市民活動の特徴として，椎木（2003）は次の点を指摘している[11]。①基本的には行政との関係を軸に活動が展開されてきた。②大企業への批判意識が強く，彼らとの対等な関係での交渉や交流が希薄であったことから，企業からの助成や協同事業に対する忌避感が強い。③活動の担い手としては成年男性の関与が低く，職業としての認知度も低い。寄付の面でも個人の貢献度は低い。④必ずしも宗教的背景や強固なイデオロギー的基盤を有していない反面，活動に対しては道徳性を強く求める潔癖症が見受けられる。⑤活動分野としては身近な社会福祉活動が大きなウェイトを占めている。⑥組織構成としては生活協同組合のような協同組合組織の比率が高い。

1990年代以降，市民活動が台頭し，2010年には認証NPO法人の数は4

万を超えた。とはいえ，上記の日本的な特徴などによって，市民活動の担い手は特定の市民層に限られ，行政からの補助金や委託事業への依存度は高く，自主財源の乏しさから自立性も低く，収益規模の小ささからセクターとしての雇用力も乏しい。経済産業省の推計（2008年）によれば，社団法人や財団法人なども含めた市民セクター全体の経済規模は約2400億円で，ソーシャル・ビジネスの事業体は約8000，雇用は約3.2万人で，イギリスの市民セクターの経済規模は約5.7兆円で，約17万団体あるゼネラルチャリティのうちのソーシャル・ビジネスの事業体は約55000で，雇用は約77.5万人とされている[12]。人口が日本の約半分であるイギリスと我が国とでは，市民セクターがもつ社会・経済的な影響力には歴然とした差がみられることからも，日本のソーシャル・ビジネスはまだ萌芽期にあると言わざるを得ない。市場（企業）との対等な関係にもとづいて相手を牽制したり連携したりするだけのレベルにまで達していないことが，日本のソーシャル・ビジネスの重要な課題でもあり，それは日本の市民社会の発展にも一定の影響を及ぼすことになるだろう。それ故に，ソーシャル・ビジネスが発展していくための課題や方策について議論をする意義があると言える。

3. 市民社会と市場との関係変化

ここではまず，ソーシャル・ビジネスを中心とする市民活動（市民社会）と企業（市場）とが，近年はどのような関係へと変化してきているのか整理していく。企業（市場）は，社会的課題への取り組みや地域への参画など，これまで外部経済としてみなしてきた生活領域，即ち市民社会へのアプローチを積極的に進めつつある。他方，市民社会では，企業との連携を積極的に進め，市場（商取引）をとおして社会・経済的課題をより効果的・効率的に解決しようとするソーシャル・ビジネスが進展してきている。そこで以下では，こうした動向の根底にある考えを整理した上で，ソーシャル・ビジネスのなかでもフェアトレードに着目し，市民社会におけるソーシャル・ビジネ

スの意義と課題について,「商取引の民主化」という視点からまとめていく。

(1) 企業（市場）による社会的価値の実現

　近年の企業活動では，市場における経済合理性だけでなく，社会問題への対応や地域社会への参画，社会性や人間性といった外部経済に対する配慮も高まっている。そもそも，企業は経済・社会・文化に関わる様々な価値を社会に提供しているし，社会的な影響に配慮するのは近年に始まったことではないが，近年の傾向は，市場の拡大・グローバル化によって国家や市民社会など多方面に市場の影響力が拡大している現状を反映したものとなっている。

　企業と社会との関係については,「企業の社会的責任（CSR: Corporate Social Responsibility）」という視点から，これまで数多くの研究と実務的成果が蓄積されてきた[13]。CSR は，事業活動を経済的（財務的）側面だけで評価するのではなく，環境的側面や社会的側面をも視野に入れた評価を行うことで，社会や環境の持続可能性が高められると同時に，企業価値（ブランドや株価）も高めることができるという考え方である。経済的側面とは，コンプライアンス（倫理や法令の遵守），コーポレート・ガバナンス，情報開示，利益の配分のあり方などをさす。社会的側面とは，従業員への福利厚生，ワークライフバランスなどの労働問題，途上国における強制労働や児童労働の問題，製品の安全性などを意味する。環境的側面とは，環境経営，環境配慮型商品の開発，環境レポートの発行など，事業活動をとおした環境問題への取り組みをいう。

　CSR の基本的な考えは，欧米では企業活動が大規模化し社会的な影響が増大し始めた 1920 年代から論じられ，以降，公民権や人種差別，女性の権利，反戦，公害問題，消費生活の安全性などに関する社会運動や消費者運動などに対応する形で議論が進展してきた[14]。日本では，江戸時代の石門心学や近江商人の「三方よし」にまで遡ることができる[15]。しかし，これまでの議論との違いは，企業活動がグローバル化するにつれて社会的な影響力

も世界的な規模で大きくなっており，それにともなって生じる様々な社会・経済的課題に対する企業の責任を問う動きも世界的なレベルで高まってきたことにある。企業にとっては，世界中に広がり，かつこれまでにないほど多様化・複雑化した利害関係者（stakeholder）の調整なしに収益を追求することは難しくなってきているという現状がある。そうした状況を反映して，ＣＳＲの国際規格である「ISO2600：Guidance on Social Responsibility」が2010年に国際標準化機構（International Standard Organization）によって制定されたといえる[16]。ISOが示す社会的責任の中核的課題は，①組織統治（organizational governance），②人権（human rights），③労働慣行（labour practices），④環境（the environment），⑤公正な事業慣行（fair operating practices），⑥消費者課題（consumer issues），⑦コミュニティ参画及び開発（community involvement and development）である。このなかでも，課題⑦にみられるように，企業によるコミュニティへの参画，即ち市民社会への積極的な関与を促そうとしている点が近年の特徴といえる。

　CSRと通底する見解ではあるが，企業と社会との関係を「価値創造」という視点から捉えているのが，Jed Emersonによる「Blended Value Proposition」という概念である[17]。すべての組織は，営利組織であろうが非営利組織であろうが，経済的，社会的，環境的価値から構成される価値を創造している。投資家は，市場の利率であろうが慈善であろうが，その混合であれ，資本を組織に提供することで3つの価値形態すべてを同時につくり出している。この活動すべての成果は価値創造であり，この価値はそれ自身が分割不可能であり，故に3つの要素の混合体（a blend of these three elements）である。

　他方，Michael E. PorterとMark R. Kramerは，企業は社会的価値と経済的価値の両立を目指す「共通価値の創造（Creating Shared Value）」に取り組むことで，収益性と社会性とのバランスのとれた経営による利益の拡大を実現することができ，結果的には，市場（企業）と社会との調和のとれた新しい資本主義を創出することができるとしている[18]。共通価値とは，「企

第 8 章 市民社会におけるソーシャル・ビジネスの役割　193

業が事業を営む地域社会の経済条件や社会状況を改善しながら，自らの競争力を高める方針とその実行」をいう。これまでは周縁的・副次的課題として認識されてきた環境問題や社会問題を企業にとっての中心的課題として位置づけ，企業本来の目的を単なる利益ではなく，共通価値の創出として再定義する。それは，「社会的ニーズ」に取り組むことで社会的価値を創造し，その結果として経済的価値が創造されるというアプローチ，即ち「社会的ニーズの充足を通した自社利益の拡大」という考えである。社会的ニーズとは，天然資源の節約，不十分な公的教育を補うための社員の再教育，社員や顧客の健康促進，自社工場が立地する地域住民の生活への配慮，サプライヤーの生活保障，金融システムの安定化など，社会が存続するための様々な要件をいう。

　企業は，社会的ニーズへの認識や企業の生産性の源泉が地域社会にあることへの理解を高めるだけでなく，営利と非営利の境界を超えて協同するなど，これまでトレード・オフとしてみなされてきた企業と社会との関係，言い換えれば社会的便益と経済的成功との関係を見直し，経済的価値と社会的価値の拡大に取り組む必要がある。共通価値の創造は，CSR でもなければフィランソロフィーでも持続可能性でもなく，社会的価値を創造することで経済的価値も創造するという利己的な行為である。あらゆる企業がそれぞれにその事業と密接に関連する共通価値を追求すれば，社会全体の利益にかなうだろう。故に，共通価値の創造は「見えざる手」をより広義に解釈した概念であると Porter らは述べている。

　このような企業経営の視点から市民社会との関係について論じる見解に対して，Coimbatore K. Prahalad と Allen Hammond は，企業のグローバル戦略だけでなく，「商取引をとおした民主的な社会形成」についても言及し，今日の市場原理から十分な恩恵を受けられない人々の生活を改善すべき方法について次のように論じている[19]。

　中心に据えるべき真の争点は，市場がすべての問題を解決できるかどうかではない。本当の問題は「どうすれば民間企業の意欲的で革新的なエネルギー

が，人類が直面する重大な危機を解決するために使われるよう仕向けることができるか」である。21世紀の真の挑戦は「商取引の民主化」であり，あらゆるマイクロ消費者，マイクロ生産者，マイクロ革新者，マイクロ投資家，マイクロ起業家がグローバリゼーションの恩恵を享受できるようにすることである。すべての人は最低でも，尊厳と自尊心を持ったマイクロ消費者として扱われなければならない。すべての人は自ら選ぶことができ，世界レベルの製品とサービスを手に入れることができなければならない。そのためには，情報の提供，機会の提供，金融機関や市場へのアクセスなどを実現していくことが必要であり，それは利益をともなう企業活動を通じて行うことで持続していく。解決策を共創するプロセスは，経済ピラミッドの底辺にいる消費者を「個人として尊敬する」ことから出発する。ここでは，消費者も問題解決に欠かせないプレイヤーとなる。

彼らは，市民社会の根源にある尊厳と平等な権利にまで配慮し，企業（市場）の力によって民主化という課題が解決されるという，企業（市場）が果たすべき役割について論じている。そして，貧困問題の解決に必要な手法として「経済エコシステム」を提示している。これは，(a) 大企業，(b) 中小企業，(c) マイクロ起業家，(d) 市民社会組織，(e) 公的組織で構成される協働のビジネス・システム（ひとつの事業グループ）であり，それぞれが全体的な課題に対して異なる貢献をしていくという形である。経済エコシステムでは，多様な組織間のネットワーク形成と，そこにおける協働能力と統合能力（複数の参加者の貢献をまとまりのある全体に統合する能力）が求められる。政府と企業，非営利組織が協力し，市場原理の及ぶ範囲を拡大することによって，より多くの人々が世界の不平等を緩和する仕事をして利益や社会的評価を得られるようにすること，即ち「収益と社会的評価を含めた市場インセンティヴが働くシステムの設計」を「創造的資本主義」として提唱している。

（2） 市民社会と市場との協同

前節で取り上げた企業（市場）側の変化に対して，市民社会の側からは市場へのアプローチを高めるための仕組みなり戦略を提唱する動きが出ている。例えば，ソーシャル・ビジネスを支援する非営利組織（中間組織）である「アショカ（ASHOKA）」は，「HVC（Hybrid Value Chain）モデル」を世界各国で展開している[20]。これは，ソーシャル・ビジネスを手がけるNPOなどの市民団体（CSO：Citizen Sector Organizations）と，企業や金融機関とのビジネス・パートナーショップをアショカが中心となって進めていくことで，市民と市場の各アクターの強みを活かして市場を変革し，市場へのアクセスをとおして低所得層の人々の生活ニーズを満たしていくビジネスモデルである。これは，より迅速で効果的な社会・経済的課題の解決を図るとともに，社会性（公益性）と収益性の両立をも目指したプロジェクトであり，市民社会（非営利組織）と市場（企業）との協同による問題解決と公益の増大を進める取り組みといえる。

図表2：HVC モデル

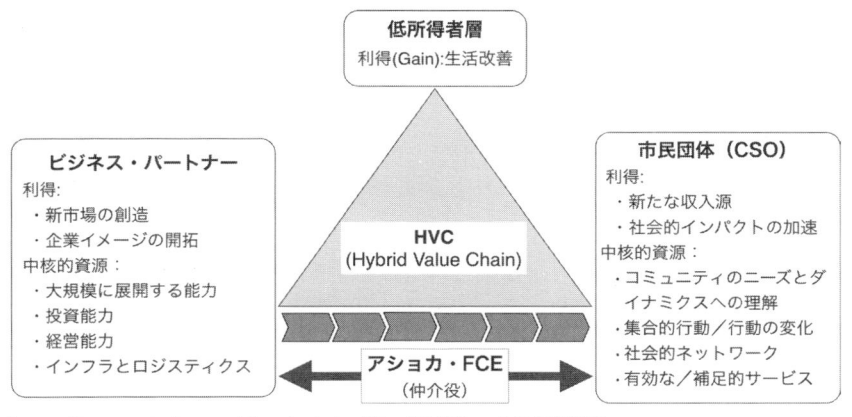

```
                    ┌─────────────┐
                    │  低所得者層  │
                    │利得(Gain):生活改善│
                    └─────────────┘
                           △
┌──────────────┐        ╱   ╲        ┌──────────────┐
│ビジネス・パートナー│       ╱     ╲       │ 市民団体（CSO） │
│利得：         │      ╱  HVC  ╲      │利得：         │
│・新市場の創造   │     ╱(Hybrid   ╲     │・新たな収入源   │
│・企業イメージの開拓│    ╱Value Chain)╲    │・社会的インパクトの加速│
│中核的資源：     │   ╱───────────╲   │中核的資源：     │
│・大規模に展開する能力│  ▶▶▶▶▶▶▶▶▶  │・コミュニティのニーズとダイナミクスへの理解│
│・投資能力      │   ┌─────────┐   │・集合的行動／行動の変化│
│・経営能力      │◄─┤アショカ・FCE├─►│・社会的ネットワーク│
│・インフラとロジスティクス│ │ （仲介役） │   │・有効な／補足的サービス│
└──────────────┘   └─────────┘   └──────────────┘
```

https://www.ashoka.org/sites/ashoka/files/HVC.jpg より加筆修正

アショカのビジョンは，「誰もがチェンジメーカーになる世界（an Everyone A Changemaker world）」，即ち社会変革に対して迅速かつ効果

的に反応する世界であり，個人は自由と自信，そして，あらゆる社会問題に取り組み変化を起こすことへの社会的支援（周囲の積極的なサポート）を得ている世界である。ミッションは，グローバルで企業家的な革新性をもち公正な競争原理にもとづいた市民セクター，言い換えれば，社会企業家（Social Entrepreneur）が活躍し，世界の市民がチェンジメーカーとして考え，行動できるような市民セクターの形成にある[21]。そのためにアショカは，世界中でアショカフェローを支援・養成しており，現在は世界60カ国以上で約2000人のフェローが社会起業家として活躍している。

HVCモデルは，企業のフィランソロフィーやCSRを越えるものであり，市民団体（CSO）と企業の中核的な経営資源を活用することで，HVCパートナーシップは両セクターを分けていた非能率的なパラダイム（認識的枠組み）を壊すものである。HVCモデルは，市民団体と企業が低所得層の市場に新たなビジネスモデルを提供するために協同（collaborate），競争，学習する社会を実現できるようにする。

ソーシャル・ビジネスとしてのHVCモデルの最低基準は以下の3点である[22]。

1. 企業と市民セクターとの合同事業（congruence）であること
    - 少なくともひとつの企業とひとつの市民団体とが関与していること。投資家や，地方や国家の行政機関も含まれるであろう。
    - 企業と市民団体が有する中核的な経営資源と能力を活用していること。
    - すべてのパートナーが長期にわたって新たな取り組みを行うことで，売り手と買い手，あるいはコンサルタントと顧客といった関係を越える戦略的な協同事業（strategic collaboration）であること。
2. 低所得者層の人々の生活改善に貢献していること
    - 補完的なサービス（ファイナンスや生産者とのつながり，キャンペーンの告知）をとおして低所得者層のニーズにアプローチするとともに，市民団体が提供する社会サービスが拡大することで，単なる製品やサー

ビスの流通を越えるものであること。
- 目に見えて低所得者層の人々の生活や福祉 (well-being) を改善していること。

3. マーケット・ベースであること
    - 低所得者層の人々は，HVCをとおして提供される製品やサービスに代金を支払っていること。可能であればいつでも，低所得者層の人々は生産者としても関与していること。
    - パートナーである企業と市民団体に対して，長期にわたる重要な利益機会をもたらしていること。
    - パートナーである組織は，投資をし，収入を分かち合い，HVCから生じるリスクを共有していること。HVCのスケールアップには，助成金と営利目的の投資と株式が求められる傾向にある。

アショカがグローバルに展開している取り組みのひとつが経済的市民 (Full Economic Citizenship) で，あらゆる市民が彼ら自身の経済的，社会的，文化的権利を行使する機会と能力をもっている環境を可能にするための努力をいう[23]。FCEを実現するためには，市民は最低限，必要不可欠な製品とサービス-食料，水，住居，エネルギー，健康，教育，金融サービス-にアクセスできなければならない。それらは，ひとりの消費者として，また生産者や資産の所有者として活動することを可能にするために求められる製品とサービスである。アショカの目標は，あらゆる個人が，消費者，生産者，富の創造者として地域とグローバル経済のなかでひとつの役割を担うための能力と選択肢をもつことである。システム変化の革新をとおして，アショカのFCEに対する取り組みは，世界の人口の2/3の人口がグローバルな市場から排除されている状況を終わらせること，あらゆる人々がFCEとして行動することが可能になるような状況を創りだす政府と企業（市場），市民団体の活動の触媒となることを求めている。

4. 東アジアにおけるフェアトレードの取り組み

(1) ミトラ・バリによる商取引の民主化

　アショカの理念にもとづいて1993年に設立されたインドネシアのNPO「ミトラ・バリ (Mitra Bali)[24]」は, バリ島に散在する零細規模の手工芸品 (木工細工や銀細工, 竹細工など) の生産者グループを束ねる協同組合としてWFTO (World Fair Trade Organization)[25] の基準にもとづいたフェアトレードを運営している。フェアトレードとは, 途上国の人々に低賃金で過酷な労働 (児童労働など) を強いてカカオやバナナなどの商品生産をするようなこと (搾取) をせず, 現地の人々の生活と文化を尊重し, 彼らの生活支援となるような取引 (貿易) を実現しようとする活動である[26]。この事業がミッションとする一般的な課題は, 先進国と途上国との経済格差の解消だけでなく,「人間の尊厳と平等な権利のあり方」に取り組むことにある。ここでフェアトレードを取り上げる意義は, それがグローバル経済における格差や貧困, そこからくる健康問題, 差別や人権, 労働と生活や文化といった様々な社会・経済的課題を解決するためのひとつの手法であり, 現地の人々に対する「尊厳と平等な権利のあり方」という市民社会のあり方に関わる課題に取り組む活動だからである。

　バリ島の経済は観光産業に大きく依存しているが, そこから得られる利益は, 市場を支配しているグローバル企業とそのパートナーである国内企業によって占められており, 地方の人々にはほとんど還元されることはない。こうした富の不平等な分配によって, 土地を持たない人々や零細規模の生産者たちはグローバル経済の恩恵から取り残されてきた。なかでも, 土産品である手工芸品を生産する零細規模の職人たちは, 資本力の欠如 (借金の連鎖) や市場へのアクセスの困難さなどによって経済的な立場は弱く, 中間業者や小売業者による搾取 (賃金や労働条件を巡るトラブル) が絶えなかった。そこでミトラ・バリは, 島内約60の手工芸品生産グループと取引をしながら,

彼らに経営ノウハウの伝授や製造技術の支援，デザイナーによる商品開発のアドバイス，市場情報の提供などを無償で行い，競争力のある独立した生産者になるよう支援していった。ミトラ・バリは，バリ島内での直営店で手工芸品を販売するとともに，海外の NPO や企業との提携販売を行うことで，末端のマイクロ生産者とグローバル市場（消費市場）とを結ぶ中間業者の役割を担うことで，地域の経済と生活の向上に貢献してきた[27]。

ミトラ・バリは，手工芸品の買い取りと販売を一括して手がけるため，職人らは遠路をかけた行商に出る必要がなくなり，村での生産に専念できるようになった。注文を受けた職人たちには50％の一部支払金を渡すとともに，低所得者向けの無利子ローンや乳牛の貸し出しなども行うことで，中間業者らの束縛から逃れ，経済的に自立できるよう支援している。また，職場での男女共同参画（gender equity）や，職人らの健康な就労環境，環境に配慮した原材料の使用，児童労働や女性の労働力の乱用をしないといった点に配慮した生産者とのみ共同で事業を行うようにしている。また，手工芸品の原料となるアルベシアの木の植林も手がけることで，土地の所有者は成木の販売から収入を得ることで持続的な生活が可能になり，開発業者などに土地を売ることなく地域の環境保全を持続的に行うことができる仕組みを築いている。

ミトラ・バリの特徴としては，手工芸品のサプライチェーン全体（the entire economic chain）に着目した活動を行っていること，デザインに関する技術の鍛錬，品質管理，事業組織の運営，マーケティングに注力していること，土産物からより日常的に有用な手工芸品へとシフトすることで観光産業への依存度を低下させるよう注意を払っていること，不況時の相互保証政策（mutual insurance policy）として機能する貯蓄基金を有していることが挙げられる。こうしたミトラ・バリの取り組みは，グローバル経済における市場原理から十分な恩恵を受けられない人々や，場合によっては疎外されているような人々の生活を改善すべき方法について，既存の経済社会にオルタナティヴを提示する対抗的な存在として機能している。

PorterとKramerはフェアトレードを例に挙げ，共通価値との関係について次のように述べている[28]。フェアトレードの目的は，同じ作物に高い価格を支払うことで，貧しい農民の手取り額を増やすことである。気高い動機ではあるが，創造された価値全体を拡大するものではなく，主に再配分するためのものである。一方，共通価値では，農民の能率，収穫高，品質，持続可能性を高めるために，作物の育成技術を改善したり，サプライヤーなど支援者の地域クラスターを強化したりすることが重視される。その結果，売上げと利益のパイが大きくなり，農家と収穫物を購入する企業の双方が恩恵に浴する。

　ミトラ・バリの活動は，共通価値の創出を視野に入れたフェアトレードの取り組みとなっており，既存のフェアトレードがもたらす社会・経済的な効果を一層高め，かつより持続可能な形へと改良（upgrade）されたものといえる。そこでは，地域のマイクロ生産者らと連携しながら持続可能な収益の向上を目指し，利害関係にある人々全体がグローバル経済の恩恵を享受できるよう地域の発展と自立を促していくというプロセスが想定されている。職人たちは尊厳と自尊心をもったマイクロ生産者として生活し自立することができると同時に，彼らの家族は，マイクロ消費者として必要な商品やサービスを手に入れることができる。これは，市民社会の根源にある尊厳と平等な権利にまで配慮した事業活動のあり方を示し，市場をとおして持続可能な商取引の民主化を図ろうとする試みであり，C. K. Prahaladらが提唱する「商取引をとおした民主的な社会形成」と通底するアプローチといえる。

（2）　東アジアにおけるフェアトレードのインパクト

　インドネシアにおけるフェアトレードは，手工芸品だけでなく，コーヒーなどの一次産品についても，マイクロ生産者のエンパワーメントと地域の持続可能な開発に一定の効果をもたらすことがStefanus Y. M. Taneoによって検証されている[29]。こうした成果は，アジア全体でのフェアトレードの動向とともに，フェアトレード商品の輸入国であり，東アジアの先進国であ

る日本の消費市場や市民社会にどのような影響をもたらしているのだろうか。

　FLO（Fairtrade Labelling Organizatons International）による2011-12年の調査によれば，FLOの認証フェアトレードには世界66ヵ国，991の生産組織で約120万人が従事しており，認証を受けたフェアトレード商品は世界120カ国で販売され，世界全体で約4900億円の小売販売額を上げている（最大の市場はアメリカで約1500億円，その次がイギリスの1030億円）[30]。2000年以降，世界的にフェアトレード市場は毎年ほぼ30％以上の高い伸び率を示しており，日本での認証フェアトレード商品の販売額は推計21億5000万円で，認証制度への加盟企業・団体数は137（2012年時点）となっている[31]。FLOの2011年の調査では，アジア・オセアニア地域では143の組織があり，従事者は1位がインドで約9.4万人，2位はインドネシアで約2.5万人，3位がスリランカで約2.3万人となっており，小売販売額はアジア・オセアニア総計で約34億円，フェアトレード・プレミアム（生産地域の発展のために使われる奨励金）の大半はインドの紅茶と綿（52%），インドネシアのコーヒー（23%）が占めている[32]。一方，WFTOの調査（2010年）によれば，提携先のアジアの生産組織は推計で21.5万人の雇用を創出しており，アジア地域のフェアトレード商品の販売先は，48%がヨーロッパで，27%は現地市場，15%は北アメリカ，6%がアジアとなっている[33]。フェアトレードを行うにあたっての外部基金としては，教会，コミュニティ・ファンド，国際的な寄付団体，銀行などを利用しており，資金源は特定の基金に偏ることなく多様になっている。また，フェアトレードがもたらした成果としては，男女の雇用機会の均等と収入の平等が実現したことが挙げられている。

　日本では，1970年代以降からフェアトレードへの取り組みが始まっているが，大手企業（スーパーや外食チェーンなど）がフェアトレード商品を取り扱い始めた2000年代以降になって，ようやく一定の社会的認知や支持が得られ始めたといえる。2008年に行われた日本のフェアトレード市場の調

査では，全体の小売販売額は推計で約81億円と，世界のフェアトレード市場の約2％となっており，内訳は食品が約79％，衣料品が約11％，クラフト類は約9％となっている[34]。この調査によると，日本のフェアトレード市場の特徴は次のとおりである。第一に，宗教や歴史，企業文化や国の支援などの違いから，フェアトレードへの認知度は約14.7％と低く，欧米での50〜80％という認知度とは大きな差がみられる。第二に，流通経路として，日本ではFLOによる認証を受けず，フェアトレードの輸入団体から直接仕入・販売される商品が80％を超えており，そのうち生協を通じた販売が約22％となっている。認証商品も含めたフェアトレード商品全体の販路としては，企業，生協，量販店，コーヒーチェーンでの販売が合わせて68％を占めている。そして第三に，商品の仕入れ先はアジア地域が86％を占めている。

こうしたなか，熊本市は2011年にアジアで初のフェアトレード・シティとして認定され，地元自治体の支援を得ながら，NGOや地域の企業，大学などが連携して，公正で持続可能な社会の実現に取り組んでいる[35]。その効果については，地域産品とフェアトレード商品とのコラボレーション（フェアトレードチョコと地元産の牛乳によるアイスクリームの開発など）による消費拡大と地域活性化，フェアトレード・タウンとしての知名度向上などが期待されている[36]。フェアトレード商品と地域産品との組み合わせによる新たな商品化と，それを地域活性化につなげる試みは，一次産品の輸入販売に付加価値をつけることで潜在需要を創造することになり，かつ途上国の市場と国内市場とを連携させながら国内での地域の経済格差を解決する試みにもなるだろう。しかし，先のFLOのデータでみたように，日本のフェアトレード市場はまだ発展途上の段階と言わざるを得ない状態であり，欧米のフェアトレード団体のようにグローバル経済に対して対抗的な補完関係を築くには至っていない。問題は市場と市民社会の双方にあると考えられる。日本の企業は，CSRの一貫としてフェアトレードに取り組む傾向が強く，共通価値の創造といった視点から事業を捉え直す動きはまだ少数といえる。他方，

NPO などの市民団体のなかには，企業との積極的な連携には消極的であったり，組織間の協同事業に関するマネジメント・ノウハウに乏しい組織が散見される。また，フェアトレード商品を購入する消費自身の意識についても，市場における投票行動として，途上国の人々の尊厳や平等，環境保全などに配慮した倫理的消費（Ethical Consumption）[37]のあり方を考える機会が乏しい。もちろん，政府の支援も欠かせないだろう。こうした点を踏まえながら，NPO などの市民団体は，政府と企業（市場）と，市民社会との連携による日本型 HVC モデルなり経済エコシステムの構築を試みることで，商取引の民主化に寄与することができるだろう。

5．まとめ―市民社会におけるソーシャル・ビジネスの役割―

　本稿では，市民社会の一般的な定義と，日本における市民社会の史的変遷を踏まえた上で，グローバル経済の進展にともなう市民社会と企業（市場）との関係変化を整理し，市民社会においてソーシャル・ビジネスが果たす役割について論じていった。

　近年，企業の側からは，これまで市場の外部にあった社会的な課題に対してビジネスとして積極的に取り組むことで自社利益を拡大し，企業価値を高めていくという動きが進んでいる。他方，NPO などの市民団体は，問題解決のためにビジネスの手法を活用したアプローチを積極的に進めるとともに，企業との連携を深めていくことでより効率的・効果的な問題解決を図ろうとしている。つまり，市民社会と市場の双方から社会・経済的課題の解決に向けた協同の取り組みが積極的に進められていくことで，両者の境界領域にある共通空間（市民社会∩市場）では，双方の関係を深めながら市場化される領域が拡大してきているのである。こうした関係の変化を図示すると図表3のようになる。

図表3：市民社会と市場，政府，家庭との関係

政府
・補助金・助成金
・政策的支援

市場
・CSR
・Blended Value
・Shared Value
・経済エコシステム

市民社会
ソーシャル・ビジネスとしてのHVCモデル
（協同の仕組み）

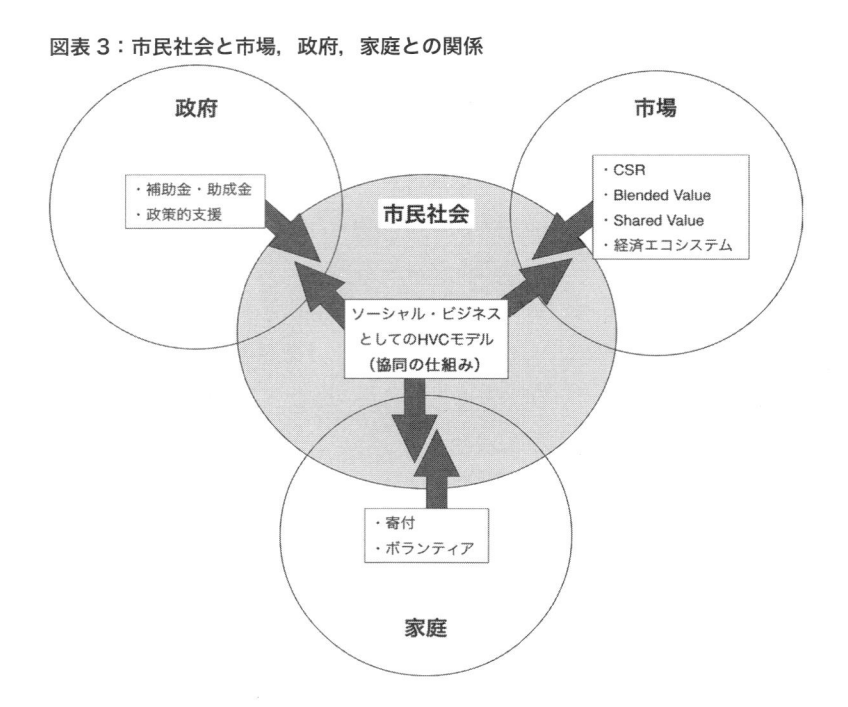

・寄付
・ボランティア

家庭

　グローバル経済の進展によって市場（企業）の力が益々増大していく一方，市民社会の構成要素のひとつであるソーシャル・ビジネスは，国家（政府）や市場（企業）に対する対抗的補完関係を形成することで，互いのあり方を模索し再定義する存在として機能している。インドネシアのミタル・バリは，既存の市場経済のもとでは搾取されていたマイクロ生産者に対して，アショカのHVCをベースとしたフェアトレードを現地に普及させ，マイクロ生産者の自立支援を行うことで民主的な商取引のあり方を実現しようとしている。こうしたフェアトレードの発展と普及によって，インドネシアのマイクロ生産者たちは，グローバル経済におけるひとりの生産者かつ消費者として自立することができ，かつ持続可能な地域社会の開発も可能になっていく。
　フェアトレードが，グローバリゼーションに異議を唱える対抗概念なり対抗運動として広く支持を集めるようになったことで，グローバル企業は，フェ

アトレード商品の購入や市民団体との連携を進めるようになった。フェアトレードは，先進国と途上国，或いは富裕層と低所得者層との間で偏った富の配分をより公平で民主的な形になるよう，企業（市場）を牽制し，市場の力をとおして市場自体の是正や機能変革を促すとともに，市場だけでは実現できない社会的な機能をも果たしている。それは，フェアトレードというソーシャル・ビジネスをとおして，市場と市民社会の双方から行われる人々の尊厳と平等な権利に関する課題解決に向けた協同の取り組みといえる。しかし，日本の市場や市民社会ではフェアトレードは発展途上にあるため，日本型のHVCモデルなり経済エコシステムのような事業活動の進展を期待しなければならない。

本稿では，巨大な力をもつグローバル経済に対して，多様な経済主体のハイブリッドによってアンチテーゼやオルタナティヴを提示し，外部経済である市民社会において生じる生活課題の解決に取り組む市民活動のあり方と，それが結果として市場と市民社会にもたらす影響について論じていった。なかでも，人々の尊厳と平等な権利に配慮した商取引のひとつとしてフェアトレードを取り上げ，インドネシアと日本という東アジアの市場と市民社会における有効性を考察していった[38]。今後の研究課題としては，フェアトレードだけでなく，様々な生活領域で発生してくると思われる日本型HVCモデルなり経済エコシステムに類する動向を捉え，それが市民社会と市場との関係にどのような影響を及ぼすのかをより詳細に考察していくことにある。

【参考文献】

Acqueline Novogratz (2009), *The Blue Sweater: Bridging the Gap Between Rich and Poor in an Interconnected World*, Rodale Books, （北村陽子訳『ブルー・セーター—引き裂かれた世界をつなぐ起業家たちの物語』英治出版，2010年）

Bill Drayton and Valeria Budinich (2010), 'A New Alliance for Global Change', *Harvard Business Review*, September, http://hbr.org/2010/09/a-new-alliance-for-global-change/ar/1

Jeffrey D. Sachs (2005), *The End of Poverty: Economic Possibilities for Our Time*, Penguin Press, (鈴木主税，野中邦子訳『貧困の終焉−2025年までに世界を変える−』早川書房，2006年)

神原理編著『コミュニティ・ビジネス−新しい市民社会に向けた多角的分析−』(白桃書房，2009年)

神原理「ソーシャル・プロダクト−社会・経済的課題に資する商品の特性と役割−」『経済系（関東学院大学経済学会)』245，(2010年)，36-47頁．

神原理編著『ソーシャル・ビジネスのティッピング・ポイント』(白桃書房，2011年)

Michael Edwards (2004), *Civil society*, Cambridge (堀内一史訳『「市民社会」とは何か− 21世紀のより善い世界を求めて』(麗澤大学出版会，2008年)

佐藤慶幸『NPOと市民社会』(有斐閣，2002年)

辻中豊『現代日本の市民社会・利益団体』(木鐸社，2002年)

植村邦彦『市民社会とは何か？基本概念の系譜』(平凡社新書，2010年)

八木紀一郎，山田鋭夫，千賀重義，野沢敏治著『復権する市民社会論：新しいソシエタル・パラダイム』(日本評論社，1998年)

【注】

1) 本研究は，平成23 (2010) 年度専修大学長期在外研究員による成果である．貴重な研究助成を与えて下さった専修大学と，不在の間，ご迷惑をおかけした教職員の皆様，客員研究員として受け入れて下さったレディング大学の関係者の方々には記して感謝の意を表したい．

2) 経済産業省が行ったソーシャル・ビジネスの事業者アンケートによれば，ソーシャル・ビジネスの組織形態はNPO法人が46.7%，営利法人が20.5%となっており，NPO法人がソーシャル・ビジネスの中心的な担い手になっていることがわかる．経済産業省『ソーシャル・ビジネス研究会報告書』(2008年) 6頁 (http://www.meti.go.jp/policy/local_economy/sbcb/index.html)．

3) 星野智『市民社会の系譜学』晃洋書房，(2009年)

4) CIVICUS (2012), *STATE OF CIVIL SOCIETY 2011*, World Alliance for Citizen Participation, p8 (http://socs.civicus.org/)．ここでの定義は 'the arena, outside of the family, the state and the market, which is created by individual and collective actions, organisations and institutions to advance shared interests' となっている．

5) Civil Society Team World Bank (2007), *Consultations with Civil Society: A Sourcebook Working Document February 2007*, The World Bank, pp1-2.

ここでの定義は，'the term *civil society organizations* or CSOs to refer to the wide array of *nongovernmental* and *not-for-profit* organizations that have a presence in public life and express the interests and values of their members or others, based on ethical, cultural, political, scientific, religious or philanthropic considerations. This definition of civil society, which has gained currency in recent years in academic and international development circles, refers to the sphere *outside* the family, the state, and the market. This excludes for-profit businesses, although professional associations or business federations may be included' となっている。

6) Habermas, Jürgen (1990), *Strukturwandel der Öffentlichkeit: Untersuchungen zu einer Kategorie der bürgerlichen Gesellschaft*, Suhrkamp (細谷貞雄、山田正行訳『公共性の構造転換：市民社会の一カテゴリーについての探究第2版』未来社、1994年).

7) Thania Paffenholz and Christoph Spurk (2006), "Civil Society, Civic Engagement, and Peacebuilding", *Social Development Papers: Conflict Prevention and Reconstruction* No.36, Social Development Department, The World Bank, p.3.

8) 坂本義和『相対比の時代』岩波新書、(1997年)

9) 椎木哲太郎「日本型『市民活動』の源流1868-1951」『経営・情報研究：多摩大学研究紀要』(2003年) No.7、65-82頁。

10) 谷本寛治『NPOと事業』(谷本寛治・田尾雅夫編著) ミネルヴァ書房、(2002年) 46-47頁。

11) 椎木哲太郎『前掲書』。

12) 経済産業省『前掲書』(2008年) 8頁。

13) Arche B. Carroll & Ann K. Buchholtz (2003), *Business and Society: Ethics and Stakeholder Management*, 5th ed., Mason: Thomson/South-Western. 及び、谷本寛治『CSR経営−企業の社会的責任とステイクホルダー』中央経済社 (2004年) 参照。

14) Arche B. Carroll (2008), "A History of Corporate Social Responsibility: Concepts and Practices", *The Oxford handbook of Corporate Social Responsibility*, Andrew Crane, Abagail McWilliams, Dirk Matten, Jeremy Moon, Donald S. Siegel (eds.), Oxford University Press. 及び、加賀田和宏「企業の社会的責任 (CSR)：その歴史的展開と今日的課題」『KGPS review: Kwansei Gakuin policy studies review』、No.7、(2006年)43-65頁参照。

15) 松野弘、堀越芳昭、合力知工『「企業の社会的責任論」の形成と展開』ミネルヴァ書房。(2006年)

16) International Organization for Standardization (2010), "ISO 26000:2010 Guidance on social responsibility", "Social responsibility – ISO 26000 project overview", "Discovering ISO 26000" (http://www.iso.org/iso/home/standards/iso26000.htm).

17) Jed Emerson, Sheila Bonini, Kim Brehm (2003) "THE BLENDED VALUE MAP: Tracking the Intersects and Opportunities of Economic, Social and Environmental Value Creation", BLENDED VALUE (http://www.mobdev1.com/bv-map-papers/). Elizabeth Bibb, Michelle Fishberg, Jacob Harold, and Erin Layburn (2007) "The

blended value glossary", BLENDED VALUE (http://www.mobdev1.com/bv-map-papers/).

18) Michael E. Porter and Mark R. Kramer, "Creating Shared Value", *Harvard Business Review*, January 2011 (http://hbr.org/2011/01/the-big-idea-creating-shared-value/ar/1),(「共通価値の戦略－経済的価値と社会的価値を同時実現する－」『ハーバード・ビジネスレビュー』2011年6月号，ダイヤモンド社，8-31頁).

19) Coimbatore K. Prahalad (2010), *The Fortune at the Bottom of the Pyramid*, 5th ed., Pearson Education (スカイライトコンサルティング訳『ネクスト・マーケット「貧困層」を「顧客」に変える次世代ビジネス戦略』英治出版)．及び，C. K. Prahalad and Allen Hammond (2002), "Serving the World's Poor, Profitably", *Harvard Business Review*, September, pp.48-57 (「第三世界は知られざる巨大市場－多国籍企業の新たな成長戦略－」『ハーバード・ビジネスレビュー』2003年1月号，ダイヤモンド社，24-38頁).

20) "Ashoka" (http://www.ashoka.org/)，及び William Drayton (2006), "Everyone a Changemaker: Social Entrepreneurship's Ultimate Goal", *Innovations*, The MIT Press, Vol.1, No.1, pp.80-96 参照。アショカでは，「非政府」や「非営利」といった"no-"という定義，即ち，政府や市場を除いた残余としての領域という定義ではなく，市民が自発的に行う他者のための，もしくは互助的な行動と，その活動領域という意味で市民セクターや市民団体（citizen sector organization）という言葉が用いられている。なぜなら，他者の世話をし，必要とされる変化を起こす市民がこのセクターの中心であり，正（プラス，positive）の社会変化を起こすために人々が集まる時，すべての意味で彼らが市民になるからである。

21) "Ashoka" (http://www.ashoka.org/ visionmission)，及び「アショカ・ジャパン」(http://japan.ashoka.org/about/vision.html)。ここでいう社会企業家とは，社会で最も緊急を要する課題に対して革新的な解決策をもっており，重要な社会問題に取り組み，スケールの広い変化に向けた新しいアイデアを提供するための野心と執念をもっている個々の人々をいう。

22) Ashoka, "Full Economic Citizenship" (http://www.ashoka.org/fec)

23) Ashoka, op.cit.

24) ミトラ・バリの事業概要については以下の資料を参照。"Mitra Bali" (http://mitrabali.com/). "Gusti Ketut Agung" (http://www.ashoka.org/fellow/agung-alit). "Forum Fair Trade Indonesia" (http://en.ffti.info/mitra-bali-profile/). "Bali Advertiser" (http://www.baliadvertiser.biz/articles/greenspeak/2012/bali_handicrafts.html). The World Fair Trade Organization (WFTO), "Reforestation project of Mitra Bali Fair Trade" (http://www.wfto.com/index.php?option=com_content&task=view&id=1705&Itemid=314).

25) The World Fair Trade Organization: WFTO (http://www.wfto.com). WFTO は

提携型のフェアトレード団体で，生産者と直接提携し，商品生産や開発にともに取り組み，適正価格で商品を買い取り，先進国で販売し，売上や利益を今後の事業活動や生産者の支援に使うという持続的な仕組みを目指した組織である。他方，認証型は，一定の要件を満たした生産者に認証ラベルの使用権を認めるもので，商品の買い取りや販売には関わらない。

26) "WFTO"（http://www.wfto.com），及び NPO 法人「フェアトレード・ラベル・ジャパン」（http://www.fairtrade-jp.org/）参照。

27) ミトラ・バリの商品は，アメリカの NPO "Ten Thousand Village"（http://www.tenthousandvillages.com/）や，イギリスのフェアトレード企業 "Shared Earth"（http://www.sharedearth.co.uk/index.html），日本では（有）「シサムコウボウ」（http://www.sisam.jp/store/），その他，オランダ，フランス，ドイツ，オーストラリアなどのNPO や企業が輸入販売している。

28) M. E. Porter and M. R. Kramer, op. cit.

29) Stefanus Yufra Menahen Taneo (2011), "Fair Trade for Organic Agricultural Products: an Alternative Trade to Empower Small Farmers and Support Sustainable Development", *Proceeding of the International Conference on Social Science*, Economics and Art 2011, pp.19-25.

30) Fairtrade Labelling Organization International e.V. (2012), "Annual Report 2011-12" (www.fairtrade.net).

31) NPO 法人「フェアトレード・ラベル・ジャパン」による推計（http://www.fairtrade-jp.org/about_fairtrade/000017.html）

32) Fairtrade Labelling Organization International e.V. (2011), "Monitoring the Scope and Benefits of Fairtade", 3rd ed., (www.fairtrade.net)

33) Mark Boonman, Wendela Huisman, Elmy Sarrucco-Fedorovtsjev, Terya Sarrucco (2010), "Fair Trade Facts & Figures -A Success Story for Producers and Consumers", The Dutch Association of Worldshops, (http://www.wfto.com/index.php?option=com_docman&task=cat_view&gid=94&&Itemid=109).

34) 長坂寿久・増田耕太郎「日本のフェアトレード市場調査報告（その1）」季刊『国際貿易と投資』No.76,（2009 年）94-118 頁，及び長坂寿久「日本のフェアトレード市場調査報告（その1）日本におけるフェアトレードの課題と対応」季刊『国際貿易と投資』No.77,（2009 年）134〜161 頁。

35) 「フェアトレード熊本センター」（http://www.fairtrade-kumamoto.com/index.php）

36) 九州財務局（http://kyusyu.mof.go.jp/keizai/keizai_topics2.html）

37) Tania Lewis and Emily Potter (2011), *Ethical Consumption: a critical introduction*, Routledge.

38) 本稿では，フェアトレード自体が市場の自由な競争を阻害するか否かといった議論に

ついては主旨から外れるため取り上げていない。また，企業が市民団体と連携しながら積極的に社会問題に関わることに対して，市民社会と市場との協同事業と捉えるか，市場と市民社会との融合と捉えるか，或いはグローバル企業（市場）の進展による市民生活への侵食とみなすか，逆に，市民社会の進展による市場の活用と考えるか，といった点についても同様に議論をしていない。

第9章
東南アジアのグローバリズムとビジネス社会の変化
―フィリピンを事例として―

小林　守

1. はじめに

　政府が強力に製造業を支援して産業育成と輸出振興を行うタイ，マレーシアに比べれば，同じ ASEAN（東南アジア諸国連合）といってもフィリピンでは産業育成に対する政府の影響力は大きいほうであるとはいえない。政府に依存して国内企業の競争力向上を図りにくい国と考えられてきた。もちろん，1990年代のラモス政権時代にはルソン島南部のラグナ，バタンガス，そして駐比米軍が去った後のスービックなどに大規模な工業団地を開発し，外資誘致優遇政策を進め，電機・電子および自動車等の外国企業の生産拠点をフィリピン国内に誘致することに注力し，多くの外国企業の直接投資が行われた[1]。

　しかし，1997年，1998年のアジア通貨危機をへて，21世紀に入った今，海外からの直接投資はフィリピンよりは中国，インドネシア，そして同じ ASEAN のなかでも後発のベトナム，ミャンマーに向かっており，フィリピンの地場製造企業が外資導入を追い風に，大きく成長するという展望は開けていない。

　ラモス政権の後に成立した俳優出身のエストラーダ政権が途中で崩壊し，その後のアロヨ政権では製造業よりも IT 産業等に可能性を見出し，それを支援する傾向にあったといわれている。それはフィリピンの人的資源それ自

体の競争力に勝機を見出そうとした政策であった。すなわち，理工系が多い大学卒業者，勤勉に働く意欲の高さ，そして英語コミュニケーション能力の高さである。しかし，国内においてこうした人材の受け皿となる企業は少なく，多くの大卒者はこれらの能力を十分活かす機会を見出せないまま，国外での「出稼ぎ」によって収入を得ている。こうした国外労働者がフィリピン国内に送金してくる「仕送り」は国内の消費を下支えしているものの，その消費の対象となる工業製品の多くは海外からの輸入品もしくは海外ブランドであり，フィリピンの産業力の向上にはつながっていない。

　今のところ，グローバリズムが世界中の産業構造を変えつつある中にあって，フィリピンから地場企業が世界市場の中で産業構造の変化の潮流に乗って発展してゆく例は少ない。とりわけ製造業においては地場企業の海外市場におけるプレゼンスはきわめて小さい。機械，電機等の工業製品の多くは輸入や外資系企業の国内生産に依存している。これは政府の産業育成政策の不徹底の結果と言える。他方，企業の99％以上を占める中小・零細企業が従事している家具，手工業品や一部の機械部品は地場企業の国内生産に依存しているが,その中で一部はグローバリズムの恩恵をうけ,外国バイヤーやフィリピンに進出している外資系メーカーへの供給を通じて，海外市場に販売されている。

　ただし，地場の製造業中小企業振興において，通商産業局（DTI: Department of Trade and Industry）や国家経済発展委員会（NEDA: National Economic and Development Authority）の指導のもと，国内の支援策が先進国の援助機関の支援メニューとともに金融，市場開発，人材訓練，製品開発の各側面において統合され，実施されている。

　フィリピンの経営者のなかには知識欲も旺盛で，中小企業主が自ら資格をとって，従業員に教育・訓練をしている例もある。技術者出身ではなくとも，製品開発，設計（3次元CAD等）を従業員に教え，国際見本市などにも出かけ，国際市場の要求水準や海外の同業者の製品や技術レベルを把握し，製品開発や製造の効率化に努めているのである。日本や欧州の経済援助機関も

こうした人的資源の潜在性の高さに着目をして中小企業育成などを行っているものの，こうした中小企業から大企業に成長している例は未だまれである。

他方，フィリピンへの外資系企業の進出は人的資源の能力水準の高さに着目し，グローバリズムによって国境を超えた作業が拡大しているソフトウェア開発やコールセンターの分野では外国企業の拠点設立が相次いでいる。例えば，日欧米の外資企業は2000年頃から，フィリピンの人的資源に注目し，コールセンターやITシステム・ソフトのオフショア開発拠点，設計拠点，さらには企業の管理部門機能のうち，事務処理を行うためのバックオフィース拠点を設立している[2]。

PEZA（フィリピン経済区庁）に登録され優遇税制の対象になるソフトウェアパークは17ヵ所にも達している。米国流の考え方をし，英語を流暢に話すフィリピン人は知的所有権に対する理解も進んでいて，不正なコピーはほとんど行わないとの評価が定着しており，IT関係などを含めて知的作業をする人員を雇用するのには適している。非製造業の外資企業にとっては魅力的な投資環境になってゆくだろう。

国内で大きな力を持っているのは多数の企業を傘下にもつ大グループ企業，いわゆる「財閥」や政府系（政府が大きな株式持ち分を保有する）企業であるが，こうした企業は伝統的な事業分野からの脱却を徐々に図る傾向を見せているほか，政府系企業も民間資本の導入や業務の民間企業への委託などを行い効率化と国際競争力の強化を図っている。本稿では，以上の認識にもとづき，地場中小企業，財閥企業，政府系企業においてグローバリズムの影響下で生起しているフィリピンのビジネス社会の変化を見ることにする。

2．地場中小企業の変化

フィリピンの地場企業の99％以上は中小・零細企業である。もっといえば，そのほとんどが，従業員10人未満の零細企業である。製造企業に限ってみると中小企業・零細企業合せて，事業所数の99.6％，従業員数の70％を占

めている。こうした企業は「比較的小さな資本で始められ,雇用を生み出し,地域の経済を支えている」(佐竹眞明,2011)。

例えば,手工業品メーカーのA社(マニラ首都圏)[3]は1996年設立の100％地場資本の会社である。製品素材はwood, bamboo, rattan, indigenous material等である。輸出先はフランスのバイヤー等を介した欧州市場である。イタリア,フランス,ギリシャが主要輸出先であり,このほかにポーランド,チェコといった東欧諸国やトルコ,UAEへの輸出も行っている。従業員の多くは工芸品を作るワーカーである。同社では読み書きの能力が必要なので初中等教育修了以上の従業員を主に雇用している。近年の離職率は低く,定着率は高い。エージェントが輸出先市場のニーズとして要求する製品を開発・製造し,輸出している。これまで社内の自助努力で競争力,従業員のレベル,技術・ノウハウは,過去5年間で改善し,海外市場のニーズに対応ができている,という。

また,B社(マニラ首都圏)[4]は1981年創業の,金属,プラスチック製品の製造,輸出企業の中小企業である。1999年当時は輸出加工区の外国企業への製品供給が多かったが,近年は直接輸出も増え,過去5年で輸出規模も拡大しているという。フィリピンに進出している外資企業の取引先のうち,日本企業などが品質の高さを取引条件とするため,ISO9001を取得した。そうした外資企業は一定の仕様を提示し,まとまった数量を発注してくれるものの,年々製品の納入価格が切り下げられるために,利幅が減少し利益確保が厳しいため,金型技術を活かして独自にプラスチック製品を開発し,自社ルートで輸出して利益水準を何とか維持しているという。海外市場や外資企業の年々高度化する要求に対応するに際しては,社内の自助努力のほかにフィリピンに対する外国の援助機関の支援によるところが大きい。例えば,日本のAOTS,オランダCBI,ドイツGTZ,カナダCIDA等の技術援助機関による技術援助プログラムや外国での見本市への参加である。B社はドイツでGTZの支援でハノーヴァーの見本市に過去3回ほど参加し,製品開発やマーケティングを進める上で参考とした。見本市で国際市場の要求水準や

海外の同業者の製品や技術レベルにふれて，自ら勉強し，製品開発や製造の効率化に役立てている。同社の社長は技術者出身ではないが，製品開発，設計（3次元CAD等）を従業員に伝授している。

　このように地場の零細企業においても国外バイヤーの介在や国内に進出している外資企業からの発注を通じて，国際市場からの要求やニーズに対応しているのである。これらの経営者はそれぞれの努力によって，そのグローバル市場が突きつける厳しい要求を乗り切ろうとの意欲にあふれている。先の手工業者A社は「前任の経営者が経営難を理由に失踪したので，従業員を路頭に迷わせるわけにはいかず，自分が引き受けた」といっていた。彼女はフランスのバイヤーとフィリピンの手工業者との仲介者だったがゆえに，こうした紐帯を活かす形で欧州市場のニーズに対応しやすく，工場の存続という難事を成し遂げたのではないかと思われる。また，後者の金属・プラスチック部品製造のB社の経営者は価格切り下げを際限なく求めてくる外資系の取引先との関係に危機感をもち，援助機関などの支援メニューを十分に活用し，独自の製品と独自の海外販売ルートを開拓し，工場の生き残りを図っている。非技術者の社長の自ら，技術や情報技術を学び，従業員に訓練し，訓練した従業員が引き抜かれても，落胆することなく続けてゆく，という姿にはグローバル化の試練に鍛え上げられたたくましさが感じられた。

　広島大学・三菱総合研究所（2006）によれば，フィリピンやインドネシアにおける中小企業の能力に関する経営者の自己評価において，加工度の高い製品を製造している中小企業の経営者ほど自社の能力への評価が高い，という結果が報告されている[5]。加工度の低い製品が市場の需給関係や為替の要因で経営パフォーマンスが大きく変動するのに対して，加工度の高い製品はその製品の「差別化」の水準が高ければ高いほど市場の需給関係や為替要因に起因する取引量の変動を抑制しやすい。外国の取引先の要求を受けて品質や生産技術を向上させた発展途上国の地場企業の例は多く報告されているが，そうした外国取引先による呪縛を脱して，更なる独自の需要先を開拓してゆくため加工度の高度化を実現しようとしている地場中小・零細企業が存

在している，このことをフィリピンの事例は示している。

3. 大企業の変化──スペイン人系財閥と華人系財閥

　東南アジアは多種多様な民族と文化が交錯する場所であり，こうした背景のもとで企業統治の形態やビジネスへの展開の仕方も欧米や日本とは様相を異にしている。フィリピンにおいても地場のフィリピン人系の企業のほかにスペイン人系企業や華人系企業があり，それぞれ，存在感を示している。

　フィリピンは1529年から1898年まで三百数十年の間，スペインの統治下におかれた。そのため，現在でもフィリピンではスペイン人の末裔が住んでおり，その一部はスペイン有数の企業グループとして多くの主要な分野できわめて大きなプレゼンスを誇っている。

　この，いわゆる「スペイン系財閥」といわれる企業グループの特徴は農園や主要な住宅地などの広大な不動産を所有・開発し，それによって得られる莫大な収益によって事業を多角化してきた。金融市場が未成熟な時代にあってはグループ内に銀行，保険，ノンバンクを設立し，グループ内企業を金融的にも支配し，その結束力を維持してきた。主なスペイン人系財閥にはアヤラ，ソリアノ，アラネタ，オルティガス，ツアソン，ロパ等がある。特に，アヤラ財閥やオルティガス財閥は設立当初から土地開発を基幹的な事業分野として発展してきた。近年ではマニラ首都圏等の再開発に加えて観光地の開発や外資系企業向けの工業団地開発という形でその不動産事業を高度化させている。

　フィリピンには直接民主制のもとで大統領を選出するため，選挙支援を通じて強大な権限をもつ政権と接近し，成長してきたスペイン人系企業がある。例えば，ソリアノ財閥は戦後復興期にフィリピン政府とそれに大きな影響力を持っていた米国政府から様々な恩恵を受け，ビジネスを獲得していったといわれる。グループ内子会社として銅鉱山・製紙・肥料・銅線等を扱う20社以上の企業がある。アラネタ，ツアソンの両財閥は1965年から1986年

まで20年以上にわたって「開発独裁」[6]体制を強いてきたマルコス政権下で農産物のプランテーション事業や外資企業との合弁事業で事業を拡大させた。しかし、そうしたいわゆる「政商的」なビジネスによってのみ発展してきたわけでなく、先進国の多国籍企業のフィリピン事業におけるパートナーとなることによっても事業を拡大させてきた。例えば、日本企業との関連では、アヤラ財閥と三菱商事（工業団地など不動産開発）、アラネタ財閥と武田薬品（薬品）、ツアソン財閥と花王（化学品、化粧品）等が成功している。

スペイン人系財閥は基本的に同族経営であり、それぞれの親戚間の婚姻関係で、独自のビジネスコミュニティを形成・維持し、ビジネスの強化を図ってきたことも特徴である。すなわち、グループ企業のトップ経営者においてはスペイン系の純血を守りながらビジネスを行ってきた。信用、情報にリスクが少なく、少数経営者の間で迅速な意思決定が可能な仲間内（クローニー）ビジネスを主体に行ってきた。ソリアノ財閥はグループ内企業を相互の株持ち合いや非上場の持ち株会社を活用して、グループ内企業を結束させるための強力なコントロールを維持している。さらに新規株式によって資金調達をすることでグループ外の株主の持ち株比率が上昇し、コントロール力が低下するといった事態に備えて、グループ内企業と「司令塔」である持ち株会社との間で長期の経営代理契約を結び、手数料を徴収しつつ、強いコントロールを確保している。すなわち、株式の分散化が進んでも経営権を手放さずに済むという手法でグループ企業を運営している。しかし、こうしたビジネスの仕方はグローバル化が進む近年のビジネス社会においては必ずしも最適ではなく、創業者から世代が下ってくるにしたがって、創業一族の伝統的な基幹ビジネスから撤退して、企業の買収を通じて新分野に展開をしたり、外資系企業との提携を積極的に進めることが多くなっている。これはコミュニティの外の人脈との接触・折衝を不可避とするものである。伝統的な狭いビジネスコミュニティで信用を元にビジネスを展開してきたスペイン人系財閥にも、国際化、グローバル化の潮流が押し寄せてきているということである。それに伴ってビジネス構造の変容に迫られている。

表1 主なフィリピン・スペイン人系財閥のビジネスの概要

財閥名	事業分野
アヤラ	➢ 最初の商社「アヤラ・コーポレーション」が設立（1834年）。1851年には東南アジア最古の銀行を設立。第二次世界大戦後、マカティの開発に大成功、近代的商業・住宅地域へ展開した。 ➢ 1980年代にはセブ島における大型都市開発にも進出。 ➢ 銀行・保険・建設・通信などのサービス部門の他、製造業で半導体製造・食肉加工・缶詰・エビの養殖など20社以上の企業を保有。 ➢ 1990年代には三菱商事と組んでマニラ郊外で工業団地（ラグナ）の建設と運営を行い、多くの日本メーカーの工場をフィリピンに誘致した。
ソリアノ	➢ 戦後復興期にアメリカ・フィリピン両政府から様々な恩恵を受けた。 ➢ 1960年代にサンミゲル社を食品複合企業へと育て上げ、ビール市場90％以上のシェアを実現したが、その後、華人財閥のコファンコに売却。 ➢ 子会社として銅鉱山・製紙・肥料・銅線等を扱う20社以上の企業がある。 ➢ 設立した企業との間で長期の経営代理契約を結び、手数料を徴収する。株式分散化が進んでも経営権を手放さずに済むという手法でグループを運営する。しかし、近年このような手法は一般株主の権利を阻害している、として法廷闘争に持ち込まれる可能性もでてきている。
アラネタ	➢ ネグロス島に広大な砂糖のプランテーション。砂糖不況の80年代に縮小、不動産事業が主体。 ➢ 医薬品の分野で日本の武田薬品と提携し、フィリピンでの生産・販売を行っている。
オルティガス	➢ 土地開発と分譲によって得た巨額の資金をもとに株式投資や企業買収。事業主体は不動産開発事業である。
ツアソン	➢ ミンダナオ島に広大なプランテーションを所有する。対日バナナ輸出で有名である。 ➢ ミンダナオ島で海運業から貿易・不動産・銀行などの分野に展開している。 ➢ 1980年より日本企業の花王と合弁でココナッツ油誘導品と化粧品の生産を行っている。
ロパ	➢ 自動車を中心に建設・運輸・不動産に展開している。

出所：新聞・雑誌報道から筆者作成

　もう一方の華人系財閥の源流はさらに歴史をさかのぼる。宋朝時代以来貧困と戦乱からの逃亡、そして近世においては西欧列強がアジアを植民地化する過程で多くの労働力需要が生じたことによる出稼ぎのために中国南部沿海地方（福建、潮州、広東、海南、客家＝南部山岳地帯）を中心に多くの中国人が東南アジアにわたってきた。彼らの労働環境はその雇用形態が契約あるいは合法・非合法であれ、おおむね苛酷であることが多かったが、やがて、その苛酷さから逃れるように流通・運輸業に進出していった。各地に点在す

る出身地別相互扶助組織の人脈と情報ネットワークを元に，行商から小売・卸の事業を起こし，商取引に介在し，富を蓄積していったものや西欧列強の東南アジアへの資本進出の代理人で栄達していったものがある。こうした成功者は定住し，「華僑」（初代）から華人（2代目，3代目以降）へとビジネスと富は受け継がれ，中国語の生活から英語・現地語でビジネスをする世界へと入っていった。同じ華人企業でも出身地別にコミュニティーを作り，情報，資金協力，人材紹介などで協力しあっているため，国内でも他の出身地コミュニティーに属する華人企業とはライバル関係にある。むしろ，国外の同郷人との協力関係を重んじ，これが国境を超えたビジネス展開において有利に働くことも多い。

　フィリピンのスペイン人系財閥はその時々の政権と結びついてビジネスを発展させていたが，華人財閥も同様である。例えば，華人系財閥の代表格であるコファンコはマルコス政権下で成長した企業グループである。フィリピンにおいて華人系の人口比率はわずか数パーセントといわれており，投票を通じての政治的な発言権が小さいがゆえに華人財閥は，時代が下るとともに，むしろスペイン系財閥よりも政治において発言力を高める志向が強い。また，アキノ家[7]等，華僑を先祖に持つ有力政治家が現れてきたこととも関係があろう。

　このことは華人財閥の事業構造の変化にもつながっていると筆者は考える。華人企業はもともとの得意とするビジネスである小規模製造業，運輸業，建築業，小売業，不動産開発で富を蓄積してきたが，近年では欧米・日本の巨大多国籍企業等とのビジネス提携を進めている。例えば，コファンコ財閥はキリンホールディングスに2009年2月傘下のフィリピン最大手の飲料メーカー，サンミゲルビールの株式49％を売却するなどして資金を捻出し，他の分野のビジネスへの投資を行っている。政界・官界への強い政治力が不可欠となるインフラ（社会資本整備・運営）ビジネスに事業活動の重心を移し始めていることも最近の特徴である。例えば，コファンコは2008年フィリピンの大手電力会社であるマニラ・エレクトリックの株式27％を取得す

る一方，石油元売り会社であるペトロンの株式50.1％を取得した。また，マニラ市水道局と提携して水利ダムの開発を計画した。但し，この計画は着手する寸前まで行ったものの，2009年9月，水道料金の高騰を懸念する世

表2　主なフィリピン・華人系財閥のビジネスの概要

財閥名	事業分野
コファンコ	➢ ホセ・コファンコ・アンド・サンズ社（JCSI）の下に砂糖農園・砂糖精製・不動産開発など。 ➢ スペイン系のソリアノ財閥からサンミゲールビールを買収。しかし，近年，保有株資金のかなりの部分を日本のキリンに売却し，電力事業などインフラ運営ビジネスに重点をシフトしている。
ユーチェンコ	➢ 保険会社の設立にその起源。保険会社業界で不動の地位を築き，銀行業・投資・貿易・建設・通信・製造業へ多角経営。リサール商業銀行（RCBC）等の金融機関を保有している。
ゴコンウェイ	➢ 織物や日用品の行商からスタート。小麦粉と織物の輸入で得た資金を基に澱粉製造会社を設立。 ➢ コーヒー会社CFCを組織し，インスタントコーヒーで国内最大のシェアを獲得。 ➢ ホテル建設，綿織物会社買収（ジーンズ製造），大商業センター「ロビンソンズ・ガレリア」を所有している。
SM（シー）	➢ 持ち株会社のシューマートの下に金融・不動産・水産・映画等の他，大商業コンプレックス ➢ チャイナ・バンキングなど華人系銀行の大株主。トヨタ自動車の現地パートナーであるメトロバンクとも近い関係にあるといわれる。
マリアノ・ケ	➢ ドラッグストアチェーンである「Mercury Drug Store」はフィリピン全土にネットワークを張り巡らしており，多品種・薄利多売を戦略としたフランチャイズ方式で成功している。その他ファストフードチェーンでも成功している。 ➢ 不動産開発にも展開。 ➢ 農産物加工・パン製造等の系列企業も保有している。
コンセプシオン	➢ 製粉のリパブリック・フラワー・ミルズと家電のコンセプション・インダストリーズが基幹ビジネス分野である。
アルフレッド・ラモス	➢ 80年代後半から株式投機で名を上げ，フィリピン最大の書店チェーン「ナショナル・ブックストア」を所有。 ➢ 石油掘削会社の「フィロドリル社」等，鉱物資源開発・不動産・持株会社を兼ねたような企業を多く所有する。
ホセ・ヤオ・カンポス	➢ フィリピン最大の製薬会社「United Laboratories Inc.」（通称ユニラボ）が基幹企業であり，政府機関や公立病院への医薬品の供給においては市場をほぼ手中においている。

出所：新聞・雑誌報道から筆者作成

論が沸騰し，中断に追い込まれた。しかし，こうした社会資本整備の民営化に伴い，その分野を政治力，資本力にモノを言わせて参入する財閥系企業は年々増加している。

4. 政府系企業の変化

　フィリピンのインフラ分野では港湾の運営を民営化しようとする動きが1990年代以降に活発になっている[8]。これは世界的な傾向であり，フィリピンはそうした世界的な潮流に最も乗っている国のひとつなのである。例えばインフラ民営化が進んでいる分野のひとつ，港湾を例にとって述べたい。港湾の民営化には民間企業が港湾自体の所有を含めて運営する形態[9]と，港湾施設をリースで借り受けて運営する形態[10]，港湾の施設の運営業務を受託する形態[11]など様々である。それぞれの国の規制や港湾施設の成り立ちに合わせてこれらの形式を柔軟に選択して世界最大級の港湾オペレーター（運営業者）となったのが，香港をベースとするハチソン・ワンポアであるが，フィリピンにも同様な港湾オペレーターが成長している。

　フィリピンの大手港湾インフラオペレーター，International Container Terminal Services Inc. (ICTSI) は世界的な港湾インフラの拡大をビジネスチャンスとして，海外への展開を急ピッチで進めている。2010年8月，同社は以後2年間に6億ドルを資金調達し，アルゼンチン，メキシコ，コロンビアの港湾の保有・運営事業に投資すると発表した[12]。先ごろ，ICTSIはすでに1億2300万ドルを投資し，同社の保有・運営するアフリカのマダガスカル，中米エクアドル，南米ブラジル，地元フィリピン・マニラの港湾の能力拡張を行っており，同社の世界展開がいよいよ加速度を増して，進められていることがわかる。

　ICTSIのビジネスは港湾の保有・運営により投資回収を行うか，あるいは港湾を所有するオーナーに代わって運営業務を受託・代行し，港湾オーナーからその対価としての運営代行費を得るというものである。そのため，同社

は様々な港湾業務のニーズに対応できるように港湾管理，コンテナおよびバルク貨物の船舶への積み込み，荷降ろし，倉庫にかかわる業務を行う関連子会社を数多く保有している。同社はフィリピン国内では主な港湾ほとんどの運営にかかわっている。例えば，フィリピンの主要港湾であるマニラ国際コンテナターミナル（マニラ市：ルソン島中部），ミサミス・オリエンタルコンテナターミナル（カガヤンデオロ市：ミンダナオ島北部），ジェネラルサントス・マカール・ワーフコンテナターミナル（ジェネラルサントス市：ミンダナオ島南西部），キュービ・ポイントコンテナターミナル（スービック湾自由貿易区：ミンダナオ島北中部），ササ国際港湾（ダバオ市：ミンダナオ島南部）などであり，フィリピン最大の港湾オペレーターとなっている。

　フィリピンでは港湾インフラは政府機関が建設・保有することになっている。政府機関であるフィリピン港湾庁 (PPA)，フィビディック工業庁 (PIA)，セブ州地方政府などが保有している。これらの機関はこれまで基本的に直営で運営していたが，行政改革の一環として民営化が推進され，近年では外部の民間運営業者へ委託して運営するようになったものである。ICTSI はフィリピン国内でこの委託事業により，業容を拡大してきた。その実績をもって，すでに述べたように郊外の港湾運営ビジネスを展開するようになったものである。また同社はこれまでに遠隔・近隣にかかわらず，様々な地域での国際展開で実績を積み重ねている。例えば，同社がこれまで運営にかかわったパラウ・マウラコンテナターミナル（ブルネイ）は近隣の東南アジアであるが，遠隔地ではラプラタコンテナターミナル（アルゼンチン），バツミ港（グルジア），ブエナベンチュラ（コロンビア），グアヤキリ港（エクアドル），煙台港（中国），タルトスコンテナターミナル（シリア），マッカサルコンテナターミナル（インドネシア）など遠隔地域の港湾の運営の実績も数多くある。また，北米でも米国ポートランド港当局から，ターミナル 1 箇所（Terminal 6）について 25 年間のリース契約のもとで運営権を獲得した。

　ICTSI の着実な国際展開はその資金調達力にある。すでに，具体的な資金供給元も決まっており，2 億 5000 万ドルを HSBC（英国）と JP モルガン（米

国）が主幹事となる10年社債で，1億ドルを地元フィリピンのBanco de Oro 銀行から融資されることになっている。こうした同社の金融面での信用力の背景には同社のビジネスの金城湯池であるフィリピン国内の港湾を通じた国際貿易取引が堅調であることがある。例えば，同社が全島の3大港湾都市（カガヤンデオロ市，ダバオ市，ジェネラルサントス市）すべてに運営港をもっているミンダナオ島を例にとると，同社の港湾運営が競争力を持ち，商業的に成功していることが見て取れる。このうち，カガヤンデオロ市には同社の運営するミンダナオコンテナ港（前出のミサミス・オリエンタルコンテナターミナル）の他に政府機関であるフィリピン港湾庁（PPA）が運営するカガヤンデオロ港があるが，その2つの港の国際貿易の取扱量は表3のとおりとなっている。

表3でわかるようにICTSIの運営するミンダナオコンテナ港は2008年から2009年までの間に輸入貨物取扱量は3.3倍（14,172 TEU → 48,009 TEU）に，輸出貨物取扱量は28％増（17,165 TEU → 21,946 TEU）と激増している。他方，フィリピン港湾庁（PPA）が運営するカガヤンデオロ港は輸入貨物取扱量が14％増（10,632 TEU → 12,134 TEU）となっているものの，輸出貨物取扱量は25％減（11,803 TEU → 8,796 TEU）であり，トータルで6.7％減の微減になっている。このことを考えると，ICTSIの運営するミンダナオコンテナ港が競争優位に立ち，荷主やフォワーダー等の集客に成功していると考えることができる。

表3　フィリピン・カガヤンデオロ市の2大港湾からの国際貿易量（TEUベース）

国際貿易取り扱い量	2008年			2009年		
	カガヤンデオロ港	ミンダナオコンテナ港	計	カガヤンデオロ港	ミンダナオコンテナ港	計
輸入	10,632	14,172	24,804	12,134	48,009	60,143
輸出	11,803	17,165	28,968	8,796	21,946	30,742
合計	22,435	31,337	53,772	20,930	69,955	90,885

出所：PhilExport-10A, *Shipping Costs and Competitiveness in Northern Mindanao*, "A closer view on Northern Mindanao's state of competitiveness"

カガヤンデオロ港はミンダナオコンテナ港と異なり，コンテナ専門港ではなく，旅客港でもあるため，オーバーキャパシティで貨物処理効率が低下しており，荷主やフォワーダーがこれを嫌って，ミンダナオコンテナ港に貨物を移している[13]。2008年に比べて，2009年のカガヤンデオロ港の輸出貨物取り扱いがやや減少しているのは，ICTSIの運営能力以外にもこのような事情がある。

　同社が運営するフィリピン内の港湾取扱量の今後を展望するに当たって，例として，上記のミンダナオコンテナ港の貨物取扱量はどうなるかを考えてみよう。結論的にいえば，あまり悪い材料はなく，好調に推移するであろうと思われる。すなわち，表4が示すように，カガヤンデオロ市を含むミンダナオ島北部の第10行政区からの輸出金額を製品別に見ると，2009年には全ての製品で大きく減少している。しかし，前年の2008年はその他の年よりも飛びぬけて大きい輸出額を達した「異常な」年である。この2008年の値をはずして見てみると2009年の数値に若干のリーマンショックの影響が見られるものの，それらはこの地域があまり得意としない機械製造などによる工業製品・軽工業の輸出の減少であり，この地域が強みとする，食品および鉱業品は全て順調に伸びている。特に鉱業製品（Mineral Resources）が大きく伸びている。

表4　ミンダナオコンテナ港からの製品別輸出金額

分野	2006年	2007年	2008年	2009年	平均（％）
食品	135.57	149.50	252.00	161.30	4.7
工業製品	389.62	357.67	463.57	245.45	−9.3
軽工業品・雑貨	1.38	1.76	1.57	1.53	2.7
鉱業製品	10.69	31.62	125.59	70.13	139
その他	0.34	1.92	1.97	0.42	5.9
合計	537.60	542.47	844.70	478.83	−2.7

単位：100万ドル
出所：PhilExport-10A, *Shipping Costs and Competitiveness in Northern Mindanao*, "A closer view on Northern Mindanao's state of competitiveness"

背景には，中国向けに工業原料となる鉱業製品の輸出が増えたことと不況に強い食品や軽工業品・雑貨が堅調であったことがある。中国の経済成長がフィリピンの荷動きをも活発にしているということであり，中国経済が成長を続ければ，この状態はしばらく続くと考えられる。その場合，ICTSIの事業の先行きも当面，明るいとも言えよう。

フィリピン政府はこの他にも通信，電力事業など多くのインフラ事業を民間企業へ移管しようとしており，フィリピンの通信事業者，PLDTには日本のNTTの資本が入っている。電力セクターも財閥はじめ資金力のある民間企業に所有権あるいは運営権を売却し，民営の発電企業，送電企業を増やしている[14]。

5. 結語に代えて

フィリピンにおいては地場企業への支援策やそのための体制は他のASEAN諸国に比べ，それほど強力ではない。むしろ，規制緩和や自由化を進めることによって外資系企業を誘致し，その競争を通じてグローバル市場の交易経路に自らをビルトインさせることによって工業化を図るといった発想である。この結果，地場発の国際的な競争力をもった製造業の発展は緩慢である。他方，スペイン系，華人系の中の大企業が国内で大きなプレゼンスをもっている。それはこれまでの経緯を通じて積み重ねてきた事業資産をもとに政権や外資と連携して主に国内でその地位を発展させてきたものである。この意味ではフィリピンはグローバル化の進展を自らの企業成長の大きな起爆剤にしているといえる。やはり，グローバル化はフィリピンの企業社会を次第に変化せしめている，といわざるを得ない。

本稿では地場の中小企業・零細企業の一部で独自の販売ルートを拡大することに意欲的な試みが行なわれている例，財閥企業でこれまでの事業構造を変えて，新規分野への進出に注力している例，大きな市場シェアを持っていても売却し，資金を捻出して新規分野に投資する例，政府のインフラ運営政

策の変化，すなわち，民営化や規制緩和をビジネスチャンスとしてビジネス化して参入して，世界的な企業に成長する例を見てきた。フィリピンは他のASEAN各国の多くがたどってきた教科書的な「輸出主導の経済成長」，すなわち，自国企業の製造業を強化し，国際市場への輸出を通じて外貨を獲得して，更なる工業化を図ろうとする発展経路とは異なるプロセスをとっていることがわかる。グローバル化の潮流を乗り切るフィリピン型の対応の仕方ともいえよう。

【注】
1) 日本の三菱商事とアヤラ財閥の合弁で建設されたラグナ工業団地は成功例のひとつであり，最終製品を組み立てる大企業のみならず，その部品を製造する中堅・中小企業にいたるまで日本等からの外資企業の工場が進出している。
2) 日本のエンジニアリング企業が設計図作成拠点にしている他，米国企業にはコールセンターをフィリピンに設けているところもある。
3) 筆者等が実施した2005年8月のインタビューに基づく。
4) 同上
5) 広島大学・三菱総合研究所「特定テーマ評価『経済連携』―貿易分野における社会的能力の形成とその支援のあり方―」独立行政法人国際協力機構 (2006年) による。
6) 「開発独裁」とは経済成長を至上の目標として政治経済上の権力を集中する権威的な政治体制をいう。
7) 1980年代後半にマルコス政権を倒したアキノ上院議員，その未亡人アキノ大統領，現大統領であるその子息アキノ大統領などである。
8) フィリピン政府は財政力の弱さを克服するために，電力セクターの民営化を進展させたものの，その際の電力運営会社（外資企業を含む民間企業）への電力買取保証（電力需要が少なく，電力が余っても，政府が定額で電力会社から買い取るという約束）を行った。しかし，それはかえって政府の公的な財政負担を拡大させるという問題点を招来した。
9) BOO (Build-Own-Operate: 建設―所有―運営) 方式であり，投資家が施設を建設・所有し，その後の運営収益をもって投資回収を行うもの。
10) BTL (Build-Transfer-Lease: 建設―所有権の移転―リース) 方式であり，投資家が施設を建設して，政府等に施設の所有権を移転し，その施設をリース契約のもとで使用・運営して収益を得るもの。
11) 政府などが建設・所有している港湾施設の運営業務のみを請け負い，政府から運営費

の支払を受けるもの。
12) The Philippine Star, Aug. 12, 2010
13) 筆者等が実施した 2010 年 8 月のインタビューによる。
14) フィリピン政府は EPIRA 法に基づき、電力セクター資産債務管理公社を設立し、NPC のすべての資産の売却と債務の管理を担うことにした。筆者等が実施した 2009 年 8 月のインタビューによる。

【参考文献】
国際協力銀行開発金融研究所, *Issues of Sustainable Economic Growth from the Perspectives of Four East Asian Countries* (*1999*)
小林守「東南アジアの中小企業はグローバル化に生き残れるか―必死の模索を続ける『発展途上の経営者』群像」、駒形哲哉編『東アジアものづくりのダイナミクス』(明徳出版社、2010 年)
佐竹眞明「地場産業―鍛冶屋から塩辛づくりまで―」大野拓司、寺田勇文編著『現代フィリピンを知るための 61 章【第 2 版】』(明石書店、2011 年)
専修大学社会知性開発研究センター・中小企業研究センター「アジア諸国の産業発展と中小企業」(私立大学学術研究高度化推進事業研究成果報告書、2009 年)
広島大学・三菱総合研究所「特定テーマ評価『経済連携』―貿易分野における社会的能力の形成とその支援のあり方―」(独立行政法人国際協力機構、2006 年)
藤巻正己「東南アジアの国民国家とエスノナショナリズム―インドネシア・フィリピン・タイ・マレーシア―」、藤巻正己・瀬川真平編著『現代東南アジア入門【改訂版】』(古今書院、2009 年)
山下清海「東南アジアの華人社会とチャイナタウン」藤巻正己・瀬川真平編著『現代東南アジア入門【改訂版】』(古今書院、2009 年)
PhilExport-10A, Shipping Costs and Competitiveness in Northern Mindanao, "A closer view on Northern Mindanao's state of competitiveness" 2010
Rhodora M. Leano, SMEs in the Philippines, CACCI Journal, Vol. 1, 2006

第IV部

東アジアの民主化運動と共生社会形成の課題と展望

第10章
琉球の脱植民地化論

松島　泰勝

　2012年，琉球が日本に再統合されて40年になった。本論では琉球人にとって「復帰」が何を意味するのかを論じた上で，琉球が日米の植民地，特に経済植民地であることを明らかにし，最後に，琉球ナショナリズムと，国連における琉球の脱植民地化について検討する。また琉球人の民意を無視して日米両政府が軍事同盟関係を強化しようとするなか，琉球や琉球人を研究することの意味について考えてみたい。

　なお本論では，琉球とは沖縄諸島，宮古諸島，八重山諸島の島々を指す。約600年，独立国家であったという記憶を「琉球」という言葉は喚起する。琉球が日本に併合された後や，「復帰」後に沖縄県という名称が日本政府から与えられたように，「沖縄」は日本への帰属性を示す言葉でもある。沖縄島という単一の島の名称を取っていることから，沖縄島中心の見方にもなりかねない。八重山諸島の人々が沖縄島に行く時，「沖縄に行く」と言う場合が多い。沖縄島は琉球弧の中で最も面積が広く，国の主要機関，県庁，大学等が置かれ，広大な米軍基地もあるが，琉球の中心ではなく，島々の一つでしかない。「沖縄」が琉球を公的に指す名称として使用されたのは，日本統治時代である1879年〜1945年，1972年〜現在の約100年程度であり，三山時代から始まる琉球国の歴史に比べたら一部でしかない。琉球人は独自の歴史や文化をもち，日米の植民地支配を受けてきたネイション（民族）である。琉球人が日本人とは異なる別のネイションであることを明示するためにも本論では「琉球」という言葉を使いたい。

1. 琉球人にとって「復帰」とは何か

　琉球は，形式上，「沖縄県」という日本の一自治体とされているが，琉球人の領土が奪われ，その政治的地位を決める人民の自己決定権の行使が認められなかった地域である。つまり植民地である。琉球を統治するための特別法が存在し，長期にわたり過重な米軍基地が押し付けられ，県成立の根拠法である沖縄返還協定も日米の密約に基づいている。同協定成立過程には当事者である琉球人や琉球政府の参加が認められなかった。国と県との関係が国際法によって規定された日本の都道府県は琉球以外にはない。琉球の植民地性を隠蔽するために「県」という偽装工作が行われてきたのである。

　「復帰」とは「元の状態に戻ること」を意味するが，琉球の元の状態は日本ではなく，琉球国である。琉球は「日本固有の領土」ではなく，琉球人にとっては「奪われた領土」である。

　過去40年ではなく，長期の歴史の中で「復帰」の意味を考える必要がある。琉球と日米との関係史は次のようになる。

① 1609年～1879年：島津藩による琉球国の間接統治時代。
② 1879年～1945年：日本の直接統治時代。琉球国が日本国に併合され，琉球人の領土が略奪され，植民地支配，同化政策を受ける。沖縄戦で琉球人が日本軍により虐殺され，集団死を強制された。
③ 1945年～72年：米国の直接統治時代。日本政府は1945年に琉球人の選挙権を停止させ，52年に正式に日本から琉球を切り離した。米軍統治を日本政府は認め，その植民地統治を補強するために経済支援をしてきた。
④ 1972年～現在：日米両政府共同の直接統治時代。内政・外交面では日本国，軍事面では米国主導で琉球を支配している。英国と仏国の共同植民地であった，太平洋にあるニューヘブリデス諸島（現在のバヌアツ）と似ている。米国は基地機能の維持・強化という目的のために，日本政府

から財政的,軍事的な協力を得ながら(日本政府を利用して)琉球を植民地支配している。
⑤ 1972年以降の「復帰」体制の特徴は次の通りである。(a)日本国による琉球統合の深化。(b)琉球人の生命や生活よりも,日本人の生命や日本の安全を重んじ,基地負担を押し付けるという差別体制。(c)政治的,軍事的,経済的利益が琉球から日本に流れる仕組み,つまり植民地体制である。「復帰」体制において一括交付金を含む振興開発資金がどれほど与えられても,日本政府への経済依存,基地の強制,日本の企業や日本人による支配がさらに進むだけである。

41年前に米国から日本に施政権が移されたことを「復帰」というが,1972年に始まった「復帰」体制は今日までも続いている。つまり「復帰」を過去形ではなく,現在進行形の問題として見なければ,琉球における植民地問題の本質をとらえることができない。

日本政府は「復帰」40年をどのように考えているのだろうか。2012年2月20日に放映されたNHK「クローズアップ現代」の中で,玄葉光一郎外務大臣は辺野古新基地建設を琉球人に「理解」してもらいたいと言いながら,2012年を日米同盟強化の年にしたいと明言した。すなわち,40年前から始まった日米両国による琉球統治体制を,新米軍基地建設,先島諸島の自衛隊基地建設等によってさらに強化しようと日本政府は考えていたのである。

2. 琉球が日米の植民地である理由

『大辞林』によると,「植民地」とは「ある国からの植民によって開発され,経済的・政治的に,その国に支配されている地域。武力によって獲得した領土もいう」と定義されている。琉球を念頭において,この定義を言い換えると次のようになる。日本からの植民(日本企業,日本人移民,米軍人・軍属やその家族)によって開発され,経済的・政治的に日米によって支配されている。1879年,日本政府は武力によって琉球国の領土を奪い,米国は沖縄

戦後，銃剣やブルドーザーを使って土地を奪取した。

アルノ・ナンタは植民地主義を次のように定義している。「植民地主義は帝国主義全般の特別な一形態（即ち一種の膨張的な政策と支配の様式）と見なせるものだが，その核心は植民地化された人民を自らに還元不可能な他者として捉え，かつ宗主国の絶対的な軍事的優位を前提とした統治であったという点にある」[1]。オスプレイ配備に関して琉球の全ての県市町村議会が反対決議を行い，知事や宜野湾市長が反対しているにもかかわらず，配備を強行する行為は，琉球人を還元不可能な他者として認識し，宗主国の絶対的な軍事的優位性を強化しようとするものである。

次の諸点からも琉球が日米の植民地であるといえる。

①歴史的，政治的理由

1609年，島津藩の武力侵略を受けた琉球国は，同藩の間接統治下におかれた。1879年に日本政府は琉球国を滅亡させ，国王を東京に拉致し，「沖縄県」を設置した。琉球併合に対して日本政府は現在まで謝罪も賠償も行っていない。41年前，日米両政府は当事者である琉球政府を排除して沖縄返還協定を締結し，日本政府が「沖縄県」を設置した。19世紀の琉球併合，20世紀の「復帰」において，琉球人が住民投票（合意）によって，国際法上の正式な手続きに基づいて自らの政治的地位を決定したのではない。

②制度的理由

琉球にのみ適用される法制度や組織が存在している。それらの例として沖縄振興特別措置法，内閣府沖縄担当部局（旧沖縄開発庁），沖縄振興計画，沖縄科学技術大学院大学，沖縄振興開発金融公庫，金融特区，特別自由貿易地域，北部振興事業・島懇事業等がある。沖縄振興計画の策定には日本政府の最終的な承認が必要であり，事業の優先順位付けも日本政府が行ってきた。現在，琉球出身の国会議員は8人であり，国会議員総数722人の1%弱でしかない。形式民主主義制度によって琉球人の意志は無視され，日本国憲法が琉球に適用されて41年も経過したにもかかわらず，基地の強制は日本人の明確な意志によって続いている。

③軍事的理由

　日本政府は，全国土の0.6％しかない琉球に在日米軍基地の74％を押し付け，県知事，名護市長，多くの琉球人の反対にもかかわらず辺野古新基地建設計画を強行している。外国軍基地が琉球に過度に集中し，同基地内は日本の法制度が適用されない治外法権地域である。琉球人の人権を侵す日米地位協定を日本政府は変えようともしない。近年，自衛隊を「島嶼防衛」のために先島諸島に配備している。日本政府は琉球を戦場，ミサイルのターゲットにして，日本の「抑止力」を維持するために琉球をこれからも犠牲にしてもよいとする，日米同盟体制を堅持している。琉球が日本の一部である限り，日本政府は「合法的」に米軍基地やオスプレイを琉球に押し付けることができる。

④経済的理由

　日本企業，日本人移住者による琉球の植民地経済が拡大している。私は2007年からNPO法人ゆいまーる琉球の自治の活動を始め，年2回，琉球の島々において住民の集いを開催し，島の植民地状況，脱植民地化（内発的発展）について議論をしてきた。2013年1月現在までに12の島々で集いを開いてきたが，どの島々でも日本企業，日本人による島の経済支配が顕著になっていた。琉球経済は，外部から振興開発や民間投資の資金が投じられ，経済的利益が生まれても，その大半が島内で循環せずに外部に流出する「ザル経済，砂漠経済」つまり植民地経済という特徴をもっている。低賃金・不安定・重労働の労働条件下で働く琉球人も増加している。

⑤「琉球VS日本」という植民地関係

　大半の日本人は琉球と日本の植民地関係を無視する傾向がある。例えば次のような見解を述べる日本人ジャーナリストがいる。「いつもの通り『沖縄VS日本』的な議論が中心で，そこで思考停止してしまった印象です」[2]「米国の支配下で日本人同士がいがみ合う。被支配者同士が互いを憎むことで『本来の敵』である米国に批判のエネルギーが向かわない。米国の戦後の沖縄政策を見ると，この構図は自然にできたものではなく，周到に計画されて米国

が仕組んだと考えるのが自然です」[3]。

　大久保氏が述べているような「思考停止」ではなく,「琉球VS日本」の構造が今でも,米軍・自衛隊基地問題,教科書問題等のように琉球人を苦しめているという現実があるのである。日本による琉球の植民地支配の実態を見ないふりし,または積極的に植民地支配をしてきたのは誰なのか。日本人の大部分は琉球人を同胞と本当に考えているのか。そのように考えているのならなぜ米軍基地を自らの「裏庭」に引き受けないのか。日本や日本人への怒りをそらすために,日本人自らも被害者として装っている。日本は米国と一緒になって琉球を支配しているのである。

　「復帰」体制の中で,琉球は日本という枠組みの中で格付けされ,認識され,日本スタンダードの下位におかれ,常に国から指導されるという辺境の位置におかれてきた。「経済自立」という東京を基準にした経済成長路線を走らされてきた。

　国際人権規約,国連憲章等で保障されている人民の自己決定権を行使して,琉球は自らの新しい政治的地位を決定できる。琉球が自らのスタンダードをつくり,その中で政治経済,文化,教育をつくりあげる権利をもっている。「琉球VS日本」という植民地構造を直視して,両者を平等な関係にすることが琉球の将来像構築の第一歩となる。

3. 振興開発による植民地経済の形成

(1) 琉球を支配する振興開発体制

　「復帰」の年から沖縄振興開発特別措置法という琉球に限定された法律が施行されてきた。また,東京に拠点を置く沖縄開発庁が琉球の開発計画を作ってきた。沖縄開発庁は予算の一括計上方式という,各省庁の琉球に対する振興開発予算をまとめて計上することで,高率補助を実現させてきた。沖縄開発庁は,2001年から内閣府沖縄担当部局に名称,機能を変更した。沖縄開発庁は主に開発行政を専管とするが,内閣府沖縄担当部局は,開発とともに

基地問題も含めて，総合的に琉球を管理するという性格を有し，琉球を統治する日本の国家体制がさらに強化された。

内閣府沖縄担当部局の命令・組織系統は次の通りである。

図1

```
内閣総理大臣→内閣府特命担当大臣（沖縄及び北方対策）→副大臣，大臣政務官→事務次官→内閣府審議官→沖縄振興会議，内部部局［政策統括官（沖縄政策担当），沖縄振興局］，地方支分部局［沖縄総合事務局］
```

東京サイドで琉球の経済計画が決められていることがわかる。1972年に沖縄県庁が誕生したが，2010年3月に提示された「21世紀沖縄ビジョン」策定まで，沖縄県庁が自らの予算措置を伴う経済計画を作ったことはない。同ビジョンにしても予算采配権は日本政府側にあり，同ビジョンが実現するかどうかは政府の意のままである。

沖縄担当部局の中でも政策統括官が大きな権限を握っている。次の図は，沖縄振興開発計画が策定されるまでの過程である。

図2

```
沖縄県知事→計画案提出→内閣総理大臣→決定（変更）→沖縄振興計画
        ←決定通知←        ↓
                   意見聴取（沖縄振興審議会）
```

沖縄県知事も計画案を提示できることになっているが，実際は内閣府の役人が計画の中身を決める。有識者や学識経験者等を集めた沖縄振興審議会には，開発推進派のメンバーが多く，議論の展開も官僚に仕切られている。琉球を上から開発し，管理し，支配し，近代化する体制であるといえる。琉球の振興開発体制の中では国に決定権や執行権があり，いわば胴体から頭が分離した状態であった。

「復帰」後の開発行政は格差是正・経済自立を実現させず，国への依存度を深めさせ，日本企業の支配体制を強化し，基地の固定化を進め，環境を大きく破壊し，琉球，琉球人にとっては失敗であったと総括できる。他方，日本政府，日本企業にとっては基地負担を回避し，経済搾取できたという意味

で「成功」であったといえよう。

　振興開発失敗の主な原因は次の通りである。①琉球の実態に基づかない画一的な開発手法，②振興開発予算配分率の固定化，③開発計画の策定・実施過程における琉球側の主体的に参加する機会の欠如，④中央官庁による介入・規制・指導，⑤基地と振興開発とのリンケージ。

　日本政府が主導してきた振興開発には，経済発展過程における主体性に関する認識が欠如している。インフラ整備は誰のためのものであろうか。高率補助によるインフラ整備により，日本企業の琉球進出が促進され，日本企業・日本人による経済支配つまり植民地経済が形成された。さらに公共事業によって整備された道路，港湾，空港等は米軍も利用できる。特別措置（自由貿易地域，特別自由貿易地域，情報特区，金融特区等）がほとんど失敗に終わった原因は，琉球側が経済政策の策定・実施過程における決定権を有していないことにある。

　振興開発と基地との関係は「アメとムチ」として言い換えられることが多い。振興開発はアメとされているが，ハコモノの維持管理費は自治体負担となり，財政赤字の要因となる。1990年代半ばから基地と結びついた膨大な振興開発資金が投じられた北部地域において経済自立を実現した自治体はない。沖縄県も41年間の「アメ」によって自立的に発展したとはいえない。地域を発展させない「アメ」は「ムチ」でしかない。

　振興開発は日本政府，日本人による琉球への恩恵であり，琉球人は「特別の配慮」に期待し，感謝すべきであるとの言説がある。しかし，振興開発は基地を強制し，琉球の植民地支配を永続化させるためのツールであるという実態を認識して，多くの琉球人が「沖縄差別」という声を上げるようになった。

（2）　振興開発で経済自立は実現したか

　2009年における県外受取の構成比は次の通りである。最も大きいのが国庫からの経常移転の46.7％，次に観光収入の18.9％，そして米軍基地から

の要素所得（軍雇用者所得＋軍用地料＋その他）と米軍等への財・サービスの提供の 10.3％となる[4]。

2009 年度における沖縄県歳入内の地方税，地方交付税，国庫支出金の構成比をみると，それぞれ 16.4％（全国 32.4％），30.0％（16.1％），30.4％（16.7％）となる[5]。日本政府からの公的資金に大きく依存した従属的経済構造である。琉球の経済は自立の方向には向かっておらず，ますます日本政府に依存している。

次に産業構造をみてみよう。1972 年の産業構成は第一次産業が 7.3％，第二次産業が 27.9％，第三次産業が 67.3％であったが，2009 年になると，第一次産業が 1.8％，第二次産業が 12.9％，第三次産業が 88.8％になった[6]。

大規模な土地改良事業，製造業誘致のための珊瑚礁の埋立て事業を実施したにもかかわらず，農林水産業，製造業が大きく衰退する一方で，観光業を中心としたサービス業に偏重し，振興開発により政府部門が肥大化するようになった。食料自給，物的生産の基盤が脆弱であり，島外への依存度が増し，国内外の経済変動に島の経済が左右されやすいいびつな経済構造になった。

振興開発による施設やインフラの維持管理費は市町村の負担になるため，立派なインフラや施設ができても，その維持管理費の負担により市町村の財政赤字が増える構造になっている。また公共事業の受注者をみると，全体の半分以上は琉球外の建設業者が受注している。

2009 年における琉球の一人当たり県民所得は年間 205 万円，全国平均は 266 万円であり，格差は 76.9 であった[7]。日本では今，個人間の格差問題が注目を集めているが，琉球では「復帰」後 41 年間も日本との社会的な格差問題が続いているのである。

失業率は 2011 年度において 7.1％（全国 4.5％）であり，全国平均を大きく上回っている。特に若者の失業者が多く，15〜19 歳が 22.2％（全国 9.6％），20〜24 歳が 17.0％（7.9％），25〜29 歳が 14.9％（6.3％）である[8]。

雇用条件をみると，不安定な職場で働いている人が全国平均と比べると多い。2007 年における全雇用者に占める非正規雇用者の割合は，琉球が 39％

で，全国平均が33％である[9]。2009年における琉球のジニ係数を項目ごとに示すと，収入が0.339（全国0.311），住宅・宅地資産額が0.628（0.579），貯蓄現在高が0.699（0.571），耐久消費財資産額が0.448（0.428）となる[10]。

　全ての項目で琉球の係数のほうが全国平均より高い。つまり，琉球と日本との間だけでなく，琉球内においても貧富の格差が拡大しているのである。日本政府から提供されてきた振興開発事業費，補助金等は琉球の経済自立，格差是正に役立たず，琉球内の格差をも広げている。さらに高失業率が公共事業への期待を生み，振興開発によって環境が破壊されるという悪循環がみられる。

　琉球において，「復帰」後一貫して実施されてきた開発の戦略は，拠点開発主義である。これは特定の場所や産業に対して集中的に資金を投下して，その波及効果によって地域全体の経済成長を促すという開発手法である。「復帰」前後において，観光業ではなく，石油備蓄基地，石油化学コンビナートを設置し，発展させようと日本政府，琉球政府（後に沖縄県庁）は考えていた。しかし平安座島（へんざじま）の海が埋め立てられてCTS（Central Terminal Station 石油備蓄精製基地）が建設されると，海が汚染され漁業が衰退した。また日本における重厚長大産業が衰退するとともに，同島の石油精製事業が中止となり，多くの労働者が解雇された。開発側の当初の見込みは全くはずれ，発展の約束は嘘となった。地域も潤わず，環境も破壊されるという結果に終わった。

　その後も日本政府は，自由貿易地域，特別自由貿易地域，金融特区等の拠点開発主義によって琉球全体が発展すると期待をもたせたが，ほとんど失敗に終わった。失敗の最大の原因は，琉球の自治や内発的発展に基づかないで，上から経済開発を推し進めてきたことにある。拠点開発主義は主体なき開発であり，琉球人が本来もっている自治や内発的発展の能力や可能性を発揮させようとはしなかった。

　振興開発事業費全体の90％以上が公共事業に投じられた。道路・港湾・

空港・ダムの建設，土地改良事業等と，大規模な開発が実施されてきた。その結果，沖縄島周辺のサンゴ礁の90％以上が振興開発によって破壊された。サンゴ礁が破壊されると，海の生物もいなくなる。そして沿岸地域に住んでいる人の生活スタイルも大きな変化を余儀なくされ，琉球人の生きるための土台（サブシステンス）が掘り崩されてきた。

　CTS失敗後，拠点開発の中心になったのが観光業であり，琉球の主要産業にまで成長した。入域観光客数をみると，1972年の約44万人から2011年には約542万人に増加し，観光収入も1972年の約324億円から2011年には約4,070億円へと増えた[11]。しかし琉球の観光業はリーマンショック，航空機燃料費上昇，新型インフルエンザ，テロ・戦争，東日本大震災等により観光客数が大きく減少する不安定な構造を有している。

　観光市場においても日本に拠点をおく旅行代理店,航空会社,ホテルチェーン店等が，琉球の経済を支配している。琉球の島々で行った経済活動において手に入れた利益は本社がある東京，大阪等に還流していくという植民地経済が形成された。また日本企業による土地の買収，大規模開発，地元企業の買収・系列化も進み，琉球企業が倒産し，失業者が増加した。

　さらに観光開発の過程で，琉球のウタキ信仰，祀り，聖なる場所，霊的実践者の活動が阻害され，琉球人のアイデンティティ形成の上で大きな役割を果たしている島々のコスモロジーが危機的状況におかれている。

(3) 振興開発の軍事化

　1990年代半ば以降，日本政府は，振興開発と米軍基地とのリンケージ策を重点的に実施するようになった。1995年に琉球人少女が3人の米兵にレイプされた事件をきっかけに，反米軍，反基地闘争が激しくなった。そのような動きを抑えるために日本政府は基地と振興開発とを強く結びつける政策を実施した。基地関連の振興開発に依存させて，住民が基地を容認するように仕向けようと日本政府は考えたのである。

　このような「アメとムチ」の政策は，橋本龍太郎首相が1996年に沖縄政

策協議会を設置したことに始まる。同協議会は米軍の施設・区域による負担を抱える琉球の産業振興や雇用の確保など，琉球に関する基本政策を協議することを目的とし，閣議に準じる組織とされた。主宰者は沖縄担当大臣であり，総理を除く全閣僚と沖縄県知事が構成メンバーであった。しかし，大田昌秀知事が米軍基地の辺野古移設案を拒否すると，同協議会の開催を取りやめ，補助金の提供も止めて，琉球を締め付ける圧力の道具として同協議会を利用した。

　これまで日本政府が高率補助金に基づく振興開発政策を行う根拠，理由として，沖縄戦によって琉球が破壊され琉球人が殺されたこと，戦後米軍統治によって経済レベルが低下したこと，現在も広大な米軍基地が存在すること，そして日本との経済格差等が挙げられていた。しかし近年（1995年以降）は，そのような建前は退いて，振興開発と基地とのリンク，つまり基地を拒否するのならば振興開発は行わないという，高圧的な脅しの姿勢を日本政府は前面に出すようになった。

　近年，振興開発において防衛省の存在感が高まっている。内閣府沖縄担当部局の振興開発予算が減少するなか，防衛省の琉球関連予算は増加傾向にあり，振興開発と軍事基地とを密接にリンクさせている。米軍再編法案が成立し，防衛省が管轄する振興開発事業が増えている。振興開発と米軍基地とを結び付けるように日本政府が導いてきたのである。本来，振興開発は琉球の経済自立，格差是正を目標としており，日米の安全保障とは関係がないにもかかわらず，基地存続のために振興開発が利用されており，「振興開発の軍事化」と呼ぶことができる。

　日本政府による基地押し付けと直接結びついた振興開発として次のようなものがある。普通交付税の算定項目に安全保障への貢献度を反映させる基地補正，沖縄米軍基地所在市町村活性化特別事業，北部振興事業，SACO補助金，SACO交付金，駐留軍等の再編の円滑な実施に関する特別措置法等である。沖縄米軍基地所在市町村活性化特別事業は「島田懇談会事業（島懇事業）」とも称されている。それは，たとえ市町村に米軍基地が存在しても経済発展

ができる，つまり基地と琉球人は共存できるということを示すために，補助率も高く，ハードだけでなくソフト事業にも利用可能な，使い勝手の良い補助金である。多くの補助金が米軍基地のある市町村に投じられ，情報通信関連施設，国立沖縄工業高等専門学校，タラソ温水施設等の施設が建設された。

2008年度における基地関係収入は約2,084億円であり，県民総所得の5.27％を占めていた。その内，軍用地料の約784億円，軍雇用員所得の約520億円を日本政府が支出した。米軍への財・サービス提供約687億円の20％にあたる基地内施設建設と光熱費の約161億円も，日本政府が提供した。米軍や米軍人・軍属，家族による支出分は，基地内住宅の改修など米軍発注の工事費や物品購入費，基地内で商品やサービスを販売する特免業者関係経費，米軍人・軍属の家計消費支出等であり，約600億円であった[12]。

つまり，基地関係収入の約70％を日本政府が支出しており，琉球の植民地経済，基地経済を日本政府が下支えしているのである。また，高額の保証金を企業に課すボンド制により，琉球の中小企業ではなく日本の大手建設会社が基地内改修工事を受注し，利益を日本に還流している。

辺野古新基地建設計画と関連した北部振興事業，島懇事業ともに高い補助率であり，ソフト事業にも使える。2012年度から沖縄県に投じられた一括交付金は，北部振興事業等の延長線上にある。北部振興事業や一括交付金は辺野古新基地建設を押し付け，琉球人にそれを「理解」させる過程で日本政府から与えられてきた。

これまで振興開発が重点的に行われてきた名護市にある商店街はシャッター通りとなり，琉球平均よりも失業率が高く，その他の沖縄島北部地域でも過疎化が深刻になっている。インフラや施設の建設は高率補助でなされるが，その維持管理は自治体の負担になるため，財政が圧迫され，補助金依存が深化している。基地によって地域が活性化するのではなく，かえって外部資金に依存した経済が形成され，自治の力が奪われ，経済活力が減退している。

特に沖縄島北部地域に対して振興開発資金が投じられてきた。その理由は，

普天間飛行場を閉鎖し，海兵隊の新基地を名護市辺野古に建設するという米政府の計画を北部自治体に認めてもらいたいからであった。米軍機による騒音等の環境破壊，墜落の危険性を琉球人に受忍させるために振興開発を日本政府は「アメ」にして基地を押し付けようと考えた。琉球人に近代的生活，生活水準の向上という「アメ」をしゃぶらせて，基地反対の声を抑えようとしたのである。しかし，振興開発は「アメ」ではなく「毒，麻薬」であり，基地と関連する振興開発によって地域の経済は自立せず，環境問題が悪化し，国に従属する植民地構造が強化されてきた。

4．植民地主義に抗う琉球ナショナリズム

(1) 先住民族としての琉球人

琉球人が先住民族であることは，次のILO169号条約第1条の規定からも明らかである。「1　この条約は，次の者について適用する。(a) 独立国における種族民で，その社会的，文化的及び経済的状態によりその国の共同社会の他の部類の者と区別され，かつ，その地位が，自己の慣習若しくは伝統により又は特別の法令によって全部又は一部規制されているもの (b) 独立国における人民で，征服，植民又は現在の国境の確立の時に当該国又は当該国が地理的に属する地域に居住していた住民の子孫であるため原住民とみなされ，かつ，法律上の地位のいかんを問わず，自己の社会的，経済的，文化的及び政治的制度の一部又は全部を保持しているもの　2　原住又は種族であるという自己認識は，この条約を適用する集団を決定する基本的な基準とみなされる」

さらに「沖縄住民のアイデンティティ調査2005-2007」[13]によると，2007年11月において有効回答者1201人（18歳以上）の41.6％が自らを「沖縄人」と意識し，20.6％が琉球は独立すべきであると答えた。

琉球独自の文化，社会経済，植民地主義の歴史や現状，そして多くの琉球人が自らを「ウチナーンチュ，沖縄人，琉球人」と自覚していることを考え

ると，琉球人は独自の民族，先住民族であり，人民の自己決定権を行使しうる権原を有しているといえる。

　国連は日本政府に対して次のような勧告を行っている。

　「委員会は，締約国が正式にアイヌの人々及び琉球・沖縄の人々を特別な権利と保護を付与される先住民族と公式に認めていないことに懸念を持って留意する。締約国は，国内法によってアイヌの人々及び琉球・沖縄の人々を先住民族として明確に認め，彼らの文化遺産及び伝統的生活様式を保護し，保存し，促進し，彼らの土地の権利を認めるべきである。締約国は，アイヌの人々及び琉球・沖縄の人々の児童が彼等の言語で，あるいは彼らの言語及び文化について教育を受ける適切な機会を提供し，通常の教育課程にアイヌの人々及び琉球・沖縄の人々の文化及び歴史を含めるべきである」（第94会期国連市民的及び政治的権利に関する国際規約（B規約）委員会の最終見解，2008年）

　「ユネスコが数多くの琉球の言語（2009年），そして沖縄の人びとの独自の民族性，歴史，文化，伝統を認知したことを強調しつつ，委員会は，沖縄の独自性について当然払うべき認識に関する締約国の態度を遺憾に思うとともに，沖縄の人びとが被っている根強い差別に懸念を表明する。委員会はさらに，沖縄への軍事基地の不釣り合いな集中が，住民の経済的・社会的・文化的な権利の享受に否定的な影響を与えているという，現代的形態の人種主義に関する特別報告者の分析をここで繰り返す。委員会は締約国に対し，沖縄の人びとの被っている差別を監視し，彼らの権利を促進し適切な保護措置・保護政策を確立することを目的に，沖縄の人びとの代表と幅広い協議を行うよう奨励する」（第76会期国連人種差別撤廃委員会の総括所見，2010年）

　国連の自由権規約委員会や人種差別撤廃委員会が琉球人を民族と認め，基地の強制を人種差別として日本政府に改善を勧告している。しかし日本政府は琉球人をいまだに民族と認めていない。その理由の一つとして，琉球人が自己決定権を行使して米軍基地を日本に移設させることへの恐れがあるのではないか。

（2） 琉球ナショナリズムとは何か

　「復帰」後41年で明確になったことは，米国に従属する日本の統治下に琉球がある限り基地は無くならないということである。日本政府は自国民である琉球人の生命を守らず，地位協定を改正しようとしない。このような日本に対して琉球人は「沖縄差別」と批判するようになった。それは琉球人が自らを被差別者，抵抗の主体として自覚したことを意味する。琉球人が今までの従属的な地位を逆転させ，日本と平等な関係性を形成しようとするナショナリズムが台頭してきたといえる。琉球のナショナリズムは植民地主義に抗うマイノリティ・ナショナリズムであり，支配者の力学で動く日本のマジョリティ・ナショナリズムとは全く異なる。

　琉球人を含む植民地に生きる人間は全て，国際法で保障された人民の自己決定権を行使して，完全独立，自由連合国，対等な立場での統合等の政治的地位を住民投票で決め，独自の政府や議会を設立する権利をもっている。国連脱植民地化特別委員会は，非自治地域リストに登録された世界の植民地の脱植民地化を推し進める組織である。本来ならば戦後，日米両政府は琉球を同リストに登録させる義務があったが，それを行わないまま今に至っている。琉球人も国際法上の法的主体であることを日本と米国は認めなければならない。

　琉球ナショナリズムとは何であろうか。歴史や文化，土地や慣習を共有する民族（Nation）は，自らの国（State）をもつものと，もたないものに分けることができる。現在，琉球は国家をもたない民族（Stateless Nation）である。1878年まで国家をもつ民族であったが，翌年の琉球併合後，国を失った。琉球はMinority Nationでもある。日本国のマジョリティは日本人であり，琉球人はマイノリティであるがゆえに米軍基地を数の暴力で押し付けられてきた。

　日本ナショナリズムと琉球ナショナリズムとを混同していけない。前者は中心が周辺を支配するための暴力装置であるのに対し，後者は抵抗のための運動である。過去，現在において植民地状態にあり，独自の歴史や文化を他

の琉球人と共有し，自らが琉球人であるという自覚があれば，自らを民族と名乗ることができる。日本人が決めた基準に従って琉球人が存在するのではなく，琉球人が自らで民族と名乗るのである。国際法上の主体は人民（＝民族：peoples）である。国連憲章，国際人権規約をはじめとする国際法には人民の自己決定権の行使が明記されている。琉球人は自己決定権を有しており，世界の他の民族と同じように，それをいつでも何度でも行使することができる。

琉球ナショナリズムは，琉球の危機に直面した琉球人の素直な感情の表れでもある。米軍基地の県外移設を鳩山元首相が約束し，日本各地に基地の受け入れを呼びかけた。しかし日本の自治体，大半の日本国民は受け入れようとしなかった。米軍によって日本は守ってほしいが，基地は琉球においても構わないと大部分の日本人が考えていることが白日の下に晒された。

基地だけを起点にして琉球ナショナリズムが生まれるのではない。1609年の薩摩藩侵略以降の日本による琉球支配の歴史，失敗に終わった振興開発も琉球のナショナリズムが誕生する根拠となる。琉球という固有の歴史，文化，生態系，風土を持つ場所に，日本という他者の法制度，開発方法，文化様式，社会制度等が植民地主義的に押し付けられてきた。現在，琉球にある大学，企業，地域社会が日本人によって支配され，日本人の教員，公務員，ビジネスマン，経営者，「地域のリーダー」の下で琉球人が働き，または失業し，命令を下され，評価されるという社会状況が拡大している。

自らの民族性を消し，同じ「日本人」として日本人の組織や団体と繋ごうとする琉球人も少なくない。しかし日本の反基地運動団体の中には「沖縄のためにしてあげた」という傲慢な意識をもつ団体もある。反基地集会の途中，大人数で抜け出して観光をする団体もある。琉球の基地問題を手段にして自らの運動を盛り上げ，構成員の増加を図ろうとしている。日本人の反基地運動団体の中には，琉球人の苦悩を解消するために米軍基地を日本で引き取ろうと主張し，運動する団体は現在のところ存在しない。

次に琉球の経済ナショナリズムについて考えてみたい。アジアの国々では

民主化や経済発展が著しく進んだが，琉球には基地が強制され，日本に従属したままである。本来得られたはずの莫大な経済利益が基地によって奪われ，経済主権（経済政策・税制・予算等の決定権）は日本政府が握っている。「復帰」とは日本にとって琉球という新たな市場の獲得を意味する。日本の企業や製品が琉球の市場を席巻し，琉球の製造業，流通業，建設業等の企業を倒産させ，多くの失業者が生み出された。

経済ナショナリズムとは琉球人の経済的な主体性回復のための運動でもある。琉球が独自の政府や議会を設立し，日本政府と対等な関係になった上で，日本政府から財政的に自立し，課税権を手に入れ，琉球で経済活動を行う日本企業に対して適正な税を課す。日本企業を誘致するためにインフラ整備に重点をおいた振興開発ではなく，琉球企業の育成・保護を柱にした琉球人，琉球企業のための経済政策を策定する。そして発展計画の策定・実施・事業の優先順位の決定権を琉球側がもつ。

なぜ今，琉球の独立なのか。基地被害や差別を告発するだけではなく，問題の源をなくすための具体的な方法として独立を本気で考えなければ，琉球はこの先も屈辱の歴史を歩まされるだろう。琉球が日本の地方自治体としてではなく，独立を前提として政治経済を主体的に進めるなかで日米両政府との交渉力も増し，差別や無視の対象ではなくなる。リアルポリティックスの手段として，独立論をどのように使いこなすのかが琉球人に問われている。

5. 琉球の脱植民地化

(1) 国連脱植民地化特別委員会と琉球

これまで琉球人は国連を使って自らの脱植民地化を進めてきた。1962年の琉球政府立法院による「2.1決議」は，国連憲章，植民地独立付与宣言に基づいて米軍統治を批判した。1996年以降，国連の先住民作業部会，先住民族問題常設フォーラム，先住民族の権利に関する専門家機構，人種差別撤廃委員会等において脱植民地化のための活動を展開してきた。

その結果，2008年，国連の市民的および政治的権利に対する規約委員会は琉球人を先住民族と認めた。2010年，第76会期国連人種差別撤廃委員会は琉球人を独自の民族として認識し，米軍基地の強要を人種差別とみなし，義務教育の中で琉球語による教育を求めるとともに，差別の監視や権利保護について琉球側と協議するように日本政府に勧告した。

　「自己決定（Self-Determination）」とは，「他者」と認知されたものから自己（個人でも集団でも）が支配され，統治されることはないということである。国連憲章，植民地独立付与宣言，友好関係宣言等の国際法により，人民の自己決定権が脱植民地化と関係づけられた。国連脱植民地化特別委員会は，「自己決定」を，植民地または従属地域の人びとが自らの地域の政治的地位について決定をすることであると規定している。琉球人は，国際法に基づいて内的自決権（国内における自治権）とともに，外的自決権（独立する権利）を行使することができる。

　琉球併合，国連監視下での住民投票なしでの「復帰」，沖縄振興特別措置法等の琉球のみに適用される法律や制度の存在，日本方式・日本国主導による開発，独自の教育権の欠如等を考えると，琉球は植民地であるといえる。

　世界の植民地問題の解決を目指す国連組織が，国連脱植民地化特別委員会（C-24）である。C-24は1961年に国連総会により設立された。設立の目的は植民地独立付与宣言の実施過程を見守り，その適応に関して関係諸国に勧告を行い，「非自治的地域」が新たな政治的地位を得るための支援をすることにある。現在の「非自治地域」は次の16地域である。西サハラ，アングィラ，バミューダ，英領バージン諸島，ケイマン諸島，フォークランド諸島（マルヴィナス），モントセラト，セントヘレナ，タークス・カイコス，米領バージン諸島，ジブラルタル，米領サモア，グアム，ニューカレドニア，ピトケアン，トケラウ。

　世界の「非自治的地域」が新たな政治的地位を得るためには次のような国際的な手続きが必要となる。国連の脱植民地化特別委員会において自らの植民地状況，脱植民地化の必要性を主張し，国際社会からの支援を得ながら，

完全独立，自由連合国，大国への統合（非自治地域の人民と統治国の人民が完全に対等であることが前提）から1つを選択するための国連監視下での住民投票を行い，新たな政治体制に移行し，植民地としての地位から脱却する。

(2) 琉球独立反対論への反論

　国際連合は1945年，51ヵ国によって設立されたが，2012年10月現在の加盟国は193ヵ国であり，国の数は約4倍に増えた。特に1960年に国連で採択された植民地独立付与宣言以降，独立国が格段に増えた。大国による支配と差別から解放され，住民の生命や生活，基本的人権，慣習や言葉，土地制度等を守るために人口が数万人でも独立を達成した国々があり，世界はそれを認めてきたのである。ツバル，ナウルは人口約1万人，パラオは約2万人，ミクロネシア連邦は約11万人程度でしかない。マルタ，ルクセンブルク，ベリーズ，ブータン，東ティモールなど世界には小規模で独立している国がいくつもある。琉球の人口は約140万人であり，独立しても当然な地域である。

　琉球独立に反対する見解に対しては，次のような反論を行うことができる。
① 「国の国民的統一及び領土保全の一部又は全部の破壊をめざすいかなる企図」は許されないという文言が植民地独立付与宣言にある。しかし，琉球国を併合し，軍事統治をしたのは日本国，米国の方であった。現在の琉球は日米両政府による占領が続いている違法状態にあるといえる。琉球独立は違法な状態を終わらせるための方法であり，分離独立とはいえない。
② 琉球の施政権を有し，かつ基地を押し付けている日本国は，国際法で保障された琉球人の「同権と自決の原則」に従って行動していない。
③ そもそも日本政府は領土保全の主張を正当化できない。日本政府は「復帰」前に「日本固有の領土」として琉球を位置付け，領有化を進めた。だが実際は，琉球は琉球国という日本とは別の国家であったのであり，「固有の領土」ではない。琉球国を消滅させて，強制的に日本国の一部にしたので

ある。日本政府は領土保全の理由で琉球人の自決権を否定することはできない。1880年に清国政府との間で日本政府は分島改約案を交渉し、宮古・八重山諸島を清国領とする代わりに、清国内での日本人による通商権を得ようとした。これは実現しなかったが、日本政府は琉球を他国に分割譲渡しようとしたのであり、尖閣列島を含む琉球に対する領土権の主張は道義的にも認められない。

④ある国において民主主義が実現していれば領土保全が優先され、独裁国家であれば領土保全が優先されないという議論がある。日本は一応、民主主義国家と言われている。しかし琉球人の多くが基地反対を主張しているにもかかわらず、在日米軍基地特措法を国会で多数決によって成立させ、振興開発資金を利用して基地を押し付け、日米地位協定の改正要求も無視するなど、基地を拒否する琉球人の行動を封じ込めてきた。法手続きの上では民主主義の形式を踏まえているが、日本政府の米軍基地に関する施策は琉球人にとって「独裁的」ともいえるほど過酷である。琉球に対して形式民主主義しか実現していない日本は、領土保全を主張する確たる根拠をもっていない。

⑤琉球が独立したら中国が侵略してくるのではないかという言説がある。しかし中国が琉球に侵略するかどうかは将来における一つの仮説でしかないが、日本が琉球を侵略し、日米が琉球を植民地支配しているという現実の方が、琉球人にとっては解決すべき大きな課題である。中国が琉球を侵略した場合、世界的な抵抗運動を琉球人は展開するが、それによって中国はこれまで築いてきた国連常任理事国、世界経済第2位という国際的地位を失うというリスクを負うことになろう。そのようなリスクを冒してまで琉球を侵略しても、中国には全く利益がない。「中国が琉球を侵略する」という言葉は、日米による琉球支配を永続化させるための一つの脅し文句でしかない。

(3) 世界のウチナーンチュとして脱植民地化を進めていく

　世界では次のような脱植民地化運動が展開されている。グァムでは，先住民族の権利のための民族組織（OPIR），チャモロネーション，平和と正義を求めるグァム連合，We Are Guahan，グァム政府脱植民地化委員会が活発に脱植民地化運動を展開している。今後4年以内に新たな政治的地位を決める住民投票が実施される予定である。

　2010年にC-24は，プエルトリコ問題に関し次のような内容の決議案を採択した。①米政府に対し，プエルトリコ人による自己決定権，独立の権利行使の過程を支援することを求める。②米政府に対し，プエルトリコのビエケス，セイバの土地を完全に返還し，島にある汚染物質を除去するための費用を負担し，住民の健康や経済自立を配慮するよう要求する。③1953年に非自治地域リストからプエルトリコが取り除かれてから生じている同島の状況に対し国連総会が注意を払うことを求める。

　1853年にフランスの植民地になったニューカレドニアでは，1970年代から独立運動が盛んになり，1986年に非自治地域リストに登録された。登録の際，太平洋諸島フォーラム，メラネシア・スペアヘッド・グループ，非同盟諸国首脳会議等が強く支援した。ニューカレドニアでは2014年以降に独立に関する住民投票が行われる予定である。

　仏領ポリネシア議会は2011年9月，非自治地域リストへの登録を求める決議案を採択した。現在，同領土政府の行政長をしているのがオスカー・テマル氏である。テマル氏は，独立を求める政党のタビニ・フィラアティラ党の党首でもある。

　またスコットランドは2014年に英国からの独立を問う住民投票を行う。現在，スコットランド国民党が同地域政府の政権を担っている。2012年9月には，スペインのカタルーニャにおいて150万人規模の独立を求めるデモが行われた。

　「人民の同権及び自決の原則」を規定している国連憲章をはじめとする国際法によって保障されている人民の自己決定権を琉球人は行使して，新たな

政治的地位に関する協議会を日本政府との間で開く当然の権利を持っている。国連は琉球の脱植民地化を支援する責務がある。

琉球国を併合し，現在も米軍基地を琉球に押し付けている日本国にとって植民地問題とは世界の他の国の問題ではなく，自国の問題である。琉球問題は，国連の脱植民地化過程の中で議論され，具体的な解決策が講じられなければならない問題である。これまで日米両政府，日本国民の多数派が琉球の過去，現在，将来の方向性を決めてきたが，これは国際法に対する明確な違反行為である。

琉球は国連の非自治地域リストに登録されていないが，その歴史や現状を考えると琉球も登録されるべき地域である。植民地状況を運命であると諦めるのではなく，日米の植民地である琉球が脱植民地化過程に入り，自由で平等な人間として生きる道は開かれている。世界の植民地は国連の支援を得て，脱植民地化を実現してきたのである。

琉球人も地球上に存在しており，国際法で規定された人民（民族，法的人格）として，つまり世界のウチナーンチュ（人民，民族）として自己決定権を行使して，自らの土地から基地，植民地主義を一掃することができる。

（4）沖縄学の課題としての脱植民地化

琉球が日本に併合されて以降，伊波普猷，東恩納寛惇，比嘉春潮等の琉球人研究者を中心にして形成され，現在も研究成果が蓄積されているのが沖縄学である。しかし，現在の沖縄学の担い手である研究者の中には琉球を分析，検討，評論し，研究成果を生み出すという研究スタイルに自足する人々が少なからずいる。沖縄学の研究者は研究対象としての琉球を客観的で，超越的な立場で語りうるのであろうか。琉球は研究の素材（スタッフ）であり，研究業績蓄積の一手段でしかないのだろうか。

琉球の植民地状況に対して直接的，間接的に琉球を研究する研究者も関与している。被植民者としての琉球人と関わり合う研究において，研究者自身の立場性（ポジショナリティ），「インフォーマント」として使われる琉球人

との関係性が問われてくる。そして，琉球が抱える諸問題に対して「どうするのか，自分は何をするのか，ネイティブに対してどのように応答を続けるのか」という問いも常に突きつけられる。

　沖縄学は植民地主義の下で生きている今の琉球人にとってどのような意味，役割，関係をもっているのか。何のために琉球や琉球人を研究するのか。その答えが琉球の政治経済的，文化的植民地支配をサポートするため，日米の「安全・平和」のためであれば，沖縄学は日米の植民地主義を補強する学問という性格を帯びてくる。

　具体的な支配・差別の実態が存在しているのに対して，琉球の知識人・文化人の中には「琉球ナショナリズムは危ない」「コスモポリタンになって状況を冷静に考えてみよう」という人が少なからずいる。植民地・琉球の現実を直視し，それからの脱却を求めるという人間の主体性が欠如した言説である。

　自らのアイデンティティを「ウチナーンチュとヤマトンチュとの間を揺れ動く存在」であると表現する琉球人もいる。しかし，日本人，日本は琉球を支配し，差別してきたのであり，琉球や琉球人は植民地，被植民者である。両者は社会構造的には水と油の関係にある。琉球人が同時に日本人になるというのは，自己分裂性的であるか，戦略的に「民族」隠しをして琉球の植民地構造を曖昧にし，脱植民地化運動の根拠を無化させることにつながるだろう。コスモポリタンな琉球の知識人・文化人は，知識人の間で通用する概念世界の中で安住しながら発言する場合が少なくない。「沖縄文化や言葉には日本古代の姿が残っている」「人類史の古層につうじる沖縄の文化」という一つの仮説を真実であるかのようにいう人もいる。しかし，「日本文化の古層が残る，日本人の歴史や文化にとっても大切な場所」である琉球になぜ日本人は米軍基地を存在させ続けて平気なのであろうか。米軍基地の存在は自らの文化や精神に対する冒涜ではないだろうか。

　そもそも沖縄学は近代琉球の植民地状況の中で苦悩する琉球人を解放させるための学問として誕生した。現在の琉球も植民地である限り，沖縄学は脱

植民地化を学問の支柱にすべきではないかと考える。

　日米の植民地主義下にある琉球を研究することは，研究者の当事者性が問われることを意味する。琉球人は日本人としての眼で研究するのか，琉球人・被植民者・ネイティブとして研究するのかが問題となるのが沖縄学である。同化政策の渦中にある琉球人が自己解放（自らのアイデンティティを確立し，植民地的取扱いに対し「否」を唱え，自己決定権を行使すること）を進める過程や方法をどのように研究するのか，そして，研究成果をいかにして現実の琉球に反映，関連させ，状況を変えていくのかが，今日ほど沖縄学に求められている時はない。

　琉球人の民意を無視して日米両政府が軍事同盟関係を強化しようとするなか，琉球や琉球人を研究することの意味や植民地主義への共犯性に対する問いが，私を含む沖縄学の研究者に突きつけられている。

【注】
1) アルノ・ナンタ「植民地主義の歴史と（記憶）闘争」『環』Vol.49, 2012年, 247頁
2) 大久保潤『幻想の島沖縄』日本経済新聞社, 2009年, 182頁
3) 同上書, 270頁
4) 沖縄県企画部編『経済情勢（平成23年度版）』沖縄県企画部, 2012年, 11頁
5) 同上書, 23頁
6) 同上書, 8頁
7) 同上書, 10頁
8) 同上書, 5頁
9) 同上書, 50頁
10) 同上書, 49頁。ジニ係数は1に近づくほど地域内の不平等が大きいことを示す。
11) 同上書, 21頁
12) 『琉球新報』2011年1月1日
13) 林泉忠「沖縄アイデンティティとは何かⅡ」沖縄県公文書館講座資料, 2008年7月2日

第 11 章
先住民族アイヌの権利と政策の諸問題

津田 仙好

1. はじめに——アイヌ民族の紹介

　2008年6月,「アイヌ民族を先住民族とすることを求める決議」（以下,国会決議）[1]が,衆参両院にて全会一致で採択された。政府は即日これを受容し[2],以降,アイヌ民族が「先住民族であるという認識の下」に政策的な論議と具体化を進めている。本稿は,その過程を限界と意義の両面において評論し,問題点や論点に言及するものである[3]。その前にアイヌ民族について簡単に紹介しておく。

　アイヌ民族は,差別があるため自ら名乗らない人が多いが,通常,北海道では少なくとも5万人以上,東京では5千人以上が居住していると説明される。日本列島の原住民は,南方由来の説と北方由来の説とがあり,前者が優位であるが,最終決着はついていない。それはさておき,新石器時代の縄文人は,渡来人との混血に媒介された和人と,縄文的特徴をより多く残すアイヌとに分岐した。縄文人は北と南に追われ,それぞれアイヌ民族と琉球民族になった。この点はほぼ定説になっている。

　7世紀後半から9世紀初頭,古代天皇制のヤマト権力は,関東以北・東北に住むアイヌ民族の祖先またはそれと同系の蝦夷（エミシ）に対し,執拗な「征伐」を繰り返して支配圏を拡げた。和人は13世紀から北海道に入り始めるが,17世紀初頭に成立した松前藩は18世紀後半までに場所請負制度

を完成させ，過酷な重労働と強度の収奪，和人からうつされた病気の蔓延で，アイヌの人口は激減してしまった。アイヌ民族は1456年の道南・コシャマインの戦い，1669年の静内〜全道のシャクシャインの戦い，道東の1789年クナシリ・メナシの戦いで抵抗した。

　明治天皇制政府は1869年，北海道を自国の領土と宣言し，アイヌの大地を強奪した。そしてアイヌ語や伝統的風習を禁止し，民族抹殺とも言える同化政策－皇民化を強力に推進した。アイヌ民族は狩猟も禁止され生活基盤を破壊された。戦後も差別と偏見が続き，同化主義が温存され，アイヌ民族は底辺での暮らしを強いられた。

　アイヌ民族は戦前，違星北斗や知里幸恵らの文芸活動などでアイヌの魂の叫びを刻印し，戦後は，山本多助らの文化復権運動や北海道ウタリ協会（現アイヌ協会）による生活改善事業などが展開された。1970年代は結城庄司らが差別糾弾闘争を進め，和人学者権力による「滅びゆく民族」言説から民族的主体性を防衛した。87年の中曾根「単一民族発言」はアイヌ民族による厳重抗議と国際的批判にさらされ，90年に日本政府はアイヌを「少数民族」だと認めざるを得なくなった。

　90年代に入ると国連が設けた「国際先住民族年」をテコに，アイヌ民族は国際連帯の活動を活発化させるとともに，それまでの政治的・文化的運動の前進を背景に，多民族の「共生」を訴えるようになった。ウタリ協会は84年に案をまとめた「アイヌ新法」の制定を要求していたが，94年に萱野茂がアイヌ民族初の国会議員になったこともあり，97年，「アイヌの人びと」は「先住性」を有するとの認定の下で，文化面に限定された非常に不十分な法律ではあるが「アイヌ文化振興法」が成立した。

2. 有識者懇談会報告書の限界と意義

(1) 侵略・植民地化と謝罪・補償・先住権に触れず

　2007年9月，国連総会において，「先住民族の権利に関する国際連合宣言」

（以下，国連宣言）が圧倒的多数の賛成で採択された。先住民族の権利や国家の義務を包括的に対象化した画期的な宣言で，条約ではないが，20年以上にわたった先住民族による交渉の成果だった[4]。日本政府も解釈上の条件を若干つけながらも同宣言に賛成票を投じた。

これを受け日本国内では2008年6月，先述したように国会決議が採択された。同年7月のG8北海道洞爺湖サミット開催を直前に控えての，ある種の外圧主導の採択だった。歴史への反省・謝罪がないなど国会決議には問題も含まれていたとはいえ，アイヌ民族にとって先住民族としての認定は大きな前進だった。

国会決議を受け政府は，同年7月，内閣官房の下に「アイヌ政策のあり方に関する有識者懇談会」（以下，有識者懇）を発足させた。内閣官房には同時に「アイヌ政策推進室」が設置された（2009年8月から「アイヌ総合政策室」に衣替え）。有識者懇は1年間かけて10回の会合とアイヌ民族からの意見聴取を兼ねた3回の視察（北海道2回，東京1回）を行い，2009年7月，「報告書」を河村官房長官（当時）に提出した[5]。

報告書は全42頁で，「はじめに」「今に至る歴史的経緯」「アイヌの人々の現状とアイヌの人々をめぐる最近の動き」「今後のアイヌ政策のあり方」「おわりに」の5章で構成されている。以下ではその限界を批判し，しかる後に意義も抽出する。

報告書の歴史認識（近代）は，「内国民化」「内国化」「北海道開拓」「近代化」である[6]。アイヌモシリ（人間の住む静かな大地，北海道）を侵略，植民地化したという記述にはなっていない。後に見るように「反省」につながる内容なら示されていないわけではないが，政府に謝罪を求めてもいない。多くの箇所で認識が甘く，アイヌ民族の苦難と闘いの歴史，謝罪の要求について，本当に受け止めて考えているのか疑問符が付く。

報告書は和人としての反省の意を込めた主体的な記述になっていない。悪い意味での客観主義的な記述になっている[7]。それゆえ少なからぬアイヌ民族が「和人の目から見た歴史であり，アイヌの目から見た歴史ではない」と

批判している。「北海道旧土人保護法」に関する記述でも，"和人が善意を尽くしたけれどもうまくいかなかった"という趣旨で書かれ（15頁），アイヌに農耕を押し付けたこと，様々な差別的規定などが問題にされていない。

歴史認識の問題は，今後の政策・立法の根拠となる根本的な問題である。後ろのほうで報告書は「政府に強い責任がある」と述べているが，それならもっと主体的責任を明確化した歴史記述になるはずである。

報告書の政策提起の部分では，先住権についてまったく言及されていない。報告書は，アイヌを先住民族だと再確認し，その認定を基に今後の政策が考えられるべきだと指摘し，「国連宣言」の意義も述べておきながら，同宣言で謳われている自己決定権（自決権，自治権），補償・賠償，土地・資源への権利，越境権などについて権利として検討しておらず，大いに矛盾している。とりわけ自治などの政治的諸権利とはかなり距離がある。

確かに報告書は，土地・資源の利活用，生活向上施策などを提言してはいる。しかし，先住権を根拠にそれらの政策を位置づけるのと，報告書の如くいわば"文化のために，格差是正のために，実施しましょう"と位置づけるのでは，意味がかなり違ってくる[8]。

懇談会の常本照樹委員は，報告書が権利の記述を回避したという批判に対し，第一に，「権利を語るには権利主体が明確でなければならないが，明確化の方法を懇談会の1年間だけで煮詰めるのは不可能」，第二に，「多数決が原則の民主主義社会では，多数派の国民の理解を無視するわけにはいかず，権利というロジックを使うことの損得も考えねばならない」，第三に，「民族的集団権については日本も含め世界の主要な国々が否定している」，第四に，「新たな政策を進めることを通じて，権利主体としてのアイヌが明らかになり，権利を語る地盤が整う。そこに懇談会の役割があった」と回答している[9]。

だが，権利主体は明確にアイヌ民族であり，アイヌ民族は現に存在する。個々人で見ればこの人がアイヌかどうか境界線にいる人もいるだろうが，北海道アイヌ協会の会員をはじめ明確にアイヌである人は大勢おり，主体が曖昧ではないからこそ北海道では公的な福祉政策が実施されてきた。境界線の

人々の存在をもって，権利主体が明確でないなどと一面的に言うことはできない。

また，少数派の権利は多数派の理解があろうがなかろうが存在する。多数派が理解して初めて少数派の権利が生ずるのだとしたら，それは人権とは何ぞやという基本に反し，おかしな話になってしまう。権利を実現していく上での政治的な損得勘定によって，権利の記述を回避することはできない。さらに，集団権は日本でも法人格というかたちで認められているのではないか，個々人の権利を集合した"集合権"を通じて集団権に近づくことはできないか，等々の議論がある中で，先住権の記述を一律に回避するのはあまりに消極的である。

全体的に，報告書を読むと，壁のようなものを感じる。すなわち，日本には階層・階級・性別・民族・文化など様々な点で差異のある多様な住人がいて，和人とアイヌ民族の関係のように抑圧－被抑圧の関係が構造化している場合もあるのに，人びとを均質的な国民としてひと括りにして「他者」への抑圧性に気づかない国民主義の壁である。報告書を問うことは，じつは国の在り方を問う重要な課題である。

(2) 政府責任の認定と先住民族再確認にもとづく政策提起

今回の有識者懇は，アイヌ文化振興法の制定過程で設置された1996年の有識者懇と比較すれば，アイヌ民族による関与が拡大した。たった一人だけでかなり問題があるとはいえ，加藤忠・北海道アイヌ協会理事長が懇談会委員として参加し，彼の意見は尊重されたと言われる。また，十分とは言えないけれども，懇談会外のアイヌ民族からの意見聴取には意義があった。

報告書には，アイヌ民族の今後の闘いに活用しうる仕掛けが埋め込まれていると見ることもできる。まず歴史記述についてだが，問題はあるにしろ，1996年報告書よりも大幅に増量されている。その記述の節々を捉えて[10]，侵略・植民地支配としての認識や謝罪の必要性を引き出していく論議が可能である。「このようにいろいろ書かれているけれど，これがまさに侵略，植

民地化のことではないか！」と議論を仕掛けることができるのである。日本人に反省を促す記述もある[11]。

報告書は，アイヌ民族が先住民族であることを再確認した[12]。先住民族というカテゴリーの認識自体が，そもそも近代国民国家，帝国主義列強による侵略，植民地化の歴史を問う視角と不可分なものである。アイヌを先住民族だと再確認したことで，反省や謝罪，先住権認定につなげることのできる可能性が残されたと言える。

報告書では先住民族の定義が書いてある[13]。この定義には少し議論が必要かも知れないが，日本政府は「先住民族の定義が国際的に定まっていない」などとして逃げていたのだから，定義を出すことには意味がある。さらに報告書は国連宣言を尊重することも書かざるを得なかった[14]。そして報告書は，先住民族としての認定を根拠に今後の政策を進めると言っている。さらに，1996年の報告書では責任の所在が全然書かれていなかったのに，今回は，国に強い責任があると明記している[15]。これらの点には大きな意義がある。

かくして報告書は「文化振興」政策を求めるわけだが，その場合の「文化」とは，「文化振興法」が「狭義の文化」しか扱わなかった限界に踏まえ，生活も含めた「広義の文化」のことだとしている[16]。アイヌ民族の諸要求のうち，施策を北海道内に止めず全国化すること，アイヌ民族専門の一本化された政府窓口を設置すること，新たな立法措置を講ずること，といった項目も報告書に書かれた[17]。

1996年報告書では，自決権，土地・資源の返還，補償などが明示的に否定されていた[18]。しかし今回の報告書では，"先住民族だとはいっても日本の実情に即して……"といった論脈が含まれてはいるものの，現憲法内での国会特別議席を否定していること以外，1996年の時のような明示的な否定は書かれておらず，むしろ積極的に施策を考えていこうとする姿勢も一部では感じられる[19]。

報告書はいわゆる「アイヌ人骨問題」，北方の国境画定にともなう「強制移住」の問題に触れている。不十分な内容だとはいえ，これらの項目を設け

ざるを得なかったこと自体は，様々な運動的取り組みの成果であると見ることもでき，半歩前進である[20]。

今回の報告書は個別政策の提起に力点を置いたとされる。

「広義の文化」振興の具体策として，「民族共生の象徴となる空間の整備」が提起されている。そこには教育・研究・展示・工芸技術の担い手育成，体験・交流，さらにアイヌ人骨の慰霊施設といった，盛りだくさんの機能が詰め込まれている。「これらの施設及び空間は，本報告書のコンセプト全体を体現する扇の要となるもの」とまで高い意味が付与されていることに疑問はあるが，単なるハコモノにならぬよう，アイヌ民族とよく相談し中身を充実させるべきである。

アイヌ民族に対する国民の理解を促進する上で，義務教育にこれまで不備があったことを認め，学習指導要領の改訂も検討課題だとしている。さらに研究の推進，アイヌ語の振興などが書かれている。そこでは，アイヌ民族自身がどう取り組めるかが重要であり，特にアイヌ語については急ぐべき課題である。「土地・資源の利活用」は，国公有地の広範な利活用に踏み出すべきである。

「産業振興」の項目では，観光業への支援が強調されている[21]。これは，アイヌ文化とエコロジーを複合させて「文化発信型」の運動を進め，ネイチャー・ガイドの活動をも通じて経済的自立をめざしてきたアイヌ民族にとって，力になる提起であろう。「推進体制等の整備」では，政策を推進するためのアイヌ民族と国との「協議の場」の設置が提案されている。

「アイヌの総意をまとめる体制づくり」，いわゆるアイヌ民族の全国組織の結成も重要な論点であり，これをどう進められるのか，アイヌ民族のチャランケ（話し合い）を支援していく必要がある。施策を具体化する上での論点は，アイヌ民族の個人認定の問題である[22]。税金を投入するので国民に説得的である必要があり，民族当該による議論に注目すべきである。

3. アイヌ政策推進会議の展開と問題点

(1) 象徴空間と実態調査の作業部会

　報告書を出した有識者懇は 2009 年 11 月に廃止され，同年 12 月，「アイヌ政策推進会議」（以下，推進会議）が発足した。なお，同年 9 月に自公連立から民主党中心の連立への政権交代があったことは，頭に置いておくべき要素であろう。推進会議は，有識者懇の報告書の枠内にあり，そこからはみ出ることは基本的に扱わない。議事録に「アイヌ政策推進会議の当面の責務は，昨年の懇談会の報告書の実現にあり，立案すべき政策は報告書に記載されている」と記録されている通りである。

　推進会議の委員 14 人のうち，5 人がアイヌである。これは昔に比べれば良くなったが，当事者が半数に及ばない。推進会議の下には，「北海道外アイヌの生活実態調査」作業部会（以下，実態調査作業部会）と，「民族共生の象徴となる空間」作業部会（以下，象徴空間作業部会）が設置された。双方ともに，メンバーが 6 人，うちアイヌが 2 人である。一般のアイヌ民族に対する説明会は，2010 年 10 月北海道，同年 11 月首都圏，この 2 回しか行われず，不十分だと批判されている。

　2 つの作業部会の設置には疑問が残る。この 2 つが優先されるべき政策なのか。民族共生の象徴空間は，有識者懇の報告書で「本報告書のコンセプト全体を体現する扇の要」という高い位置を与えたため，専門部会が設けられたのだろう。しかしなぜ「扇の要」なのか説明がなく，唐突な感は否めない。政策立案には根拠が必要だということで，実態調査部会の設置は理解できるが。

　これら以外の作業部会はなぜないのか。たとえ報告書の枠内であっても，多様な分野で前進的な政策論議が可能なはずである。2010 年 3 月，国連の人種差別撤廃委員会は，国連宣言の具体化を検討する 3 つめの作業部会の設置，アイヌ民族の参画の拡大などを，日本政府に対し勧告した。やはり，

「扇の要」は先住権とその具体化をめぐる議論でなければならない。

　実態調査作業部会は9回開催され，象徴空間作業部会は13回開催された。両作業部会は2011年6月に報告書を発表して閉会した。その間，推進会議の全体会合は3回しか行われておらず，作業部会中心の活動となっている。全体会合は作業部会の報告をして情報を取りまとめる場にされている。

　実態調査には困難性がある。差別があるためアイヌ民族であることを言えないのである。作業部会の議事録には，調査対象のアイヌから「今まで自分は日本人として，和人として生きてきた，今頃そんなことを家族に言えるわけがない」と言われ「（予想はしていたものの）ショックだった」という体験談が載っている。作業部会に招かれた首都圏のアイヌ民族は，「アイヌであることを知られたくない人への配慮が必要」「アイヌのことに携わるのはアイヌでなければ難しい」「電話と文書送付のみでは調査に応じてもらえないのではないかと思う。訪問調査の方がよいのではないか」等々と指摘していた。

　調査の方法は機縁法と言われ，まず北海道アイヌ協会の人たちから道外のアイヌを照会してもらい，リストアップされた人に電話をかけて血統を確認し，調査への協力依頼をする。それで調査対象者を確定し，調査票を郵送，それに記入して送り返してもらう。調査内容は，仕事や収入，年金や健康保険への加入状況，教育の状況から，アイヌ文化活動の経験の有無，家族にアイヌであることを言っているか，北海道外へ転出した理由，差別の有無といったことまで，多岐にわたる。

　実態調査の報告書によれば，最終的な調査票の回収数は，153世帯，210名，回収率は世帯で63.5％，個人で66.0％であり，数が少なかった。とはいえ，道外アイヌの生活は北海道のアイヌの生活と大きく変わりはないが，和人の全国平均と比べると格差があることを再確認させる結果が出た。年収は低く，生活保護の受給者比率は全国平均の3倍，非正規雇用の割合の高さ，高校・大学進学率の低さ，高校中退率は全国平均の6倍，中退の理由は経済的理由の比率が高く13倍，等々のデータが並んでいる。

なお実態調査作業部会は，何らかのアイヌ政策ができた場合に，その施策の対象者をどう認定するのかという議論もしていた。いわゆるアイヌ民族の個人認定であるが，北海道の事例を参考に議論されていた。北海道ではアイヌ協会の支部長や市町村の長による推薦状があれば，アイヌを対象とした福祉施策を受けることができる。推薦状がとれなければ，古い戸籍を調べて証明しなければならない。いずれにせよ血統主義で判断される。近年重視されている民族的アイデンティティーも判断材料にならないのかという疑問は残る。

　象徴空間作業部会では，博物館関係者などからヒアリングを重ね，象徴空間の中身をどういったものにするかが議論された。また，北海道アイヌ協会の意向や，既存のアイヌ文化施設に年間18万人の訪問者がいるという実績などが決め手になり，象徴空間は白老に建設することが決定された。責任者の佐々木利和委員は，いかにも博物館学者といった視点で，象徴空間を位置づけている。曰く，「一つの列島」にヤマト・琉球という「二つの国」があり，ヤマト・琉球・アイヌという「三つの文化」があって，ヤマトと琉球には国立博物館があるけれども，アイヌにはないから，ぜひ国立施設を建設する必要がある，と[23]。

　この作業部会の報告書を見ると，象徴空間の機能として，アイヌの歴史・文化の展示，調査研究，文化伝承者の育成，体験・交流，さらには周辺の公園機能，伝統儀式を行える機能，アイヌ人骨の集約・慰霊・研究などが列挙されている。ただ，それらの中身はあまり煮詰められておらず，政策的具体化にはまだまだ時間がかかるといった印象だ。また，象徴空間へのアイヌの主体的な参画という言葉はあるものの，アイヌ民族による運営権に道を開く記述とはなっていない。

　大きな論点はいわゆる人骨問題である。歴史的に人類学者によって盗掘をも含め集められてきたアイヌ民族の人骨を，象徴空間に集約して慰霊・研究しようという点である。作業部会の篠田謙一委員は自然人類学者で，人骨を研究材料として確保したいという観点が強く，古代の「共生社会」のあり様

も人骨の研究から解明されると強調している[24]。

　アイヌ民族からは人骨をコタン（村）に返すべき，人類学者は謝罪すべき，という当然の訴えも出ている。2012年9月には北海道大学に対し小川隆吉氏らが遺骨の返還や慰謝料を求めて札幌地裁に提訴した。常本委員は，人骨について北海道アイヌ協会に照会したら，「返還を要求してきた5つの支部については返した」「それ以外は北大で慰霊して欲しいとの返事だった」「どこの人骨か分からないものも多いので調査を待って欲しい」と説明している[25]。

（2）　各省庁による政策と新しい作業部会

　内閣官房のアイヌ総合政策室は霞ヶ関官僚の集まりで，推進会議の事務局を担っている。発足当初，国土交通省所属の秋山和美室長の下，14人のスタッフがいると報道されていた（現在は青木一郎室長）。2010年11月には北海道分室も開設された。2011年6月の推進会議・全体会合では，有識者懇の報告書で提言されたことがどう具体化されているかということで，各省庁により実施された諸政策が報告された。こうしたものの取りまとめ・報告をアイヌ総合政策室がやっているわけである。

　その報告を見ると，学校教科書におけるアイヌ関連記述の拡充は影響力が大きいが，全体的にはスケールが小さいといった印象を否定できない。上村英明氏の整理を参考にすると，列挙された38の政策のうち，アイヌ文化フェスティバルなど16が推進会議以前よりある政策の継続，6つが推進会議自体の活動である。残る16が新しい政策であり，私立札幌大学のアイヌ民族向けの奨学金がなぜか政策としてカウントされていたりするが，アイヌ語音声資料の整備，アイヌ工芸品の市場調査，道東の観光業への支援などが列挙されている。

　実態調査と象徴空間の作業部会が終わった後は，メンバー10人（うちアイヌ民族4人）からなる「政策推進作業部会」が設置され，2011年8月以降，8回の会合が開かれている。この新しい作業部会の活動を中間集約するかた

ちで，2012年7月に通算4回目の全体会合が行われた。その記録によると，政策推進作業部会は象徴空間の具体化，実態調査を踏まえた全国的政策展開，国民理解の促進の3分野について議論してきた。

象徴空間は，「体験・交流ゾーン」「中央広場ゾーン」「博物館ゾーン」が白老の地図上に落とされるなどして，政策化へのイメージが膨らんだが，イメージ以上のものではない。全国政策では，道外アイヌへの奨学金制度，生活相談・職業相談・職業訓練の実施，アイヌ文化活動への支援の拡充，首都圏アイヌ民族の「交流の場」の確保などが検討された。国民理解では，アイヌ民族への「認知」「興味・関心」「理解」の3段階に応じた広報戦略が，観光・マスメディア・インターネットなどと関連づけて話し合われた。

4．まとめとして——論点・提言

(1) 理論的な側面

以上2，3の記述の中でも随時，論点・提言を示してきたが，最後に以下を付け加えたい。

まず，推進会議を牽引する常本委員の理論が議論のポイントになる。彼は三つの先住民族概念なるものを提起している[26]。一つ目は「記述的先住民族概念」。これは，先住民族と認めるけれども，だからといって何かすべきだとかこうあるべきだとかは伴わない，いわば名ばかりの概念で，国会決議や政府の立場はこれだとされた。二つ目は「手続的規範的先住民族概念」で，常本氏が立脚している概念である。これは，アイヌ民族と和人の歴史的な関係に鑑みて，その不均衡を是正するためにはこういう手続きが必要になる，というアプローチ。先住民族と認めるからには，何々すべきだという規範性が生まれるが，そのことを関係性の中から手続的に説き起こすものと言えよう。三つ目は「実体的規範的先住民族概念」で，これは国連の先住民族権利宣言の世界である。実体的に権利が列挙されていて，先住民族と認められれば，いわば自動的に先住権が認められる。

第 11 章　先住民族アイヌの権利と政策の諸問題　269

　常本氏は，先住権を求める者に対し，それはすぐには実現できないから，手順として現実的に「手続的規範的先住民族概念」でいくのだ，というふうに説得しようとしている感もある。だが「手続的規範的先住民族概念」は，先述したように権利主体が曖昧，集団権が認められていない，多数派の理解が不可欠といった理由にならない理由で，「実体的規範的先住民族概念」に伴う先住権を避けるための日和見的な理論装置として作用している疑いが拭えないのである。

　次に，集団権と個人権の問題がある。有識者懇報告書には，アイデンティティーの問題を論じつつ，個人から出発して民族集団を尊重しようとする記述がある[27]。これは個人権を集合させるアプローチであって，民族的集団権を認める内容ではない。報告書は日本国憲法の個人権体系を基盤とし[28]，現憲法内での民族議席を否定し[29]，先住権・集団権を回避している。

　しかし報告書が「十分に尊重されなければならない」とする国連宣言は，集団としての権利を宣言している点に核心がある。日本政府は国連宣言に賛成票を投じる際，いくつか注釈を述べていて，集団権を認めない趣旨も言っていた。報告書は政府の注釈を「尊重」して，国連宣言を「尊重」していないのではないか。

　先住民族の人々は，西欧的な個人主体の意識を持たず，共同体と直結しそれと不可分な存在として暮らしてきた。例えば土地についても所有の観念，ましてや個人が所有するという考え方はなく，宗教的観念などを媒介に大地と一体になった生活を営んできた。その大地を「持ち主がいない」などとして強奪したのが近代国民国家なのであり，だからこそ共同体的な集団権として土地権を確立する意義がある。

　先住民族・アイヌ民族は，西欧近代の文化と否応なしに交流させられ受容しつつも，伝統的な文化を大切にしながら復権することを望んでいる。報告書は，暮らし方の総体とも言える「広義の文化」の尊重を提起しておきながら，集団権を書いてはおらず，矛盾している。以上のような点は，本書全体のテーマである「東アジアの市民社会形成と共生」を考えることとも深く関

係するのであるが。

　理論的には，いずれもケベック問題を抱えるカナダの政治哲学者，チャールズ・テイラーとウィル・キムリッカの学習・検討が必要になるだろう。テイラーは，共同体ごとに異なる価値観よりも普遍的な正義を優位に置くリベラリズムを批判したコミュニタリアン（共同体主義者）の系譜に属する。彼は，共同体の中にあってこそ初めて培われ，互いの「承認」を通じて形成されるところの，個々人のアイデンティティーや価値観を重視する。その限りでは[27]の引用と共通する面もあるが，テイラーは民族的・集団的な権利を擁護する点で報告書と決定的に異なる。しかもテイラーは自民族中心主義ではなく，マルチカルチュラリズム（多文化主義）の立場をとっており，彼の議論は先住権を根拠づける。

　市民権は根底的には個人主義的な権利概念ではないとするキムリッカは，普遍的市民権とは異なる「集団別市民権」を提唱，先住民族にも集団的な諸権利があるとして多文化主義を主張している。ただし，民族集団内の個人の自律・自由を追求して，集団権との緊張関係を問題にしているので，キムリッカはリベラリストに分類される。

（2）　政治的・運動的な側面

　最後に政治的・運動的な側面も含めていくつか述べたい。

　政策の全国化に対応し，アイヌ民族の全国組織づくりが問われている。そのことは有識者懇の報告書にも書かれている。北海道アイヌ協会は，アイヌ民族最大の組織ではあっても，全国組織ではないし，アイヌ民族を代表するものでもない。ところが全国組織づくりのための協議は，ここ数年開かれた形跡がなく，進んではいない。

　それは，アイヌ民族がいわゆる不適切会計問題で大揺れに揺れているからである。自称「アイヌ系日本人」の砂澤陣氏，自民党・小野寺秀道議，在特会北海道支部，漫画家の小林よしのり氏らが中心になって運動を起こし[30]，北海道アイヌ協会や文化振興事業における不適切な会計処理が，広く深く暴

露されてきた。そのためアイヌ語教室など多くの文化事業の中止・縮小・予算剥奪，補助金の返済といった事態に追われているのである。推進会議の限界を批判して乗り越えていくどころの話ではなくなってしまった。

　この問題では，アイヌ自身が襟をただして反省し，ガバナンス（自己統治）の力をつけていくことが問われる側面がある。ただそれを問うには，和人による差別や歴史的抑圧も同時に問いながら，アイヌ民族を支援する視角がないとフェアではない。ある世代以上のアイヌは，教育もきちんと受けられなかった人が多いのだから。だがかかる両面性なしに，不当な「アイヌの利権」キャンペーンを進め，アイヌ民族を委縮させる政治目的で会計問題を追及してきたのが，小野寺道議たちなのである。

　また，2011年12月の小野寺議員の道議会質問などを契機に，アイヌ民族に関する小中学校の副読本の記述が，編集委員に何の相談もないまま勝手に改ざんされる事件が発生した。例えば，北海道を「アイヌの人たちにことわりなく，一方的に日本の一部としました」という歴史記述が削除され，アイヌを「日本国民にしました」などの表現に書き換えられてしまったのである。これに対してはアイヌ民族が抗議の運動を進め，2012年夏ごろには改ざんを撤回させる勝利を収めた。アイヌ民族に連帯する市民の運動を拡大し，右派の妨害から政策拡充の流れを守らなければならない。

　アイヌの事柄に関して全体を政治的にリードして進展させる力が，現在，とても弱くなっている。推進会議が官僚主導ペースになっている原因の一つはそこにある。国会決議の当時は，鈴木宗男衆院議員らが牽引する超党派の「アイヌ民族の権利確立を考える議員の会」が役割を果たしていた。有力議員としては鈴木宗男，鳩山由紀夫[31]がいたが，鈴木は実刑収監されて議員資格を剥奪され，鳩山も政治的に後退した。市民社会における運動の重要性はますます高まっている。

　首都圏のアイヌ民族は，北海道にはあるが首都圏にはない「生活館」の設置を長年の第一の要求としている。東京・八重洲のアイヌ文化交流センターでは，火が使えないため伝統儀式ができず，宿泊もできないため民族交流の

場として不十分である。次いで首都圏アイヌは，北海道ほどの規模ではないにしろ，文化権・教育権を保障するための土地・資源の確保を求めている。

　生活館の要求に対して推進会議事務局は，当初，区民会館など東京中の公的会館を調べて"やっぱりどこも火は使えません"と報告するといったどうしようもないことをしていたが，議事録によれば最近ようやくアイヌ民族が何を要求しているのか，理解しつつある。なお推進会議の委員には首都圏のアイヌが1名いるが，その活動が首都圏のアイヌ民族の中へ全体化され議論されているわけではなく，この点も課題である。

　さて，私たち和人がアイヌ民族と共生する社会というものは，推進会議が取り組む三本柱，すなわち「民族共生の象徴となる空間」をつくり，格差是正の政策を全国化し，国民がアイヌを理解するようになれば，実現することができるのだろうか。それだけでは実現しないだろう。

　確かに，象徴空間はアイヌ民族が主役で中身が良いなら建設すればいいし，格差の是正策は必要である。だが，異民族アイヌに対する差別・抑圧の問題は，歴史，政治と社会，思想に深く根差している。施設建設と格差是正だけならば経済主義的な解決路線であって，その延長線上に共生が自動的にやってくるわけではない。国民の理解といってもその思想的中身が重要なのである。

　共生への一つの条件は，先住権の具体化である。先住権には，歴史的な不公正を是正する正義としての意味，奪われたものへの補償としての意味がある。アイヌ民族の自立がなければ対等な共生にならない。政治・社会・経済など各分野における先住権の保障は，アイヌ民族の自立を促進するだろう。アイヌ民族にとっては例えば自治権を確保することは大きいと考える。推進会議はアイヌ民族に関する新たな立法を述べているが，それは象徴空間と全国政策に関してだけの小さな立法ではなく，1984年の北海道ウタリ協会（当時）による「アイヌ新法案」を土台にしつつ，先住権を具体化するものでなければならない。

　共生へのもう一つの条件は，歴史的な抑圧への謝罪である。謝罪がなけれ

ば和解して共生することができないのである。アイヌがなぜ今日のような状況にあるのか，なぜアイヌだと名乗りを上げられないのか。それは，アイヌを集団的にいじめた長い歴史的な積み重ねがあり，近代以降はアイヌを劣ったものとし和人や西欧文明を優れたものとする同化主義が続いてきたからである。アイヌ民族はそれを分かって欲しいと切に訴えている。この歴史を理解し，責任は和人にあることを自覚して反省することが，アイヌ民族を理解することにおいて肝要なのである。その理解を表明することが謝罪である。謝罪を通じ，「私は周囲に理解されている」「私はアイヌだ」と社会の中で誇りを持って暮らしていけるような環境が整えられて，共生への道が広がるのである。

【注】
1) アイヌ民族を先住民族とすることを求める決議　2008年6月6日
　　昨年［注・2007年］9月，国連において「先住民族の権利に関する国際連合宣言」が，我が国も賛成する中で採択された。これはアイヌ民族の長年の悲願を映したものであり，同時に，その趣旨を体して具体的な行動をとることが，国連人権条約監視機関から我が国に求められている。
　　我が国が近代化する過程において，多数のアイヌの人々が，法的には等しく国民でありながらも差別され，貧困を余儀なくされたという歴史的事実を，私たちは厳粛に受け止めなければならない。
　　全ての先住民族が，名誉と尊厳を保持し，その文化と誇りを次世代に継承していくことは，国際社会の潮流であり，また，こうした国際的な価値観を共有することは，我が国が21世紀の国際社会をリードしていくためにも不可欠である。
　　特に，本年7月に，環境サミットとも言われるG8サミットが，自然との共生を根幹とするアイヌ民族先住の地，北海道で開催されることは，誠に意義深い。
　　政府は，これを機に次の施策を早急に講じるべきである。
　　一．政府は，「先住民族の権利に関する国際連合宣言」を踏まえ，アイヌの人々を日本列島北部周辺，とりわけ北海道に先住し，独自の言語，宗教や文化の独自性を有する先住民族として認めること。
　　二．政府は，「先住民族の権利に関する国際連合宣言」が採択されたことを機に，同宣言における関連条項を参照しつつ，高いレベルで有識者の意見を聞きながら，これまでのアイヌ政策をさらに推進し，総合的な施策の確立に取り組むこと。

右決議する。
2) 町村信孝官房長官談話　2008年6月6日
　　本日，国会において「アイヌ民族を先住民族とすることを求める決議」が全会一致で決定された。
　　アイヌの人々に関しては，これまでも1996年の「ウタリ対策のあり方に関する有識者懇談会」報告書などを踏まえ文化振興などに関する施策を推進してきたが，本日の国会決議でも述べられているように，わが国が近代化する過程において，法的には等しく国民でありながらも差別され，貧窮を余儀なくされたアイヌの人々が多数に上ったという歴史的事実について，政府としてあらためて，これを厳粛に受け止めたい。
　　また政府としても，アイヌの人々が日本列島北部周辺，とりわけ北海道に先住し，独自の言語，宗教や文化の独自性を有する先住民族であるとの認識の下に，「先住民族の権利に関する国連宣言」における関連条項を参照しつつ，これまでのアイヌ政策をさらに推進し，総合的な施策の確立に取り組む所存だ。
　　このため，首相官邸に有識者の意見をうかがう「有識者懇談会」を設置することを検討する。その中で，アイヌの人々のお話を具体的にうかがいつつ，わが国の実情を踏まえながら，検討を進めてまいりたい。
　　アイヌの人々が民族としての名誉と尊厳を保持し，これを次世代へ継承していくことは，多様な価値観が共生し，活力ある社会を形成する「共生社会」を実現することに資するとの確信のもと，これからもアイヌ政策の推進に取り組む所存だ。
3) 本稿は，次の2つの論文に大きく依拠している。グループ"シサムをめざして"（全国）編集・発行の「『有識者懇談会報告書』の限界と意義を見据え先住民族アイヌの復権を！」（2009年12月15日）。およびNPO現代の理論・社会フォーラム交流誌『FORUM OPINION』VOL.14（2011年10月）に掲載された津田仙好筆「アイヌ民族政策立案の進捗状況」。
　　また，以下のものも参考にしている。上村英明「アイヌ民族政策のあり方」，『FORUM OPINION』VOL.17（2012年6月）掲載。グループ"シサムをめざして"編集・発行の『"先住民族の一〇年"とアイヌ民族連帯』（1998年6月増補改訂版）。
4) 賛成144カ国，反対4カ国（米国，オーストラリア，カナダ，ニュージーランド），棄権11カ国。現在では反対した4カ国も立場を翻している。宣言は前文と46条の本文からなり，本文で自己決定権，平和的生存権，知的所有・財産権，文化権，返還・賠償権・補償権，発展の権利，医療・健康権，土地権，資源権，国際協力を受ける権利，越境権など広範な権利を謳っている。
5) 本稿が扱う有識者懇およびアイヌ政策推進会議の議事録や報告書などは，首相官邸ホームページにほとんど掲載されており，インターネットで検索して閲覧することができる。
6) 「蝦夷地の内国化が図られ，大規模な和人の移住による北海道開拓が進められることになった」（P10）。「移民として海を渡り，郷里とは異なる厳しい自然条件の中で，道をつくり田畑を切り開いた人々が日本の近代化や北海道開拓に果たした役割は大きい」

第 11 章　先住民族アイヌの権利と政策の諸問題　　275

(P10)。
7) 実例は以下。「これまでアイヌの歴史や文化については，日本国民共通の知識とはなってこなかった」(P2)。「なってこなかった」ではなく「してこなかった」と言うべきではないか。「生業や宗教の差異から生じる文化的相違が一方の目からは野卑陋習（ろうしゅう－悪い習慣）とみなされ，その享受者は野蛮な存在であり，その文化は価値の低いものとみなされた」(P2)。「みなされ」たと言うより，私たちが「みなしてきた」のである。「アイヌ語については禁止されたわけではなかったが，文字も含めて日本語を学ぶことが推奨された」(P11)。アイヌ民族にとってアイヌ語は「奪われた」のである。
8) 「今日的な土地・資源の利活用によりアイヌ文化の総合的な伝承活動等を可能にするよう配慮していくことが，先住民族としてのアイヌ文化の振興や伝承にとってきわめて重要となる」(P36)。「これらの格差の存在により，アイヌの人々がアイヌとしてのアイデンティティを誇りを持って選択することが妨げられ，アイヌ文化の振興や伝承の確保が困難となっている状況も否定できない」(P38) という，生活向上施策の導入理由。
9) 2009 年 12 月 5 日に専修大学を会場に開催されたシンポジウム「アイヌ民族政策の確立をめざして－有識者懇談会報告書を受けて」にて。
10) 列挙するならば，場所請負制で「アイヌの人々の労働は過酷なものとなっていく」「アイヌは完全に和人の支配下に入り，労働力を搾取される存在となっていく」(P7)。同化政策「民族独自の文化が決定的な打撃を受けることにつながった」(P11)。近代的土地所有制度「アイヌの人々が生活の糧を得る場を追われることにつながっていった」(P13)。伝統的生業の制限「自然とのつながりが分断され，生活様式を含む広い意味での文化が深刻な打撃を受けるとともに，アイヌの人々の暮らしは貧窮していった」(P14)。
11) 「国民の理解の必要性」と題して，「近代化で日本国民は恩恵を受けてきたが，その陰でアイヌ民族は打撃を受け，格差と差別が残った」という趣旨を書いた上で，「前の世代が築いた恩恵を享受する今の世代には，これまで顧みられなかったアイヌに関する歴史的経緯を一人ひとりの問題として認識し，お互いを思いやりアイヌを含めた次の世代が夢や誇りを持って生きられる社会にしていこうと心がけることが求められる」(P25) としている。
12) 「（前略）……アイヌの人々は，その意に関わらず支配を受け，（中略）……これらのことから，アイヌの人々は日本列島北部周辺，とりわけ北海道の先住民族であると考えることができる」(P24)。
13) 「先住民族とは，一地域に，歴史的に国家の統治が及ぶ前から，国家を構成する多数民族と異なる文化とアイデンティティを持つ民族として存在し，その後，その意に関わらずこの多数民族の支配を受けながらも，なお独自の文化とアイデンティティを喪失することなく同地域に居住している民族である」(P23)。
14) 「先住民族としての文化の振興を目指す政策の策定に当たっては，国連宣言の関連条項を参照しなければならない」「国連宣言は，先住民族と国家にとって貴重な成果であり，

法的拘束力はないものの，先住民族に係る政策のあり方の一般的な国際指針としての意義は大きく，十分に尊重されなければならない」(P25)。「文化の振興を目指す政策の策定に当たっては」に限らない問題ではあるが。
15)「今後のアイヌ政策は，アイヌの人々が先住民族であるという認識に基づいて展開していくことが必要である」「今後のアイヌ政策は，国の政策として近代化を進めた結果，アイヌの文化に深刻な打撃を与えたという歴史的経緯を踏まえ，国には先住民族であるアイヌの文化の復興に配慮すべき強い責任があるということから導き出されるべきである」(P24)。
16)「ここでいう文化とは言語，音楽，舞踊，工芸等に加えて，土地利用の形態などを含む民族固有の総体という意味で捉えるべきであって……」(P24)。
17)「全国のアイヌの人々を対象にして政策を実施する必要がある」(P30)。「立法措置がアイヌ政策を推進していく上で大きな意義を有する」(P41)。
18) 1996年報告書は「分離・独立等政治的地位の決定に関わる自決権や，北海道の土地，資源等の返還，補償等にかかわる自決権という問題を，我が国におけるアイヌの人々に係る新たな施策の基礎におくことはできない」「ウタリ対策の新たな展開は，過去の補償又は賠償という観点から行うのではなく……」と明記。
19)「アイヌの人々」に対する特別の政策を合憲だと判定 (P26)。「さらに今後重要なことは，アイヌ政策の根拠を憲法の関連規定に求め，かつ，これを積極的に展開させる可能性を探ることである」(P26)。「特別議席以外の政治参画の可能性については，諸外国の事例も踏まえ，その有効性と合憲性を慎重に検討することが必要な中長期的課題」(P40)。
20) 日露の国境画定の「過程は，アイヌの人々の意に関わらず行われ，北海道はもとより千島や樺太に住む人々の生活に直接影響するものであった」(P10)。日露の国境再編でアイヌ民族は「移住を余儀なくされ」「多くの人が亡くなった」等々 (P14)。「研究におけるアイヌの人骨の取扱い」として，「アイヌの人々の意に関わらず収集されたものも含まれていると見られている」(P16)。
21)「工芸技術の向上や販路拡大，アイヌ・ブランドの確立，アイヌ文化の適切な観光資源化や観光ルート化」(P38)。
22)「支援策の適用に当たってアイヌの人々を個々に認定する手続き等が必要となる場合には，透明性及び客観性のある手法等を慎重に検討すべきである」(P39)。
23) 2011年3月6日，法政大学で開かれたシンポジウム「今，アイヌであること－共に生きるための政策をめざして」にて。
24) 同上。
25) 同上。
26) 2010年9月に専修大学を会場に行われた先住民族研究会における同氏の報告，ならびに札幌大学附属総合研究所のブックレット「アイヌ民族と教育政策」(2011年12月)に掲載された同氏の講演録。

27)「個々のアイヌの人々のアイデンティティを保障するためには，その拠り所となる民族の存在が不可欠であるから，その限りにおいて，先住民族としてのアイヌという集団を対象とする政策の必要性・合理性も認められなければならない」(P28)。
28)「憲法の人権関係の規定の中では，第13条の『個人の尊重』が基本原理であり，我が国における法秩序の基礎をなす原則規範である」(P27)。
29)「国会等におけるアイヌ民族のための特別議席の付与については，国会議員を全国民の代表とする憲法の規定等に抵触すると考えられることから，実施のためには憲法の改正が必要となろう」(P40)。これに対し上村氏は，北海道とか東京1区とか労組出身とか，特定の人々によって国会議員が選出され特定の利害を代表しても，その国会議員が同時に全国民のために働けば憲法上問題ないという議論があることを紹介している（前掲『FORUM OPINION』VOL.17)。
30) 理論的背景には，アイヌを民族として認めない学者・河野本道氏がいる。
31) 鳩山は歴代首相の中で初めて所信表明でアイヌ民族に触れ，「すべての人々が偏見から解放され，分け隔てなく参加できる社会，先住民族であるアイヌの方々の歴史や文化を尊重するなど，多文化が共生し，誰もが尊厳をもって，生き生きと暮らせる社会を実現することが，私の進める友愛政治の目標となります」と演説し，当時，一定の期待を集めていた。

第 12 章
韓国の民主化運動と「過去の清算」
―1980 年「光州事件」が切り開いた韓国民主化への道―

内藤 光博

1. はじめに――抵抗の都市・光州

　光州(クァンジュ)は，朝鮮半島の南西部，全羅南道に位置し，古代の三国時代（百済）以来，湖南（全羅道の古称）地方の政治・経済・文化の中心都市として栄え，現在では，人口 140 万を超える，情報通信及び先端産業の中核都市であり，1991 年の地方自治制実施にともない，95 年に光州広域市と改称されている。

　光州は「抵抗の都市」と呼ばれている。それは，かつて光州が，東学党の乱（1894 年）をはじめ，植民地時代の三・一独立運動（1919 年）や光州抗日学生事件（1929 年）など抗日運動の拠点であったことに由来する。

　なかでも，光州の「抵抗の都市」としての名を高からしめたのは，軍政時代の韓国民主化運動の中，1980 年 5 月におきた「光州事件」であり，光州を一躍韓国現代史の主役に押し上げることになった。光州事件については，キム・ジフン監督により映画化され（題名「光州 5・18」），2008 年 5 月に日本でも上映され，大きな反響を呼んだ。

　『韓国民衆史－現代編』巻末の参考文献では，こうした歴史的な「抵抗の都市」としての光州事件について，次のような位置づけをしている（232 頁）。

　　「一九八〇年五月の光州には，民主化の熱気が，他のどの地域よりも燃

え上っていた。光州を中心とする全羅道は，李朝末期の甲午農民運動［一八九四年］と，日帝下の光州学生独立運動［一九二九年］をはじめとする抵抗の伝統を誇りとしてもっていた。そのうえ，五・一六［一九六一年の朴正熙によるクーデターをさす］以後の経済開発計画による産業間・地域間の不均等な発展は，全羅道の相対的貧困を深め，この地域の住民の抵抗意識をひとしお激しく根深いものとしていた。」

この記述では，歴史的な「抵抗の都市」としてだけではなく，韓国建国後の経済発展の不均衡も民主化運動への原動力となったことが示唆されているが，そのことは今後の検討課題とし，本稿では，もっぱら光州事件が，その後の韓国の民主化に果たした意義に焦点をあて，叙述を進めることとする。

現在，韓国では，光州は「民主化運動の聖地」とされ，市内には「5・18記念墓地」，「5・18記念公園」など民主化運動を記念する施設や記念碑等が点在している。

光州訪問により，文献でしか知らなかった「光州事件」について，韓国の民主化運動の苦難の歴史，また韓国の人々の歴史に向き合う姿勢，さらには日本の植民地支配との関連など，多くのことを考えさせられた。

本稿では，光州事件とは何であったのか，そしてその後の民主化への影響などを中心に，韓国民主化運動のあり方を考えてみるとともに，「光州事件」が民主政権樹立後の 2005 年 5 月に制定されえた「真実・和解のための過去史整理基本法（いわゆる「過去史法」）」にどのように関わったかについて検討してみたい[*]。

---

[*] 本稿は，FORUM OPINION Vol.5（2009 年 5 月，NPO 法人現代の理論・社会フォーラム編）に掲載した筆者の論説「韓国の民主化運動と『過去の清算』―韓国民主化運動の「聖地」光州を訪ねて―」に，加筆修正を加えた論稿である。

2.「維新体制」打破への民主化運動の高揚

　1979年10月26日,いわゆる「維新体制(第四共和国憲法の下での独裁体制)」のもと軍事独裁体制を布いていた朴正熙(パクチョンヒ)大統領が暗殺され,翌10月27日に,崔圭夏(チェギュハ)国務総理が大統領権限代行に就任し,済州島を除く全国に非常戒厳令を宣布したが,朴大統領の暗殺により,韓国では「ソウルの春」と呼ばれる民主化ムードが生まれ,民主化への期待が高まっていた。しかし,軍部内では,「維新体制」の転換を目指す上層幹部と,朴正熙路線を維持しようとする中堅幹部を中心とする「ハナ会」との対立が表面化した。
　79年12月12日には,保安司令官の全斗煥(チョンドゥファン)陸軍少将が,戒厳司令官の鄭昇和(チョンスンファ)陸軍参謀総長を逮捕し,軍の実権を掌握した(粛軍クーデター)。これに対し,韓国各地では,学生・労働者・一般市民による大規模な民主化要求のデモが行われた。5月14日には,ソウルで5万人の学生により戒厳令の解除と早期の改憲を求めてデモが行われ,17日に,戒厳司令部は,政治活動の禁止,言論・出版・放送の事前検閲・大学の休校措置を盛り込んだ戒厳令を韓国全土に布告し,文民政権を目指す野党指導者の金泳三(キムヨンサム)氏と金大中(キムデジュン)氏,朴正熙政権を支えた実力者である金鐘泌(キムジョンピル)氏を逮捕し,軟禁した。

3.「光州事件」で何が起きたのか

　こうした韓国民主化運動のなかで,80年代後半以降韓国政治の民主化が進む過程で,なぜ光州が「韓国民主化運動の聖地」と呼ばれ,光州事件が民主化運動のシンボルにされるにいたったのであろうか。
　ここでは,文末の参考文献(とりわけ,宋基淑『光州の五月』,徐仲錫『韓国現代史60年』,文京洙『韓国現代史』,真鍋祐子『光州事件で読む現代韓国』,日本カトリック正義と平和協議会『光州5月民衆抗争の記録』,猪狩章『光州80年5月』)を手がかりに,光州事件で何が起きたのかをまとめてみた

い（後掲・参考資料「光州事件関係年表」参照」）。

　1980年の韓国における全国的民主化運動の高揚の中にあり，光州では，5月14日に，全羅南道の道庁前の噴水台で，学生による「民主大聖会」が開催され，16日夜には，5万人の学生・労働者・市民が参加して「民族民主化聖会のためのたいまつデモ」が行われた。

　5月18日未明に，非常戒厳令の全国拡大による大学の休校令が施行されるとともに，光州の全南大学校と朝鮮大学校に，戒厳軍（陸軍第7空挺団33大隊と35大隊）が配置された。その日の朝，全南大学校校門前に300人ほどの学生たちが集結し，「戒厳解除」「全斗煥退け」などのスローガンが叫ばれた。これに対し戒厳軍・空挺部隊員7〜8人が，こん棒で学生たちを殴りなぎ倒した。このこん棒は，鉄芯の打ち込まれた殺傷用こん棒であったといわれており，血だらけになった学生が引きずられて連行された。排除された学生たちは光州駅前で態勢を立て直し，市内へ出てデモを展開し，機動隊と衝突した。午後には，軍当局は，戒厳軍を市内へ投入し，30人の負傷者を出した上，400人以上の学生を連行し，学生デモ隊を鎮圧した。いわゆる「光州事件」の始まりである。戒厳軍には，約2万人の兵士が投入され，韓国民主化運動の鎮圧のための軍事行動としては，最大級のものであった。

　5月19日には，光州に陸軍第11空挺旅団が増派された。ここに至り，デモ隊に一般市民が参加し始め，その抵抗活動の主体が市民に移行していき，角材・鉄パイプ・火炎瓶などを使用して，戒厳軍に対抗した。さらには，2000台余りのバス・タクシーが車両デモを行った。戒厳軍は，共用バスターミナル前でデモ隊の中，7〜8人が殺害された。午後4時30分頃には，デモ隊が装甲車に火をつけようとしたとき，無差別射撃でひとりの高校生が撃たれた。

　5月20日午後には，市民を中心に抵抗活動者は数万人に膨れ上がり，韓国文化放送光州支局を放火した。また，市民たちは，バス・タクシーを倒してバリケードを築くなど，抵抗行動は次第にエスカレートしていった。また午後5時頃には，5000人余りの群集が，道庁に向かって突撃戦を繰り広げた。

第 12 章　韓国の民主化運動と「過去の清算」　　283

　7時頃，鉄パイプや火炎瓶などで武装したデモ隊と，催涙弾などを撃つ警察や戒厳軍は，道庁をはさんで接近戦を繰り広げた。10時頃には，光州警察署が，デモ隊により占拠された。戒厳軍は，多くの場所で銃を乱射し，死傷者が出たが，道庁・光州駅・全南大学校・朝鮮大学校など光州刑務所を除く全領域が軍や警察の統制が及ばなくなっていった。

　5月21日朝，市民たちは，税務署やKBS（韓国放送公社）光州支社を放火するなど，学生や一般市民による抵抗行動は高揚の一途をたどる。この事態に対し，遂に，戒厳空挺部隊が光州駅前で，一斉射撃を開始した。これに対し，市民たちは，郊外の予備軍武器庫を奪取して武装し，これに対抗した。「市民軍」の結成である。これ以後，光州は市街戦に突入した。午後4時頃，戒厳軍は撤収を始め，午後8時頃には，デモ隊が道庁を接収した。

　この事態に対し，5月22日には，在韓米軍が，その指揮下にある四個大隊の韓国軍を光州に投入することを承認した。

　5月22日から26日にかけては，市民軍のもと「光州自治」が行われ，再三にわたり「民主守護汎市民決起大会」が開かれた。とりわけ道庁前広場は，「光州市民の共同体的な討議と集会の象徴的場となった。」（文京洙『韓国現代史』145頁）

　この間，戒厳軍は，光州市を封鎖・包囲し，道路・通信を遮断していたが，26日午前5時30分頃，戒厳軍20師団が戦車を前面に進軍を開始した。市民軍と戒厳軍は，事態の収束に向け交渉を持ったが，妥結をみることなく，最終的には，5月27日明朝に，市民軍の占領下にあった道庁が，戒厳軍により武力鎮圧され，10日間に及ぶ市街戦は，終わりを迎えた。

　光州事件における被害者数は，2003年1月の韓国政府発表によると，死者207名，負傷者2,392名，その他の被害者987名であるが，2005年5月の遺族会等市民団体の調査では，けがや後遺症による死亡を含め死者は606名とされている。犠牲者は，戒厳軍により，清掃車で運ばれ，光州市東北部にある丘「望月洞（マンウォルドン）」に埋葬された。

4.「民衆暴動」光州事件——軍事独裁政府による歴史の歪曲

　韓国政府は，光州の民主化抗争について，事件中，徹底的に報道統制を行った。

　光州事件終結後の1980年9月1日に大統領に就任した全斗煥（チョンドゥファン）氏は，引き続き情報を全面的に統制したため，「光州事件」の実態について説明されることはなかった。さらに，全斗煥氏は，諮問機関として「国家保衛非常対策委員会（国保委）」を設置し，新政権の足固めを始めた。国保委は，光州事件における一般民衆の抵抗の強さを恐れたためか，真実に封印をし，光州事件は，「光州事態」「民衆暴動」，あるいは「国家転覆を狙った不純な背後勢力の操縦（北朝鮮・共産主義勢力の謀略）によって発生した内乱」と宣伝した。

　また，光州事件に対する韓国政府の徹底的な軍事弾圧とその後の抑圧政策の背景には，湖南地方が，政敵であり，民主化運動の指導者と目されている金大中（キムデジュン）氏の出身地であったことも大きな理由としてあろう（金大中氏は，全羅南道・荷衣島の出身）。全斗煥政権発足直後の9月17日，金大中氏は，内乱予備罪・陰謀罪・反共法違反，国家一級保安法違反により，死刑判決が言い渡された。（その後，1981年に無期懲役に減刑，82年3月には特赦により懲役20年に減刑,同年12月には懲役刑執行停止後アメリカへ出国，84年2月帰国後，87年6月に自宅監禁が解除されるまで自宅軟禁。）

　こうした光州事件に対する負の評価は，一般国民の中に受け入れられ，韓国における湖南地方に与えられた否定的イメージとも重ね合わされ，光州に対する徹底した差別的取扱いがなされるようになった。たとえば，光州人の公務員採用における差別的取扱い，湖南地方への財政上の不利益処分などがあげられる。（筆者による光州にある「5.18記念財団」での，光州事件の遺族からの聞き取り調査による。）

5. 光州事件の再評価——民主化運動の聖地「光州」へ

　しかし光州市民や被害者，そしてその遺族らにより，次第にその悲惨な実態が明るみに出るにつれ，軍事政権に対抗する民主化運動に大きな影響をもたらすようになっていった。

　光州事件の真相が明らかになるにしたがい，光州事件の学生や一般市民による，血にまみれた抵抗活動は，80年代民主化運動のすさまじさのシンボルとなるとともに，その精神が基本的理念となっていく。

　この流れは，1987年の大統領直接選挙を要求する「六月抗争」につながっていった。全斗煥政権によるソウル大生拷問殺人事件隠蔽工作が明るみに出たことがきっかけになり，韓国全域で大規模な反独裁民主化デモが起こった。この「六月抗争」は，民主正義党代表の盧泰愚(ノ・テウ)氏に，大統領直接選挙制への憲法改正，金大中氏の赦免復権などを骨子とする「6・29民主化宣言」を発表させることになった。

　この「六月抗争」では，延世大学校学生の李韓烈(イ・ハンニョル)氏が命を失った。その後，学生らによる李韓烈氏の「民主国民葬」が行われ，葬儀団が，光州事件の犠牲者が眠る望月洞まで行進したことから，光州が民主化運動を進める若者たちの注目を集めることになる。多くの一般市民が民主化運動に身を捧げた「光州」が民主化運動のシンボルと目され，「民主化運動の聖地」とされるに至ったのである。このころから，民主化運動に携わる多くの若者たちの「光州巡礼」が始まる。

　おそらく，民主化を願う多くの若者にとって，光州を訪れることは，困難な民主化運動を闘うためのモチベーションを与え，精神の支えとなったものと推測される。

6. 国家的プロジェクトとしての光州の聖地化

　1987年12月には，盧泰愚氏が16年ぶりの大統領直接選挙で大統領に当選した。盧泰愚氏が88年2月に大統領に就任したのち，5月18日には，金泳三・金大中・金鐘泌の3氏による会合の中で，光州事件の真相究明のために国会に特別委員会を設置することが合意された。これを受けて，同年11月18日には，韓国国会に「光州特別委員会」が設置され，聴聞会が開催された。さらに，11月23日，全斗煥前大統領が，明らかにされた在職中の不正により失脚した後，11月26日に盧泰愚大統領は，特別談話文を発表し，光州事件を「民主化運動」と評価した。また，韓国国会「光州特別委員会」は，崔圭夏元大統領を証人喚問したが，これに応じなかったために，1989年12月，同氏を，国会冒とく罪で刑事告発した。

　1992年12月19日，大統領選挙で，金泳三氏が当選し，文民政権が発足した。金泳三大統領は，93年5月13日，光州事件に関する特別談話を発表し，「80年5月光州での流血はこの国のデモクラシーの元になり，その犠牲は民主主義のためのもの」であり，「今の政府は光州民主化運動の延長線上にある民主政府」としたうえで，光州事件の民主化運動の精神を継承し，名誉回復などを行うことを示唆した。さらには，金泳三大統領は，94年5月14日に光州事件の犠牲者が眠る望月洞の聖域化を指示し，11月1日に着工された。

　また，1995年11月24日，金泳三大統領は，光州事件に関する特別立法を指示し，同年12月19日に「5・18民主化運動に関する特別法」および「憲政秩序破壊犯罪の時効等に関する特別法」が制定され，光州事件および軍事反乱などに対する公訴時効が停止されることになった。公訴時効の停止に基づき，1996年1月23日に，光州事件に関連した全斗煥・盧泰愚の両氏が内乱罪で起訴され，全斗煥元大統領に死刑，盧泰愚元大統領に無期懲役が下り，97年4月17日に大法院（最高裁判所）で刑が確定した。

その後，1998年2月25日に大統領に就任した金大中氏，2003年2月25日就任の盧武鉉氏と続く文民政権の下で，光州は「民主化運動の聖地」とされるに至った。

7. 民主化運動「光州事件」の歴史的意義

　韓国では，民主化運動としての「光州事件」をどのように位置づけているのであろうか。2008年9月当時の光州広域市のホームページに掲載されていた「光州事件の意義」を次に掲げる。

　(1) 光州民主化運動は国史から受け継いだ民衆抗争の伝統を継承・発展させるきっかけとなった。光州民主化運動は，1961年の5・16軍事クーデターにより，1960年4・19民主革命を否定して登場し，抑圧体制を構築した軍事政権に抵抗して起こった事件だった。そしてその過程でこの地の民衆抗争を通じて表出した自主・民主の伝統を受け継ぎ，それをいっそう発展させた。

　(2) 光州民主化運動は民衆が歴史の前面で躍動的に活躍することで，民衆が民族史の動力だという事実を確認させてくれたものであり意義深い。1980年代は，労働者・農民・貧民・学生・宗教人・文化芸術家・知識人・在野などすべての分野にわたり民族民主運動の力が飛躍的に成長した時代だ。すなわちこのような民族民主運動の成長が光州民主化運動に対する反省と継承の過程の中で自分たちの位置と当面の課題を認識しながら成立した。

　(3) 西洋の歴史とは違い，韓国の歴史では権力に対する武力抵抗は認められなかった。しかし光州民主化運動は人間の自然権である抵抗権の正当性を，または抵抗の手段として「武装闘争」の合法性まで初めて公認されたという意義をもつ。権力者によって「武装暴徒の乱闘」と卑下された光州民主化運動は国家レベルで「光州民主化運動」と認められた。甲午農民戦争，義兵闘争などではまだ公式に認められなかった民衆の権利が，光州民主化運動では認められた。

(4) 光州民主化運動は抑圧的な維新体制を受け継いだ全斗換政権の強圧的な統治の下で政権の正当性と道徳性を否定する契機として作用し，結局その体制を崩壊させる決定的な役割をはたした。当時，全斗換政権は各種情報機関を動員して強圧的な統治をほしいままにしたが，毎年５月になると光州からわきあがる抵抗の波に押され結局座礁してしまう。このように見た場合の光州民主化運動は1980年代全般にわたって民族民主運動の動力となり，歴史的根拠でもあった。また「第５共和国」を清算するための国民的合意を導き出す根拠となり，過去の不道徳な政権を清算する先例となった。

　また現在の光州広域市の公式ホームページ（日本語版）にも，「５・18民主化運動の歴的意義」として，「５・18民主化運動は民主主義の松明である」と位置づけ，次のように記述されている。

　「５・18民主化運動は，違法に政権を取ろうとする新軍部勢力を拒否し，民主化を求めた市民の蜂起。抗争期間の間，治安不在の状況にもかかわらず，金融機関や貴金属店などで窃盗が一件も発生しないなど，高い市民精神が発揮された。
　また，負傷者の治療に必要な献血の行列は最後尾が見えないほどで，辛いことがたくさんあっても，助け合い，支え合う共同体を作り上げた。こうしたことは５・18民主化運動が世界の歴史上，類を見ない超理性的，超道徳的な闘争であったことを裏付ける。そして，国民の継続的な５・18真相解明の要求によって，1980年当時の新軍部勢力は法的な断罪を受けた。一方で，国家記念日の制定，墓地の聖域化事業，民主有功者としての礼遇など名誉回復の措置が取られた。
　５・18民主化運動は，維新体制を受け継いだ"第５共和国"政権の非道徳性を示す契機となり，最終的にその体制を崩壊させ，文民政府の誕生と50年ぶりの政権交代を実現する決定的な原因となった。
　結局，５・18は，過去の歴史的な民衆抗争で表出された自主・民主・平和

の伝統を受け継いだだけでなく，韓国の現代史において民主主義発展の象徴的な民権闘争として記録されている。」

　これらを総合すると，光州事件の意義は，第1に，韓国建国以来の軍事独裁政権に対する民主化運動を発展させたこと（民主化運動の歴史的意義），第2に，民主化運動を飛躍的に発展させたこと（民主化運動の成熟性），第3に，民衆の抗争は「抵抗権」の表れであること（抵抗権としての正当性），第4に，不道徳・不当な政権を正すものであったこと（民主化運動の倫理性），第5に，助け合い支え合う「共同体」を作り上げたこと（共通の目的に向かって相互扶助を行う「共同体」の創設）にあるとされているものといえよう。

8. 韓国における民主化・光州の「聖地」化と「過去の清算」

　以上みてきた「民主化運動」としての光州事件の再評価と光州の「民主化運動の聖地」化は，韓国民衆の「命を賭しての民主化運動」による，軍事独裁政権から民主主義に基づく文民政権への移行の過程で生じた「歴史の見直し」，つまり「過去の清算」への大きな潮流と無関係ではないだろう（李在承「過去清算の法哲学」参照）。民主化を目指した3つの文民政権，金泳三・金大中・盧武鉉の各政権は，封じ込められた過去の掘り起こし，現代史の見直しや清算に努力を傾けてきたのである。（文京洙『韓国現代史』208頁。）

　こうした歴史の見直しと清算のために，韓国国会は，2005年5月3日，「真実・和解のための過去史整理基本法（いわゆる「過去史法」）」案を可決した。

　この「過去史法」は，次のようなものだ。
（1）調査期間は4年（2年の延長が可能で，最長6年）
（2）対象期間　大韓帝国の保護国化を進めた1905年第2次日韓協約以降
（3）調査対象
　　①植民地期の独立運動
　　②解放から朝鮮戦争に至る時期の民間集団殺戮

③建国後不当な公権力行使によって発生した疑問死
　　④大韓民国の正当性を否定するテロ行為
　この「過去史法」は，日本による植民地支配が始まる1905年から100年にわたり，民衆に対してなされた人権侵害事件に対する調査を行おうとするものであり，過去の国家的不正や犯罪行為の真相を究明し，過去を見直そうとするものである。
　光州事件の被害者やその遺族は，「5・18記念財団」による詳細な調査に基づき，補償を受けている。
　盧武鉉（ノムヒョン）大統領（当時）は，2005年8月15日の光復節（独立記念日）の演説で，「国家機関の反人道的な犯罪」に関し「国家自らが率先して真相を究明し，謝罪し，賠償や責任をつくさなければならない」としているが，この演説に「過去史法」の考え方の基本がよく表れている。つまり，過去の歴史を洗い直し，不正な行為については，真相を究明した上で，謝罪・補償を行おうとするものだ。植民地支配・軍事独裁政治など民主・人権・自由が抑圧された歴史の中で，それらの価値を維持発展させるためには，過去の歴史を洗い直し，清算することが不可欠であるということであろう。
　光州の民主化運動の「聖地」化は，1919年の3・1独立運動が日本による植民地支配に対する抵抗運動の強さの象徴として民族の誇りとされているように，それに続く独立後の民主化運動の中で，韓国の抵抗精神の強さの象徴と民族の誇りとして，位置づけられているのだと思う。

9. おわりに──「民主・人権・平和精神」に基づく「アジア文化交流都市」へ

　「民主化運動の聖地」となった光州は，現在さらに大きな飛躍を目指している。光州事件で民主化運動に命をささげた犠牲者を称え，その精神を継承して「世界的な民主聖地」として発展させていこうとしているのである。光州広域市は，「民主・人権・平和精神」に基づく「アジア文化交流都市」をめざし，着々とプロジェクトを推進しており，また韓国政府も，アジア諸国

の文化交流を推進するために，光州市に国立文化殿堂を建設しようとしている。

また韓国政府は，民主化運動の象徴としての光州事件を記念し，5月18日を国家記念日に制定するとともに，国家的プロジェクトとして，光州事件の犠牲者を追悼するために，望月洞近くに国立墓苑を創設して，韓国の民主化運動の更なる展開を期そうとしている。

こうした韓国政府および光州広域市の努力は，アジアの民主化の促進と平和保障の確立のために貢献することが期待される。

さらに，興味深いことは，民主化に成功した韓国政府が，「真実・和解のための過去史整理基本法（過去史法）」を制定し，民主化の推進・人権の擁護・平和の構築のために，過去の歴史を100年前に遡り，日本の植民地支配，そして自らの国において行われた軍事独裁政権下の不正行為を究明し，事実を解明した上で，被害者に補償することを法制化している点である。民主化とともに，過去に起きた真実に向き合い，過去の清算を図ろうという姿勢に，この国の歴史に立ち向かう真摯さを見ることができる。

【参考文献】
宋基淑『光州の五月』（藤原書店，2008年）
徐仲錫（文京洙・訳）『韓国現代史60年』（明石書店，2008年）
李在承「過去清算の法哲学」立命館国際地域研究第26号（2008年2月）
文京洙『韓国現代史』（岩波新書，2005年）
真鍋祐子『光州事件で読む現代韓国』（平凡社，2000年）
日本カトリック正義と平和協議会『光州5月民衆抗争の記録』（1995年）
韓国民衆史研究会編（高崎宗司・訳）『韓国民衆史－現代編1945-1980』（木犀社，1987年）
猪狩章『光州80年5月』（すずさわ書店，1980年）
光州広域市HP　http://jpn.gjcity.net/_jpn/htm/about/about_02_02.jsp

【付論】

「光州民衆抗争」30周年特別シンポジウム「抵抗と平和」に参加して
―日本平和学会・韓国全南大学共催,2010.4.30～5.2―

古川　純

はじめに

　2010年5月18日は「光州事件」(韓国では「光州民衆抗争」,「518(オーイルパル)」という)30周年に当る。日本平和学会と韓国全南大学(光州)は30周年を記念して特別シンポジウム「抵抗と平和」の共催を企画した。私は平和学会会員として,平和学会・済洲島大会(2007年11月)に続いて韓国の地で開催されるシンポに参加した(日本側からの参加者は事前配布名簿によると平和学会会員か否かを問わず約80名)。以下は,特に私が関心をもって参加し大変印象深かったセッション報告からいくつかについて,報告者レジュメおよびコメンテータとの質疑(私のメモ)に即して紹介するものである。シンポは全体として,部会Ⅰ「国家暴力の犠牲者と追悼のあり方」,部会Ⅱ「抵抗と民衆文化の表現」,部会Ⅲ「光州民衆抗争と日本」,部会Ⅳ「東北アジア国際政治の中の光州民衆抗争」のほかに,2日目に特別セッションのホン・ソンダム氏(版画家)「光州抗争30周年特別展示会」が行われた。シンポは全南大学キム・ユンス総長の歓迎の辞から始まった。

1.　基調講演「光州30年から見た東アジアの平和人権」(徐勝氏(ソスン),立命館大学)から

　10年前の2000年,「光州民衆抗争20周年　東アジアの冷戦と国家テロリズム」シンポジウムが「復活光州,東アジアの人権と平和の勝利のために」

というテーマで開催された。30周年を迎えた光州の月刊スローガンが「聞こえるか！五月の叫び，見えるか！民衆の炬火」であることを見ると，この10年のあいだの光州の歴史博物館化・「剥製化」への危機感が現れている。「光州民衆抗争」の歴史的意味をソ・スン氏は次のように整理する。①朝鮮近現代史の基本的対立構造の爆発として韓国民主化の分水嶺であったこと，②敗者が勝者になる偉大なパラドックスを通じた反軍部独裁・民主化の巨大な実践であったこと，③「5月運動」を通じた韓国（東アジア）での過去清算運動のさきがけであったこと，④アメリカへの追従から解き放たれ自主的な思考を学び民主化運動と統一運動の結合を目指したこと，⑤人間共同体(コンミューン，「大同世」)の実現であったこと，などが挙げられる。今日われわれは光州に何を期待するか。光州は今なお自由と平等という価値のシンボル，民主主義の守護者，平和統一・民族和解の実践者としての役割が期待されているが，30年後の今の世代の生きたアジェンダとして生き返らせることを提案している。ソ・スン氏は，2001年に開催された国連主催「反人種主義・差別撤廃世界会議」（南アフリカのダーバン）で出された「奴隷制と植民地主義の清算」に触発されて，韓国併合100年を迎えて「東アジア歴史・人権・平和宣言と行動計画」を打ち出す準備を進めているという。

2. ハム・セウン神父〈民主化記念事業会理事長〉の記念講演から

ハム・セウン神父は，ソ・スン氏をはじめとする独裁政権時代に拷問を受けた人々の治癒に心遣いしながら，加害者の罪悪感（加害者に対する赦し）の問題に触れることから始めた。今回のシンポのテーマ「抵抗と平和」に関連して聖書・福音書を引用しつつ，マタイの福音書にあるイエスの言葉で「地上の平和ではなく剣をもたらすために来た」とあるのは抵抗への教訓であること，ヨハネの福音書2章にあるイエスの行動で教会前の物売りの人々のものをひっくり返し彼らを鞭打ったことは暴力ではなく，過度に利益を得る人々の不正義に対して正義と平和の名のもとにひっくり返し鞭打ったもので

あり正義の前の怒りである，イエス・キリストの根源的変革（解体の論理）の意図を読みとらなければならない，光州 30 年もこのような中から読み取らなければならないと思う，と言われた。2010 年はハム神父によれば韓国にとって「韓国併合」100 年など複数の意義がある「奇蹟の年」であるという。神父は，まずパク・チョンヒ大統領を射殺した（1979.10）キム・ジェグ KCIA 部長が 1980 年 5 月処刑されてから 30 年になることをとりあげ，自分は獄中にいた時にパク大統領暗殺事件を聞いて解放を感じ「独裁者を消し去ってくれたことを神に感謝した」と述べた。さらに「キムはわれわれの恩人だ」「運動家はキムをきちんと評価していない」「キム部長を抵抗の面で評価して『518（オーイルパル）』に関連付けていかなければならない，『518』の民主化運動はキム部長を評価することで生きる」とまで述べた。「独裁者は民主主義では倒せない，軍人のみがパクを消し去ることができた」という神父の激しい発言とあわせて，筆者（古川）は韓国の民主化運動のもつ苛烈な歴史の現実と，にもかかわらず暗殺・テロは目的価値および結果の正しさによって手段として正当化できるのかという問いのあいだで，しばらく心の緊張を強いられる思いがした。これは安重根（アン・ジュングン）の伊藤博文「暗殺」の歴史的評価ともつながりうる論点であろう。

3.「犠牲と追悼―終わりなき喪のために」（高橋哲哉氏, 東京大学）から

部会 I「国家暴力の犠牲者と追悼のあり方」（企画趣旨：死者の祀りを国家権力ではなく，民衆の手に）では高橋報告のほかに辻子実氏（NCC，日本キリスト教協議会）の部会テーマ報告，チャン・ホギ氏（民主化運動記念事業会）「戦死の追悼から戦争実体の洞察へ」，パク・チャンシク氏（済州 4・3 研究所長）の報告があったが，後のコメント応答で議論を呼び起こした高橋報告を紹介したい。高橋報告は，朝鮮半島出身者を含め 246 万の軍国日本の「英霊」を囲い込んで手放さない靖国神社と，国家暴力の犠牲者として民衆の手で望月洞墓地に葬られていた光州の死者が移葬され「英霊」として

第12章　韓国の民主化運動と「過去の清算」　　295

国家的顕彰の対象とされている「国立5・18墓地」の両方をにらんで，両者に共通するものとして「死者の国家的な『顕彰』の場」＝「国家に貢献した死者の業績を讃える施設」であると指摘することから始めた。もちろん両施設を比べればその違いは明らかである。第1に，靖国の死者は軍事侵略の加害者側の死者であるが，「国立5・18墓地」の死者は軍事独裁政権に抗して殺された軍事弾圧の被害者側の死者である。第2に，死者が国家的顕彰を受ける根拠（理由）は，靖国は天皇制国家の確立・発展に命を捨てて貢献したことであるのに対して，「518墓地」は光州の死者を「民主的功労者」「民主英霊」としてその功績を讃えることである。以上の重要な意味の違いを認めた上で高橋報告が問題提起するのは，光州の死者顕彰と靖国の死者顕彰に見られる「国家の論理の同型性」である。それはすなわち，「国家の発動した暴力の結果，殺された者たちを，国に殉じた『尊い犠牲』として，祖国のために死んだ『自己犠牲』の英雄として称賛し，彼らを国民の見做うべき模範として，他の国民も彼らの後に続くことを求める，という『犠牲の論理』に他ならない」という。本シンポの参加呼びかけ文にある「光州民衆が血であがなった光州の究極的勝利」という言葉も「犠牲の論理」そのものであると指摘した。高橋氏が論理をつめて提起したのは以下の点である。「国家暴力の死者は，たとえ国家権力ではなく民衆の側からであっても，犠牲の論理によって語られてなならない」という論点である。「犠牲（sacrifice）」は本来「神聖化する，聖別する」ことを意味するが，国家暴力の死者は本来殺されてはならなかったのであり，彼・彼女の死は何をもってしても取り返しのつかないこと，いかなる「勝利」によっても埋めることができず報いることができないものである，したがって死者を「神」として崇める「祀り」ではなく，残された者が死者の喪失を後から悼み（＝痛み）哀しみ記憶し続ける終わりない「追悼」と「喪」の作業こそが必要である，という結論であった。国家的顕彰の同型性＝「犠牲の論理」には韓国側コメンテータから当然の疑問が出されたが，最も厳しい反論はソ・スン氏からであった。生者の都合で死者を語る（政治や権力が利用する）危険性は理解するが，生者と死者

は断絶せずつながっていることを忘れてはならない,「意識的な死」「自ら犠牲となることを覚悟した死」を認めることで死者は弔われる（歴史が進歩し死は無駄にはならなかった）,「意識的な死」を武器とした者たちを「犠牲の論理」で語ることには納得できない，という反論であった。しかしソウル郊外には，朝鮮戦争やベトナム参戦での戦死者，光州弾圧出動での兵士の死者を「祀る」国立墓地（同型の「国家的顕彰」）が設けられていることをどのように（整合的に）考えたらよいのであろうか。〔なお，高橋氏の「犠牲の論理」，「犠牲」の論理とレトリック（靖国と「ホロコースト」,「英霊」顕彰の過去・現在・未来，「ヒロシマ・ナガサキと「尊い犠牲」，国民動員のレトリックなど），「犠牲の論理」は超えられるか（「正義」と犠牲，抵抗と顕彰など）に関しては，高橋哲哉『国家と犠牲』（NHKブックス，2005.8）を参照されたい。なお，「3・11東日本大震災，福島第1原発過酷事故」後に「犠牲のシステム」としての戦後日本の視点から沖縄と福島をとらえた論稿に同『犠牲のシステム　福島・沖縄』（集英社新書，2012.1）がある。〕

　軍部独裁政権の側で「国家と民族のために」民主化闘争弾圧の過程で「戦死」した国軍兵士の「英霊顕彰」碑と，民主化闘争の過程で「国家と民族のために」国軍・国家暴力と戦い斃れた人々の「英霊顕彰」碑は，「神聖化，聖別化」の同じ平面で共存することはできないであろう。光州は韓国民衆運動の「聖地」といわれるが，それが「犠牲の論理」を根底におく結果になるのであれば，「聖地」はどのようなものであれ「個人の生命」をそれよりも上位の価値のために投げ出すことを求める（国家や組織の）「魔術」「魔力」を呼び出してしまうのではなかろうか。高橋氏の報告を聞いた後で，国立「518墓地」を訪れて頭を垂れながら私が深く抱いた感慨である。

＊本稿は，NPO「現代の理論・社会フォーラム」NEWSLETTER 2010年6月号に古川が寄稿した論稿を補訂したものである。

第12章　韓国の民主化運動と「過去の清算」

資料：光州事件関連年表

1948年
　4月 3日　済州島四・三事件。
　8月15日　大韓民国樹立（9月9日，朝鮮民主主義人民共和国政府樹立。）
1950年
　6月25日　朝鮮戦争勃発。
1953年
　7月27日　板門店で休戦協定調印。
1960年
　4月19日　李承晩政権瓦解（4・19学生革命）。
1961年
　5月16日　朴正熙少将を中心とする軍事委員会による軍事クーデター（5・16軍事クーデター）。
1963年
　12月17日　朴正熙氏，大統領就任。
1965年
　6月22日　日韓基本条約調印。
1972年
　12月27日　朴正熙大統領，維新憲法制定。
1979年
　10月26日　朴正熙大統領が金載圭中央情報部長に暗殺される（朴正熙暗殺事件）。
　10月27日　崔圭夏国務総理が大統領権限代行に就く。済州島を除く全国に非常戒厳令を宣布。
　12月 6日　崔圭夏氏大統領就任。
　12月12日　全斗煥保安司令官が，粛軍クーデター。
1980年
　4月中旬　全斗煥が中央情報部長を兼任，労働者と学生の民主化要求デモ激化。
　5月14日　ソウルで5万の学生が戒厳令の解除と早期改憲を求めてデモ。
　5月16日　光州市で5万の学生・市民が参加し「民族民主化聖会のためのたいまつ大会」（民主大聖会）実行。
　5月17日　戒厳司令部が非常戒厳令を全国に拡大。
　5月18日　光州事件の勃発
　　　　　戒厳司令部が金大中，金鍾泌など26人を騒擾の背後操縦や不正蓄財の嫌疑で逮捕し，金泳三を自宅軟禁した。政治活動の停止，言論・出版・放送などの事前検閲，大学の休校などを盛り込んだ戒厳布告。
　　　　　同日未明　光州市の全南大学校と朝鮮大学校に陸軍第7空挺旅団の33大隊と35大隊が配置される。朝，全南大学校の校門

	前でこの空挺部隊と学生が衝突。排除された学生は光州駅前で体勢を立て直して錦南路をデモ行進し，機動隊と衝突。午後，空挺部隊が市内各所に投入され学生を鎮圧。400人以上の学生が連行され，80人が負傷。
5月19日	陸軍第11空挺旅団が急派される。デモの主体は市民に変わり，角材，鉄パイプ，火炎瓶などを使用して対抗。
5月20日	群集は数万人以上に膨れ上がり，韓国文化放送光州市支局がデモ隊によって放火。バスやタクシーを倒してバリケードを築くなど，陸軍部隊との市街戦の様相。
5月21日	市民は亜細亜自動車や，軍需関係工場，予備軍の武器庫を襲撃して，装甲車などの車両や銃器やTNT爆薬なども奪取し，全羅南道庁を占拠した。光州での惨状を知らせるため，市外に向かうデモ隊の一部が，その途中にあった光州刑務所の戒厳軍から刑務所奪取だと誤認され，銃撃をうけた。軍は一時撤退した後，光州市と外部の鉄道，道路及び通信回線を遮断した。
5月22日	陸軍部隊が光州市の包囲を完了。「市民収拾対策委員会」が組織され，軍との交渉を開始したが，抗争隊指導部は軍との妥協に反対し，光州市民側にも「事態収拾派」と「抗戦派」の意見の対立が現れ始める。市民に，更なる抗争を恐れた離脱者が出始める。
5月23日	5万名の市民大会開催。
5月24日	数万名の第2次市民大会開催。
5月25日	3万名の第3次市民大会開催。「光州民主民衆抗争指導部」が抗戦派中心に結成され，「金大中の釈放」「戒厳令撤廃」を要求し，最後まで戦うことを決議。
5月26日	陸軍部隊が戦車で市内に侵入開始。
5月27日	数千名の部隊が戦車とともに市中心部に進出して，市内全域を制圧。抗争派を中心に，市民に多数の死傷者が出る。
5月28日	**光州事件の終結**。数千名の市民が逮捕・拘留される。
9月 1日	全斗煥，大統領就任。
9月17日	金大中氏に，内乱予備罪・陰謀罪・反共法違反・国家一級保安法違反を理由とする死刑判決が言い渡された（81年1月23日に無期に減刑，82年3月特赦により懲役20年に減刑，12月懲役刑執行停止・アメリカへ出国，84年2月帰国・自宅軟禁，87年6月自宅軟禁解除）。
1988年	
2月25日	盧泰愚，16年ぶりの大統領直接選挙で当選（87年12月），大統領就任。
5月18日	金泳三・金大中・金鐘泌が会合，光州事件などのための国会特別委員会設置について合意。
10月 2日	ソウル五輪開幕。
11月18日	国会で，光州特別委員会の聴聞会が開かれる。

11月23日	全斗煥，在職中の不正を国民に謝罪，百譚寺へ（江原道）。
11月26日	盧泰愚大統領，特別談話文で光州事件を「民主化運動」として評価。

1989年
12月30日	国会光州特別委員会，証言に応じない崔圭夏・元大統領を国会冒涜罪で刑事告発
12月31日	全斗煥・前大統領，光州事件は自身の権限外と国会で証言。

1991年
9月18日	南北朝鮮，国連同時加盟。

1992年
12月19日	大統領選挙で，金泳三氏当選。

1993年
5月13日	金泳三大統領，光州事件に関する特別談話文を発表し，精神継承・名誉回復などを示唆。

1994年
5月14日	金泳三大統領，望月洞聖域化を指示。（11月1日着工）

1995年
7月18日	ソウル地検，全斗煥・盧泰愚ら光州事件関係者58名の告訴に全員不起訴決定。
11月24日	金泳三大統領，光州事件に関する特別立法を指示。
12月19日	「5・18民主化運動に関する特別法」および「憲政秩序破壊犯罪の時効等に関する特別法」が可決され，光州事件及び軍事反乱などに対する公訴時効を停止。

1996年
1月23日	光州事件に関連して，全斗煥・盧泰愚を内乱罪で起訴。
8月5日	光州事件に関し，全斗煥・元大統領に死刑，盧泰愚・前大統領に無期懲役求刑。（97年4月17日，大法院にて確定）

1997年
12月18日	金大中氏，大統領選挙で当選。
12月20日	金泳三大統領，全斗煥・盧泰愚両氏をクリスマス恩赦。

1998年
2月25日	金大中氏，大統領に就任。

（作成：内藤光博）

あとがき

　本書は，2008年4月から2011年3月までの3年間，専修大学社会科学研究所の特別研究助成をえて行われた「東アジアの市民社会形成と人権・平和・共生」をテーマとする共同研究の研究成果である。

　共同研究の調査・研究方法としては，第一に，東アジア地域(日本国内を含む)へ調査研究出張し，現地の専門研究者への聞き取り調査を行う，第二に，共同研究者による研究報告会およびゲストスピーカーを招き研究会を開催する，という手法をとった。以下では，3年間にわたる研究会の記録をまとめておく。(研究会の報告者等の所属・職位などについては当時のままとする。)

- 2008年9月5日〜9日
  内藤光博氏（専修大学法学部教授）が，韓国光州広域市に赴き，光州事件(5・18民主化運動)に関する資料収集と聞き取り調査を行った。
- 2008年9月27日，松島泰勝氏（龍谷大学経済学部准教授）を講師として「沖縄自立論」をテーマとする研究会を開催した。
- 2008年11月19日，「近代東アジアにおける感染症と『市民』」を統一テーマとし，次の2氏を報告者とする研究会を開催した。
  　市川智生氏（総合地球環境学研究所研究員）
  　「急性感染症と港湾労働力移動—1902-1903年における横浜の腺ペスト」
  　福士由紀氏（日本学術振興会特別研究員）
  　「上海ペスト騒動1910-1911年」
- 2008年11月22日，内藤光博氏（専修大学法学部教授）による「韓国の民主化運動と『過去の清算』—韓国民主化運動の「聖地」光州を訪ね

て―」(コメンテーター:佐藤恭三氏・専修大学法学部教授)をテーマ
とする研究会を開催した。
・2008年12月6日,「『アイヌ民族を先住民とする国会決議』の歴史的
意義と今後の展望」を統一テーマとするシンポジウムを,NPO現代の
理論・社会フォーラムとの共催で開催した。報告者は以下の通りである。
　　上村英明氏(恵泉女学園大学教授)
　　藤岡美恵子氏(法政大学非常勤講師)
　　島崎直美氏(札幌ウポポ保存会事務局長)
　　星野　工氏(東京アイヌ協会副会長)
　　＊コメンテーター:千葉立也氏(都留文化大学教授)
・2008年12月10日,韓立新氏(中国清華大学哲学部准教授)を講師と
して「中国の市民社会論批判」をテーマとする研究会を開催した。
・2009年1月17日,篠原敏雄氏(国士舘大学法学部教授)を講師とし
て「市民法学における＜市民社会＞論の意義」をテーマとする研究会を
開催した。
・2009年1月28日,山本孝則氏(大東文化大学環境創造学部教授)を
講師として「高島平再生プロジェクトは日本の未来―大学・地域連携事
業の最先端―」をテーマとする研究会を開催した。
・2009年1月31日,王星宇氏(中国人民大学教授・日本大学国際関係
学部客員教授)を講師として「将来の日中米関係―米国新大統領就任を
中心に」をテーマとする研究会を開催した。
・2009年8月22日,「アイヌ政策のあり方に関する有識者懇談会報告書
について―その内容と提言実現の筋道―」を統一テーマとして,NPO
現代の理論・社会フォーラムとの共催で,研究会を開催した。
・2009年12月2日,趙佑鎮氏(多摩大学)を講師として「アジアの地
域イノベーションと開発協力」と題する報告,高橋誠氏(専修大法学部
講師)を講師として「現代世界原蓄と『社会関係資本』」と題する報告
をもとに研究会を開催した。

＊コメンテーター：内田弘氏（専修大学名誉教授・研究参与）
・2009年12月5日，「アイヌ民族政策の確立をめざして―有識者懇談会の報告書を受けて―」をテーマとするシンポジウムを，NPO現代の理論・社会フォーラムとの共催で開催した。パネリストは次の6氏である。
　　田村貞雄氏（静岡大学名誉教授）
　　常本照樹氏（北海道大学大学院教授）
　　澤井アク氏（北海道アイヌ協会理事）
　　星野工氏（東京アイヌ協会）
　　八幡智子氏（関東ウタリ会）
　　島田あけみ氏（アイヌウタリ連絡会）
・2009年12月9日，浅田進史氏（首都大学東京）を講師として「ドイツ植民地都市・青島における社会秩序」と題する研究会を開催した。
・2009年12月9日，小林寛氏（JETRO）を講師として「JETRO・ASEANの活動について」と題する研究会を開催した。
・2010年2月6日，前田哲男氏（沖縄大学客員教授）を講師として「米軍世界戦略と沖縄―東アジア共同体と日米安保―」と題する研究会を開催した。
・2010年9月11日，李泳采氏（恵泉女学園大学教授）を講師として「光州事件30周年記念シンポジウムを振り返って」と題する研究会を開催した。
　　＊コメンテーター：古川純氏（専修大学法学部教授），朝日健太郎氏（NPO現代の理論・社会フォーラム）
・2010年10月27日，永島剛氏（専修大学経済学部准教授）を講師として「近代香港における衛生と市民：Ho Kaiの所論を中心に」と題する研究会を開催した。
・2010年12月4日，統一テーマを「日韓の市民社会形成と人権・平和・共生」とする研究会を，NPO現代の理論・社会フォーラムとの共催で

開催した。報告者・テーマは以下の通りである。

　洪日杓氏（ハンギョレ経済研究所主席研究員）
　　「韓国の民主化運動と市民社会形成－『参与連帯』『希望製作所』の運動から－」
　丸山茂樹氏（参加型システム研究所客員研究員）
　　「日韓市民社会形成の課題－新しい生協法と社会的企業法について－」
　桔川純子氏（日本希望製作所事務局長）
　　「『NPO日本希望製作所』の設立目的と日韓市民交流の活動」
　斎藤縣三氏（共同連事務局長）
　　「日韓の社会的企業の現段階と将来－日本の社会的事業法の制定を目指して－」
　内藤光博氏（専修大学法学部教授）
　　「日韓市民社会比較研究の意義と課題」
・2010年12月8日，高橋誠氏（専修大学法学部講師）を報告者として「現代日本における資本主義と先端医療の問題点」と題する研究会を開催した。
・2011年1月13日，田賢氏（元サムスン顧問）を講師として「サムスンの経営戦略と雇用制度」と題する研究会を開催した。

　以上のような研究活動の成果として，本書を刊行することができた。研究会で，貴重なご報告をいただいたゲストスピーカーの方々に，この場を借りて，厚くお礼を申し上げる。

　　　　　　　　　　　　　　　　　　　　　　　　　　　　内藤　光博

執筆者紹介 (掲載順)

内田　弘（うちだ・ひろし）

[現職] 専修大学名誉教授　　[専門] 経済学理論
[著書・論文]『《経済学批判要綱》の研究』（新評論，1982年），『中期マルクスの経済学批判』（有斐閣，1985年），*Marx's Grundrisse and Hegel's Logic*, Routledge 1988.『自由時間』（有斐閣，1993年），『三木清』（御茶の水書房，2004年），『啄木と秋瑾』（社会評論社，2010年），『[新版] 政治経済学批判大綱』的研究』北京師範大学出版社，2011年，（編著）*Marx for the 21th Century*, Routledge 2006.（共著）*Karl Marx's Grundrisse*, Routledge 2008.「『経済学批判要綱』とフランス革命」（『千葉大学経済研究』第23巻第3号，2008年），The Philisophic Foundations of Marx's Theory of Globalization, *Critique 56*, Journal of Socialist Theory, Vol.39, No.2, May 2011, Routledge.「『資本論』の自然哲学的基礎」（『専修経済学論集』第47巻第3号，2012年），他。

内藤光博（ないとう・みつひろ）

[現職] 専修大学法学部教授　　[専門] 憲法学
[著書・論文]「『新しい市民社会』形成と日本国憲法の課題」（古川純編『「市民社会」と共生－東アジアに生きる－』日本経済評論社，2012年），『日本の植民地支配の実態と過去の清算－東アジアの平和と共生に向けて－』（笹川紀勝・金勝一との共編，風行社，2010年），『東北アジアの法と政治』（古川純との共編，専修大学出版局，2005年）。

丸山茂樹（まるやま・しげき）

[現職] 日本協同組合総合研究所（JC総研）・参加型システム研究所，客員研究員
[専門] 協同組合論，韓国社会運動論
[著書・論文]（共著・訳書・論文）『協同組合の基本的価値』（家の光協会），『協同組合論の新地平』（日本経済評論社），P．エキンズ『生命系の経済学』（御茶ノ水書房），P．デリック『協同社会の復権』(日本経済評論社)，"The emergence of Global Citizenship"（ロバアト・オウエン協会），「韓国の市民社会の現段階とヘゲモニー闘争」（古川純編『「市民社会」と共生―東アジアに生きる―』日本経済評論社），「新たに制定された韓国の協同組合基本法について」（『生協総研レポートNo.70』）。

永島　剛（ながしま・たけし）

　　［現職］専修大学経済学部准教授　　　［専門］経済史，社会政策史
　　［著書・論文］「イギリス経済衰退／再生論の動向」（鈴木直次・野口旭編『変貌する現代国際経済』専修大学出版局，2012 年），「20 世紀初頭イギリス保健政策における個人主義と団体主義」（『専修経済学論集』，2009 年），"Sewage disposal and typhoid fever: the case of Tokyo,"*Annales de Demographie Historique* (2004)，「19 世紀末イギリスにおける保健行政」（『社会経済史学』，2002 年）。

高橋　誠（たかはし・まこと）

　　［現職］ 専修大学法学部兼任講師　　　［専門］ 西洋経済史，社会科学論
　　［著書・論文］『世界資本主義システムの歴史理論』（世界書院，1998 年），『新マルクス学事典』（共著，弘文堂，2000 年），ハーヴェイ　J. ケイ『イギリスのマルクス主義歴史家たち』（共訳，白桃書房，1989 年），「現代世界原蓄のプロブレマティーク」（『専修総合科学研究』第 17 号，2009 年），「多国籍製薬企業ロシュの世界経営戦略―生命系産業の開発と選択問題―」（『専修総合科学研究』第 19 号，2011 年），「グローバル資本主義における市民的生産様式の戦略」（『専修総合科学研究』第 20 号，2012 年），他。

黒瀬直宏（くろせ・なおひろ）

　　［現職］嘉悦大学ビジネス創造学部教授　　　［専門］中小企業論
　　［著書・論文］『複眼的中小企業論―中小企業は発展性と問題性の統一物―』（同友館，2012 年），『中小企業政策』（日本経済評論社，2006 年 7 月），『地域産業　危機からの創造』（編著，白桃書房，2004 年），「温州産業の原蓄過程：情報による「下から」の資本制化と企業の階層分解」（三田学会雑誌 96 巻 4 号，2004 年），『21 世紀中小企業論』（共著，有斐閣 2001 年），『中小企業政策の総括と提言』（同友館，1997 年），『新版・新中小企業論を学ぶ』（共著，有斐閣，1996 年），『21 世紀，中小企業はどうなるか－中小企業研究の新しいパラダイム－』（共著，慶応義塾大学出版会　1996 年）。

大西勝明（おおにし・かつあき）

　　［現職］専修大学商学部教授　　　［専門］企業論，産業論
　　［著書・論文］『現代企業分析』（時潮社，1980 年），『高度情報社会の企業論』（森山書店，1988 年），『日本半導体産業論－日米再逆転の構図－』（森山書店，1994 年），『大競争下の情報産業－アメリカ主導の世界標準に対抗する日本企業の選択－』（中央経済社，1998 年），『日本情報産業分析－日・韓・中の新しい可能性の追究－』（唯学書房，2011 年）。

神原　理（かんばら・さとし）

　［**現職**］専修大学商学部教授
　［**専門**］商品学（ソーシャル・ビジネス：社会・経済的課題の解決に資する商品や商取引の研究）
　［**著書・論文**］『ソーシャル・ビジネスのティッピング・ポイント』（編著，白桃書房，2011年），『コミュニティ・ビジネス―新しい市民社会に向けた多角的分析―』（編著，第4刷・2009年，白桃書房，2009年），『市民のためのコミュニティ・ビジネス入門』（編著，専修大学出版局，2011年），『現代商品論』（編著，第2版・2010年，白桃書房，2006年）．

小林　守（こばやし・まもる）

　［**現職**］専修大学商学部准教授　　［**専門**］国際経営，比較経営（アジア）
　［**著書・論文**］「インドネシアの投資・会社法・会計税務・労務」（『インドネシアの投資・会社法・会計税務・労務』共著，出版文化社，2011年），「輸出産業における国益ビジネスの競争と政府の支援策―貿易保険の事例を中心に―」（『アジア市場経済学会・年報 Vol.1 ／ No.15』，2012年），「東南アジア地場企業の経営的関心―中小・中堅企業の事例調査を中心として―」（『アジア市場経済学会・年報 第14号 第14号』，2011年），"Export Credit Insurance as one of the Mesures of Government Policy; An Analysis on Raison Detre of Official Export Credit Onsurance Systems under State Budget" Waseda University Waseda Business and Economic Study 45 (2010) など．

松島泰勝（まつしま・やすかつ）

　［**現職**］龍谷大学経済学部国際経済学科教授，NPO法人「ゆいまーる琉球の自治」代表
　［**専門**］島嶼経済論，琉球独立論
　［**著書・論文**］『沖縄島嶼経済史―12世紀から現在まで―』（藤原書店，2002年），『琉球の「自治」』（藤原書店，2006年），『ミクロネシア―小さな島々の自立への挑戦―』（早稲田大学出版部，2007年），『琉球独立への道―植民地主義に抗う琉球ナショナリズム―』（法律文化社，2012年），西川潤・松島泰勝・本浜秀彦編『島嶼沖縄の内発的発展―経済・社会・文化―』（編著，藤原書店，2010年），松島泰勝編『民際学の展開―方法論・人権・地域・環境からの視座―』（編著，晃洋書房，2012年），桜井国俊・砂川かおり・仲西美佐子・松島泰勝・三輪大介編『琉球列島の環境問題―「復帰」40年・持続可能なシマ社会へ―』（編著，高文研，2012年）．

津田仙好（つだ・のりよし）

[所属] グループ"シサムをめざして"（首都圏）。（このグループはアイヌ民族，先住民族との連帯を目的とし 1990 年代初めに発足した市民運動団体。「シサム」はアイヌ語で「良き隣人」の意）
[著書・論文]『"先住民族の一〇年"とアイヌ民族連帯』（共著，グループ"シサムをめざして"編集・発行，1994 年），『「アイヌ文化振興法」と諸民族の共生』（共著，グループ"シサムをめざして"編集・発行，1998 年），「『有識者懇談会報告書』の限界と意義を見据え先住民族アイヌの復権を！」（共著，グループ"シサムをめざして"［全国］編集・発行，2009 年），「アイヌ民族政策立案の進捗状況」『FORUM OPINION』VOL.14（NPO 現代の理論・社会フォーラム，2011 年）。

古川　純（ふるかわ・あつし）

[現職] 専修大学名誉教授；NPO 現代の理論・社会フォーラム理事長
[専門] 憲法学，平和学
[著書・論文]『日本国憲法の基本原理』（学陽書房，1993 年），（共編著）『東北アジアの法と政治』（専修大学社会科学研究叢書 8，専修大学出版局，2005 年），『「市民社会」と共生―東アジアに生きる―』（編著，日本経済評論社，2012 年）。

専修大学社会科学研究所　社会科学研究叢書 15
東アジアにおける市民社会の形成
―人権・平和・共生―

2013 年 3 月 15 日　第 1 版第 1 刷

編　者　内藤光博

発行者　渡辺政春

発行所　専修大学出版局
　　　　〒 101-0051　東京都千代田区神田神保町 3-8
　　　　　　　　　　㈱専大センチュリー内
　　　　電話　03-3263-4230 ㈹

印　刷
製　本　電算印刷株式会社

ⓒMitsuhiro Naito et al. 2013 Printed in Japan
ISBN 978-4-88125-276-5

◇専修大学出版局の本◇

社会科学研究叢書14
変貌する現代国際経済
鈴木直次・野口 旭 編　　　　　　　　　　　　　　　　A5判　436頁　4620円

社会科学研究叢書13
中国社会の現状Ⅲ
柴田弘捷・大矢根淳 編　　　　　　　　　　　　　　　　A5判　292頁　3780円

社会科学研究叢書12
周辺メトロポリスの位置と変容——神奈川県川崎市・大阪府堺市——
宇都榮子・柴田弘捷 編　　　　　　　　　　　　　　　　A5判　284頁　3990円

社会科学研究叢書11
中国社会の現状Ⅱ
専修大学社会科学研究所 編　　　　　　　　　　　　　　A5判　228頁　3675円

社会科学研究叢書10
東アジア社会における儒教の変容
土屋昌明 編　　　　　　　　　　　　　　　　　　　　　A5判　288頁　3990円

社会科学研究叢書9
都市空間の再構成
黒田彰三 編著　　　　　　　　　　　　　　　　　　　　A5判　272頁　3990円

社会科学研究叢書8
中国社会の現状
専修大学社会科学研究所 編　　　　　　　　　　　　　　A5判　220頁　3675円

社会科学研究叢書7
東北アジアの法と政治
内藤光博・古川 純 編　　　　　　　　　　　　　　　　A5判　376頁　4620円

社会科学研究叢書6
現代企業組織のダイナミズム
池本正純 編　　　　　　　　　　　　　　　　　　　　　A5判　266頁　3990円

社会科学研究叢書4
環境法の諸相——有害産業廃棄物問題を手がかりに——
矢澤昇治 編　　　　　　　　　　　　　　　　　　　　　A5判　324頁　4620円

社会科学研究叢書3
情報革新と産業ニューウェーブ
溝田誠吾 編著　　　　　　　　　　　　　　　　　　　　A5判　368頁　5040円

社会科学研究叢書2
食料消費のコウホート分析——年齢・世代・時代——
森 宏 編　　　　　　　　　　　　　　　　　　　　　　A5判　388頁　5040円

社会科学研究叢書1
グローバリゼーションと日本
専修大学社会科学研究所 編　　　　　　　　　　　　　　A5判　308頁　3675円

（価格は本体＋税）